Alois Prinz
Rebellische Söhne

Alois Prinz

Rebellische Söhne

Die Lebensgeschichten von Bernward Vesper,
Hermann Hesse, Klaus Mann, Franz Kafka,
Martin Luther, Franz von Assisi, Michael Ende
und ihren Vätern

Meinem Vater (1925–2008)

Mixed Sources
Product group from well-managed
forests and other controlled sources
www.fsc.org Cert no. GFA-COC-001788
© 1996 Forest Stewardship Council

© 2010 Beltz & Gelberg
in der Verlagsgruppe Beltz · Weinheim Basel
Alle Rechte vorbehalten
Lektorat: Frank Griesheimer
Neue Rechtschreibung
Rechtenachweis im Anhang
Umschlaggestaltung: Rothfos & Gabler, Hamburg
Titelfoto: Klaus Mann, 1923/24 (Nachlass W. E. Süskind)
Satz und Bindung: Druckhaus »Thomas Müntzer«,
Bad Langensalza
Druck: Beltz Druckpartner, Hemsbach
Printed in Germany
ISBN 978-3-407-81075-5
1 2 3 4 5 13 12 11 10

Inhalt

Vorbemerkung

How can I try to explain, / when I do, he turns away again«, so klagt ein Sohn über den Vater in einem Song von Cat Stevens mit dem Titel *Father & Son*, den ich als Jugendlicher auswendig konnte und zu dem ich mir mühsam die Gitarren-griffe beigebracht hatte. Ich wusste, was Cat Stevens meinte, oder ich glaubte es zumindest zu wissen. Meine Welt und die Welt meines Vaters lagen sehr weit auseinander, was nicht bedeutete, dass wir einander egal waren. Wir bemühten uns, aber es gelang uns einfach nicht, zu einer gemeinsamen Spra-che, einem gegenseitigen Verstehen zu finden. Söhne und Väter, so musste ich lernen, können sich nicht einfach voneinander lossagen. Sie bleiben miteinander ver-bunden, auch wenn sie sich in vieler Hinsicht fremd sind. In seinem Sohn sieht ein Vater die, wie Thomas Mann es aus-gedrückt hat, »Fortsetzung« seiner selbst und er hegt entspre-chende Erwartungen. Und für einen Sohn bleibt der Vater derjenige, dessen Anerkennung er sucht und braucht und den er zugleich bekämpfen muss, um seine eigene Persönlichkeit zu entfalten.

»Now there's a way and I know / That I have to go away«, sagt der Sohn in Cat Stevens' Song. Ich wusste als Jugendlicher

auch, dass ich einen eigenen Weg gehen musste. Aber ich wusste nicht, dass mein Vater mich immer begleiten würde. Seine Erwartungen an mich, meine Sehnsucht nach Eigenständigkeit und mein gleichzeitiger Wunsch nach väterlicher Anerkennung waren untrennbar miteinander verbunden und blieben die Quelle von Hoffnungen, Enttäuschungen und Missverständnissen.

Das vorliegende Buch ist keine soziologische oder psychologische Abhandlung. Ich will die Lebensgeschichten von mehr oder weniger berühmten Söhnen und Vätern erzählen. Ich habe sie ausgewählt, weil sie oft auf sehr drastische Weise die Höhen und Tiefen der Gefühle zwischen Söhnen und Vätern deutlich machen. Ich folge damit auch der Erfahrung, dass sich gerade im Extremen das Beispielhafte zeigt.

Beispielhaft sollen diese Biografien auch sein, weil sie die zentralen Fragen des Sohn-Vater-Verhältnisses aufwerfen: Was können Söhne von ihren Vätern erwarten und was nicht? Müssen Söhne dankbar sein? Ist der Aufstand der Söhne gegen die Väter wirklich unvermeidbar? Endet dieser Kampf mit Verletzungen oder kann er auch produktiv sein?

Eine Einsicht hat sich mir beim Schreiben immer wieder bestätigt: Die Beziehung von Sohn und Vater ist und bleibt zwiespältig. Selbst in den schwierigen, ja sogar hasserfüllten Beziehungen gibt es immer auch versöhnliche und liebevolle Züge. Achtung und Ablehnung, Hass und Liebe liegen bei diesem Thema sehr nah beieinander.

A. P.

»Lieber Vater, bitte rede wieder mit mir«
Bernhard Vesper | Will Vesper

Anfang März 1962 erhielt der dreiundzwanzigjährige Student Bernward Vesper in Tübingen ein Telegramm, in dem ihm mitgeteilt wurde, dass sein achtzigjähriger Vater einen Schlaganfall erlitten habe. Vesper nahm sofort das nächste Flugzeug in seine norddeutsche Heimat. Mit dem Zug erreichte er den kleinen Ort Triangel westlich von Hannover. Zu Fuß ging er durch den Schnee zum elterlichen Gutshof, wo er seine Kindheit und Jugend verbracht hatte.

Sein Vater, Will Vesper, lebte noch, aber durch den Schlaganfall war er teilweise gelähmt und nur noch halb bei Bewusstsein. Bernward setzte sich an sein Bett und weinte. Er hatte seit Langem gewusst, dass dieser Augenblick kommen würde. Nun aber war er völlig hilflos. Der Vater war die alles überragende Gestalt in seinem Leben gewesen, und er konnte sich nicht vorstellen, wie es ohne ihn sein sollte.

Will Vesper versuchte immer wieder vergeblich, aufzustehen und in sein Arbeitszimmer zu gehen. Es zog ihn an seinen Schreibtisch. Im Dritten Reich war er ein gefeierter Schriftsteller gewesen und seine Bücher hatten hohe Auflagen erreicht. Nach dem Krieg galt er als Nazidichter und niemand mehr wollte seine Geschichten und Gedichte kaufen.

Bernward Vesper im Frankfurter März Verlag,
einen Monat vor seinem Freitod

Jetzt musste ihm Bernward feierlich versprechen, sich um sein Werk zu kümmern.

Der Arzt konnte nichts mehr tun für Will Vesper. Er hatte Opium für ihn dagelassen, gegen die Schmerzen. Bernward tröpfelte einiges davon in den Mund seines Vaters, doch der spuckte es wieder aus, denn durch die Lähmung konnte er nicht mehr richtig schlucken. Die ganze Zeit war sein röchelnder Atem zu hören.

Acht Tage lang saß Bernward am Sterbebett seines Vaters, ganz in Schwarz und mit einer Decke um die Schultern. Dann ging es zu Ende. Die Fenster wurden verhängt und Kerzen wurden angezündet. Bernward empörte sich über seine Mutter, die anscheinend völlig ungerührt war und allein daran dachte, wie sie an die spärlichen Ersparnisse ihres Mannes kommen könnte. Bernward selbst war sehr aufgewühlt. Und als sein Vater in den letzten Zügen lag, beugte er sich zu ihm hinunter und flüsterte ihm ein einzelnes Wort ins Ohr:»Gudrun«. Das war der Name des Mädchens, das er in Tübingen kennengelernt hatte. Diese Gudrun Ensslin war die Tochter eines Pfarrers aus Cannstatt und für Bernward Vesper die große Liebe. An sie musste Bernward jetzt denken, vielleicht weil er hoffte, mit ihr gemeinsam sein Versprechen gegenüber dem Vater einlösen zu können.

Als Will Vesper gestorben war, schloss ihm Bernward die Augen. Dann rannte er weinend aus dem Haus und in den nahen Wald.

Zwei Jahre später verlobten sich Bernward Vesper und Gudrun Ensslin. Bernwards Hoffnungen hatten sich erfüllt: Seine Freundin und jetzige Verlobte war ihm eine unverzichtbare Helferin geworden bei den Bemühungen, den Ruf seines Vaters Will Vesper wiederherzustellen. Sie planten sogar eine Gesamtausgabe seiner Werke und suchten dazu Kontakte zu rechten Kreisen. Gleichzeitig schlossen sie sich der aufkeimenden linken Protestbewegung an, die verhindern wollte, dass in Deutschland noch einmal ein neuer Faschismus entsteht.

Kurz nach der Geburt ihres Sohnes Felix verließ Gudrun Ensslin ihren Verlobten und lebte nun mit ihrem neuen Freund Andreas Baader zusammen. Die beiden legten im Mai 1968 in einem Frankfurter Kaufhaus ein Feuer, aus Protest gegen den Vietnamkrieg, wie sie sagten. Ihre Gefängnisstrafe wollten sie nicht absitzen. Sie flohen erst ins Ausland und kehrten dann zurück mit der Absicht, die Verhältnisse in Deutschland mit Gewalt zu ändern.

Bernward Vesper machte zu dieser Zeit eine lange Reise und schrieb an einem Buch. Es sollte den Titel *Hass* tragen. Es war ein Hass gegen alle, die ihn *zur Sau gemacht haben*, in erster Linie gegen seinen Vater. In seinen Aufzeichnungen schrieb er: *Meine Geschichte zerfällt deutlich in zwei Teile. Der eine ist an meinen Vater gebunden, der andere beginnt mit seinem Tod.* Bernward Vesper blieb an seinen Vater gebunden, auch nach dessen Tod. Er wurde im Frühjahr 1971 in eine psychiatrische Klinik eingeliefert und nahm sich kurz darauf das Leben.

Will Vesper war der Herr auf dem Gut Triangel gewesen. Er hatte den Ton angegeben und über ein kleines Heer von Frauen und Männern geherrscht, die auf den Feldern, in den Ställen und im Herrenhaus der Familie arbeiteten. Das Gut Triangel war aber nicht Will Vespers Besitz. Er hatte hier eingeheiratet, als er schon weit über fünfzig Jahre alt war. Mit dem Besitzer und Gründer des Gutshofes Hans Rimpau war er befreundet gewesen, und er hatte ihm geholfen, den verschuldeten Betrieb aus den roten Zahlen zu holen. Als Hans Rimpau 1936 starb, ließ sich Will Vesper von seiner Frau scheiden und heiratete die nun verwitwete Frau seines Freundes. Das schon ältere Paar bekam eine Tochter, Heinrike. Und eineinhalb Jahre später, am 1. August 1938, brachte Rose Vesper einen Sohn zur Welt, der Bernward genannt wurde.

Bernward Vesper wuchs auf dem weitläufigen Gelände des Gutes auf. Mit dem See, dem Wald, den Wiesen, den Tieren und den anderen Kindern von Onkeln und Tanten, die auch auf dem Gut lebten, war Triangel eigentlich ein Paradies. Allerdings ein sehr abgeschiedenes, verschlossenes Paradies.

Das Gut war von einem Zaun umgeben und nur zu bestimmten Zeiten, etwa zum Osterfeuer, wurde das große eiserne Eingangstor für die Dorfbewohner geöffnet. Auch ansonsten hielt die Familie Distanz zu normalen Leuten. Die meisten waren für Rose Vesper »under the table«, wie sie zu sagen pflegte, entsprachen also nicht ihren Vorstellungen von Bildung und Benehmen. Und besonders der Vater achtete darauf, dass die Kinder, und vor allem Bernward, nicht schlechten Einflüssen ausgesetzt waren. Welche Einflüsse schlecht waren, das bestimmte natürlich Will Vesper. Und die guten Einflüsse, das waren die Bücher und Zeitungen, die Will Vesper las, sein Bild von der deutschen Geschichte, seine Auffassung von Ehre und Erziehung und die Menschen, die für ihn bedeutend waren und die er verehrte.

Besonders verehrte er Adolf Hitler. Was den Führer betraf, duldete er keine Kritik und schon gar keinen Widerspruch. Zum fünfzigsten Geburtstag von Hitler hatte er ihm ein Gedicht gewidmet. Und es gab sogar ein Foto, auf dem Will Vesper neben dem Führer zu sehen war, in der Reichskanzlei in Berlin. Ab und zu kamen auch Menschen, die der Vater verehrte, zu Besuch nach Triangel. Winifried Wagner aus Bayreuth etwa, die mit Siegfried Wagner, dem Sohn des berühmten Komponisten, verheiratet war und die Adolf Hitler zu ihrem persönlichen Freundeskreis zählte. Oder der Dichter Hans Grimm, der das Buch *Volk ohne Raum* verfasst hatte und in seinem Wohnsitz, einem ehemaligen Kloster, Dichtertage abhielt, an denen später auch Bernward mit Begeisterung teilnahm. Bernwards Bewunderung für diesen Mann war grenzenlos, und es kam fast einer heiligen Handlung gleich, als er Grimm einmal ein Glas kaltes Wasser reichen durfte.

Alle diese berühmten Leute verehrten auch Will Vesper als einen deutschen Patrioten, einen bodenständigen Gutsherrn und großen Dichter. Die zahlreichen Bücher, die er geschrieben hatte, standen in langen Reihen im Bücherregal seines Arbeitszimmers. Da waren die Bände mit seinen Gedichten, die in allen Lesebüchern abgedruckt waren und die Kollegen mit den Versen eines Hölderlin oder Eichendorff verglichen hatten. Daneben gab es seine Nacherzählungen von großen Epen und Dichtungen wie *Tristan und Isolde*, *Parzival* oder *Gullivers Reisen*, die historischen Romane über Luther oder Ulrich von Hutten – Bücher, die von einem millionenfachen Publikum verschlungen wurden.

Vesper hatte immer den Geschmack der Zeit getroffen, auch mit seinem großen Roman *Das harte Geschlecht*, der 1931 erschien. Darin schildert er im Stil der isländischen Sagen den Aufstieg des jungen Ref vom unverstandenen Tagträumer zum gnadenlosen Rächer und begnadeten Handwerker. Ref wird zum Vorbild für zukünftige Generationen, und die Anlagen, die ihn auszeichnen, so die Botschaft des Buches, müssen weitergegeben werden. So endet der Roman auch mit Refs Sohn Björn, der ein Krieger geworden ist und seine Frau auffordert, ihm *Jungens* zu schenken, *dass die gute Rasse nicht ausstirbt.* Auch Will Vesper hat darauf geachtet, viele Nachfahren in die Welt zu setzen. Vier Kinder hatte er aus erster Ehe. Nun kamen noch zwei dazu, und Bernward war der Sohn, der das Erbe fortsetzen sollte. Im Treppenhaus konnte er den handgewebten Stammbaum der Familie studieren. Der Vater war stolz auf seine bäuerliche Herkunft, die sich bis ins sechzehnte Jahrhundert zurückverfolgen ließ. *»Das Blut ist das Kleid unserer Unsterblichkeit«*, pflegte Will Vesper zu verkünden, *»wir müssen es rein halten.«* Eindringlich warnte er seinen Sohn vor den Juden, die es darauf abgesehen hätten, diese reine deutsche Rasse zu zerstören, um die Weltherrschaft zu erlangen. Dass sein Großvater mütterlicherseits ein Tscheche war, erfuhr Bernward durch Zufall. Lange stand er vor dem Spiegel und verglich sein Gesicht mit den Abbildungen von Gesichtern slawischer Menschen, die im Wissensbuch, das ihm sein Vater geschenkt hatte, als angeblich minderwertige Rasse aufgeführt waren.

Noch immer, obwohl er inzwischen mehr Bauer als Dichter war, bekam Will Vesper begeisterte Briefe von Lesern sowie Blumen und parfümierte Briefe von Frauen, die ihn anhimmelten. Zum sechzigsten Geburtstag gratulierte ihm sogar der Propagandaminister Joseph Goebbels höchstpersönlich mit einem Telegramm. Vesper ließ es achtlos liegen. Statt höflicher Geburtstagswünsche hätte er es lieber gesehen, wenn er endlich für sein literarisches Werk mit einem Preis geehrt worden wäre. Vesper wusste selbst nicht, warum ihn die Herren in Berlin so »stiefväterlich« behandelten. War er doch, bis auf einige Meinungsverschiedenheiten, ein überzeugter Nationalsozialist. Und hat er nicht, wo und wann er immer konnte, das *echte wesenhaft deutsche Schrifttum* zu erhalten versucht und es gegen Zersetzung durch die jüdische *Asphaltliteratur* verteidigt?

Vor allem als Herausgeber der Zeitschrift *Die Neue Literatur* kämpfte er mit leidenschaftlichem Hass gegen jene *Vaterlandsverräter* wie Heinrich und Thomas Mann, Stefan Zweig und Hermann Hesse, gegen *verlegerische Rassenschande* und *jüdische Aasgeier-Verlage*. Er hatte sogar gefordert, Bücher von jüdischen Autoren äußerlich sichtbar mit dem *Stern Judas* zu kennzeichnen. Und als am 10. Mai 1933 in Dresden die Bücher »undeutscher« Künstler verbrannt wurden, war er mit dabei und hielt sogar die flammende Festrede.

Die führenden Köpfe im Literaturbetrieb ließen Will Vesper gewähren, er erntete auch manches Lob, aber die Stellung, die er im Dritten Reich erhofft hatte, bekam er nicht. Das war eine Kränkung, die er sich selber nicht eingestand. Seinen Ausstieg aus der großen Kulturpolitik erklärte er allen Leuten damit, dass er am christlichen Glauben festgehalten und sich mit seinem unbequemen Kopf den Unwillen der Nazigrößen zugezogen habe. Diese Lebenslüge übernahm auch sein Sohn

16

Bernward, wie er überhaupt seinem Vater alles glaubte. Er war abgeschottet von allem, was seine Zweifel hätten wecken können. Sein Vater war ihm ein und alles. Vor dem Schlafengehen sang er mit seiner Mutter oft jenes Abendlied, wo es in einer Strophe heißt: »Morgen früh, wenn Gott will, wirst du wieder geweckt.« In der kindlichen Fantasie verschmolzen dieser mächtige Gott und sein Vater. In seinen Erinnerungen schrieb Bernward: *Und Gott war mein Vater, morgen früh, wenn Gott will, wirst Du wieder geweckt, mein Vater hieß* Will.

Will Vesper führte ein strenges Regiment auf Triangel. Überall, in den Ställen, auf den Feldern, in den Werkstätten oder Büros, schaute er nach dem Rechten, gab den Vorarbeitern Befehle, scheuchte die Kinder vom Rasen oder ordnete in der Küche an, was es zu essen geben sollte. Nach dem Mittagessen musste absolute Ruhe eingehalten werden, weil er sich dann zu einem Schläfchen zurückzog. Das Personal durfte erst mit dem Saubermachen anfangen, wenn er das Haus verließ, und es musste damit fertig sein, wenn er wieder zurückkam.

Will Vesper legte Wert darauf, dass zu den Mahlzeiten alle zusammenkamen, auch die Verwandten mit ihren Kindern. Zum Abendessen versammelte sich der ganze Clan in der Halle mit dem langen Esstisch. Alle mussten hinter ihren Stühlen stehen und durften sich erst setzen, wenn das Oberhaupt, Will Vesper, Platz genommen hatte. Er verteilte auch die Suppe und bestimmte, wer welches Stück Fleisch bekam.

Beim Essen herrschte meistens Stille. Nur Will Vesper redete lange und laut. Oft machte er einen Witz und alle lachten. Wenn er sich über etwas ärgerte und in Rage geriet, dann schwollen seine Adern an der Schläfe an und er trampelte mit den Füßen unter dem Tisch.

Natürlich musste jeder seinen Teller aufessen. Da gab es keine Ausreden. Auch nicht für Bernward, den Sohn. Aber Bernward hasste Grießbrei mit Johannisbeersaft. Es war ihm einfach unmöglich, dieses gelbrote Zeug in den Mund zu nehmen und hinunterzuschlucken. Als nach einem Mittagessen, bei dem es wieder Grießbrei gegeben hatte, alle aufstanden, musste er noch lange vor seinem vollen Teller sitzen bleiben, bis ihm seine Mutter erlaubte, auf sein Zimmer zu gehen. Beim Abendessen stand der Teller mit dem Grießbrei immer noch vor ihm an seinem Platz. Keinen einzigen Löffel davon brachte Bernward hinunter, deshalb schickte ihn sein Vater mit dem vollen Teller hinauf auf sein Zimmer.

Dort kam er auf die rettende Idee. Er stieg mit dem Teller aus dem Fenster und kletterte am Spalier hinab in den Garten. Er grub ein Loch, verscharrte den Grießbrei darin, stieg wieder in sein Zimmer und brachte den leeren Teller an den Esstisch. Doch später am Abend ließ ihn der Vater zu sich rufen. Die Stelle im Garten mit dem vergrabenen Grießbrei war entdeckt worden. Will Vesper hatte von seinem eigenen Vater eingebläut bekommen, nie Brot auf die Erde zu werfen, denn Brot sei etwas Heiliges. Er wollte es nicht dulden, dass sein eigener Sohn dieses Gebot missachtete. Er legte Bernward über die Lehne des Sofas, drückte ihm den Kopf hinunter und schlug ihn mit dem Siebenstriem auf den Hintern. Als Bernward wieder aufstehen und in sein Zimmer gehen durfte, wünschte er dem Vater eine *Gute Nacht*. Doch der antwortete nicht, schaute ihn nicht einmal mehr an.

Bernward bewunderte seinen Vater und nichts war ihm wichtiger als dessen Liebe. Daran änderten auch die Schläge nichts. Sein Vater hatte es ja gewiss nur gut gemeint. Die blauen Flecke verschwanden wieder. Viel schlimmer war es für ihn, wenn sein Vater ihn als Strafe nicht mehr beachtete. Das war einmal der Fall, als Bernward in der Schule wieder ein Diktat voller Fehler geschrieben hatte und er es zu Hause unterschreiben lassen musste. Er übte verzweifelt den Namenszug seiner Mutter und fälschte die Unterschrift. Die Fälschung flog natürlich auf und Will Vesper sprach tagelang nicht mehr mit seinem Sohn, dem Urkundenfälscher. Als ein Besucher fragte, warum Bernward so schweigsam sei, antwortete der Vater: »*Wir haben keinen Sohn mehr.*«

Als Bernward die Zigaretten seiner Mutter geklaut hatte, redeten seine Eltern wochenlang nicht mehr mit ihm. Der Vater antwortete nicht mehr auf seine Grüße, sprach ihn nicht mehr bei Tisch an, rief ihn nicht, schimpfte ihn nicht. Bernward fühlte sich wie Luft, bis er es nicht mehr aushielt und mit Buntstiften auf einen Zettel schrieb: »*Lieber Vater, bitte rede wieder mit mir, sonst komme ich nie wieder.*« Den Zettel befestigte er an der Zimmertür des Vaters. Dort entdeckte ihn zuerst die Mutter, las Bernwards Bitte und Drohung und meinte: »*Das werden wir auch noch überstehen.*« Aber am nächsten Morgen sagte der Vater zu ihm barsch: »*Lass diesen Unsinn!*«, und der Bann war gebrochen und Bernward gerettet.

Wenn der Vater ihn nicht beachtete, fühlte sich Bernward wie ein Nichts. Er wusste doch, dass er so werden sollte wie sein Vater. Aber allzu oft versagte er. Wenn der Vater mit ihm unzufrieden war, dann lag es natürlich an ihm, an Bernward.

Es konnte, es durfte nicht sein, dass der Vater etwas falsch machte. Der Vater blieb für Bernward fehlerlos, selbst wenn er noch so sehr unter dessen Erziehungsmaßnahmen litt. Auch beim Kater Murr hatte der Vater richtig gehandelt.

Will Vesper liebte Hunde und hasste Katzen. Katzen waren für ihn eine »unberechenbare Rasse«, hinterhältig und gemein. Sie kamen aus dem Orient und ließen sich nicht erziehen. Eines Tages hatte Bernward von einem Onkel eine Katze geschenkt bekommen. Er nannte sie Murr. Der Vater wollte es dulden, solange Kater Murr sich nahe am Haus aufhielt und keine Gefahr für die Vögel und Jungtiere war. Doch eines Tages entdeckte man einen verletzten Hasen im Hof und der Vater gab dem Kater die Schuld. Murr sollte erschossen werden. Bernward wollte, dass Murr weglief, aber er ließ sich nicht verjagen und strich weiter ums Haus. Am nächsten Morgen war Murr verschwunden. Wochen später sagte Bernward zu einer Bekannten seiner Eltern: »Ich habe meine Katze erschossen.« Die Frau wollte ihm das nicht abnehmen. »Doch«, sagte Bernward. Er konnte es nicht ertragen, dass sein Vater es getan hatte.

Gegen Ende des Krieges wurde auch Triangel nicht verschont. Täglich trafen Flüchtlinge mit ihren Pferdewagen ein. Tiefflieger beschossen den Bahnhof und auch den Gutshof. In nahe gelegenen Dörfern schlugen Granaten ein und ließen das Haus der Vespers erzittern. Den Kindern wurde es streng verboten, ins Freie zu gehen. Sie hielten sich aber nicht daran und rannten den Erwachsenen hinterher. Will Vesper war zwei Tage nicht zu sehen. Er hatte sich in den Keller des Hauses zurückgezogen, wo er im großen Heizofen Bücher und Papiere verbrannte. Noch waren deutsche Soldaten im Dorf, aber die Front rückte immer näher. Eines Morgens waren die deutschen Soldaten verschwunden und Panzer fuhren ins Dorf. Will Vesper ging unruhig im Haus umher. Er rechnete damit, verhaftet zu werden. Die fremden Soldaten durchsuchten zwar das Haus, zogen dann aber wieder weiter.

Für Will Vesper waren die Alliierten alles andere als Befreier. Sie waren Feinde, die Hitler den Krieg aufgezwungen hatten und nun das Land zerstören und die Deutschen zu ihren Sklaven machen wollten. Die Berichte von den Konzentrationslagern hielt er für Propagandalügen und die größte Lüge von allen war der Vorwurf einer deutschen Kollektivschuld. Will Vesper fühlte sich nicht schuldig. Er wollte sich auch nicht entnazifizieren lassen. Er war der festen Überzeugung, dass er auf der Seite der Guten gestanden und nur *»unschuldige Lieder«* geschrieben hatte. Und wenn die Guten nicht kämpfen, so war sein Glaubenssatz, dann siegen die Schlechten.

Mit dem neuen Deutschland, das jetzt entstand, wollte Will Vesper nichts zu tun haben. Das war für ihn eine Welt, in der wieder jüdische Geschäftemacher die Oberhand gewonnen hatten und in der dekadente Intellektuelle mit ihrem geschichtsfälschenden Geschwätz das Sagen hatten. Beweis dafür war, dass seine Texte nun kein Verlag mehr haben wollte und stattdessen eine Literatur hoch im Kurs stand, die unter Hitler als »undeutsch« verbrannt worden wäre. Jeder wirkliche Deutsche konnte nur hoffen, dass die Bundesrepublik eine Zwischenphase war und danach wieder eine glücklichere

Zeit kam, vielleicht ein Viertes Reich. Bis dahin mussten die Anständigen die Wahrheit verteidigen und alte Werte hochhalten.

Triangel wurde zur Bastion gegen den Zeitgeist. Will Vesper und seine Frau verkündeten bei jeder Gelegenheit, dass sie von der »*Jauche*« der modernen Welt umgeben seien. In diesem Bewusstsein wuchs Bernward auf. Tagtäglich wurde er bestärkt in dem Glauben, einer kleinen, elitären Minderheit anzugehören, die sich gegen eine Welt des Kommerz und des moralischen Verfalls behaupten musste.

Die Guten, so hatte er es gelernt, mussten kämpfen. Zur Bundestagswahl 1953 fuhr Bernward mit seinem Rad durch die Gegend und klebte überall Wahlplakate der Deutschen Reichspartei, einer Vereinigung ehemaliger NSDAP-Mitglieder, an Telefonmasten und schwarze Bretter. Und in jeden Briefkasten warf er ein Exemplar des *Reichsruf*. Alle Mühe war umsonst. Bei der Wahl erhielt die Deutsche Reichspartei die wenigsten Stimmen, was für Will Vesper nur der Beweis für die »*verderbliche Macht der Lizenzpresse*« war. Auch sein Sohn Bernward sah die Zukunft vor sich *schwarz wie eine Gewitterwand*.

In der verlogenen Gesellschaft der BRD war für Bernward auch nicht zu erwarten, dass dem Vater endlich Gerechtigkeit widerfahren würde. Weiterhin existierte ein völlig falsches Bild von ihm und zu Unrecht wurde ihm die Anerkennung verweigert, die ihm aufgrund seiner Verdienste eigentlich zustand. Wem sonst als Will Vespers Sohn fiel die Rolle zu, den Vater zu rehabilitieren und seinen guten Ruf, auch als Schriftsteller, wiederherzustellen? Bernward schrieb einen wütenden

Brief an eine Zeitung, die den Vater einen »Führeranbeter« genannt hatte. Wie anders sollte sich Bernward fühlen denn als auserwählter Retter, der über den Vorurteilen der Masse stand und nur mit seinesgleichen sich abgeben durfte? So ist es zu verstehen, wenn seine Schwester später meinte, Bernward sei »der Geniezucker von vorne und von hinten hineingeblasen« worden.

Ein Genie sein zu müssen ist schwer, wenn man wie Bernward Vesper weiß, dass man eigentlich ein Feigling ist und jedes Jahr damit rechnen muss, in der Schule durchzufallen. Bernward Vesper schaffte diesen Spagat, jedenfalls solange er in der abgeschotteten Welt Triangels lebte. Sein Vater sorgte dafür, dass er vor allen Irritationen von außen bewahrt blieb. Dazu öffnete er auch die Post, die sein Sohn bekam. Ein Brief kam ihm so merkwürdig, ja *krank* vor, dass er Bernward den weiteren Kontakt mit dem Absender, einem Freund namens Wolfgang, verbot. Dieser Wolfgang hatte in einem Gespräch mit Bernward zu ihm gesagt: *»Du bist doch ganz anders. Aus dir spricht doch nur dein Vater.«*

Wie sehr Bernward Vesper die Weltanschauung seines Vaters in Fleisch und Blut übergegangen war, das zeigte sich, als er sich dem Einfluss Triangels zu entziehen begann. Er war fünfzehn, als er anfing, in den Ferien per Anhalter durch Europa zu trampen. Er lernte viele Menschen kennen und wurde konfrontiert mit Ansichten, die ihm völlig neu waren. Wieder nach Hause zurückgekehrt, führte er Diskussionen mit seinem Vater. Dabei wollte er den Vater keinesfalls in Frage stellen. Es ging ihm, so beteuerte er später, *um die Klarheit der gemeinsamen Sache.* Wenn Bernward über die Judenvernichtung, die KZs oder die Rolle Adolf Hitlers reden wollte, geriet Will Vesper schnell in Rage. Vor den Argumenten seines Sohnes flüchtete er in die immer gleichen Behauptungen und beendete schließlich die Unterhaltung mit der Warnung: *»Solange du unter unserem Dach wohnst, möchte ich davon nichts mehr hören.«* Auch das ist eine Form, sich als Vater zu verweigern.

Im Frühjahr 1959 begann Bernward Vesper mit einer Lehre als Verlagsbuchhändler beim Verlag Georg Westermann in Braunschweig. Anfang 1961 besuchte er die Buchhändlerschule in Rodenkirchen bei Köln. Es war das erste Mal, dass Vesper mit Gleichaltrigen zusammenlebte. Seine drei Zimmergenossen waren begeisterte Leser, und sie wunderten sich nicht wenig über ihren Mitbewohner, der nur Autoren kannte, die längst aus der Mode waren oder aufgrund ihrer Nähe zum Nationalsozialismus als indiskutabel galten. Moderne Autoren wie Franz Kafka oder Bert Brecht lehnte Vesper ab, weil sie Juden oder Kommunisten waren. Und englischsprachige Schriftsteller waren für ihn von vornherein *unmoralisch*. Von William Faulkner, Henry James oder Virginia Woolf hatte er noch nie etwas gehört.

Seine Mitschüler fanden Vesper anfangs »anstrengend und lästig«. Später nahmen sie ihn mit auf ihren Touren durch die Kneipen und fanden Gefallen an Vespers skurriler Art. Er war wie ein Mensch, der aus der Vergangenheit in die Gegenwart gefallen war und erst allmählich die Sprache und das Verhalten der Zeitgenossen lernte. Er trat auf wie ein arroganter Herrensohn, gleichzeitig war er hilflos, völlig weltfremd und sehr verletzbar – eine Mischung, die dazu führte, dass er sich oft in Schwierigkeiten brachte und Probleme auslöste. Henning Voss, einer seiner Mitbewohner in der Buchhändlerschule und später mit Vesper befreundet, schrieb dazu in seinen Erinnerungen: »Heute kann ich sagen, dass ich nie jemandem begegnet bin, der so viele Troubles in so schneller Serie verursacht hat wie Vesper und sich so ignorant der Tatsache gegenüber verhielt, Urheber dieser Troubles zu sein.«

Im April 1961 kam Bernward Vesper nach Tübingen, um sich an der dortigen Universität für ein Studium der Germanistik einzuschreiben. Als Studentenbude fand er ein kleines Kellerzimmer außerhalb der Stadt. In den ersten Wochen zog er wie ein *einsamer Wolf* durch die Gassen Tübingens, und er traute sich anfangs auch nicht in die Seminare, weil er Angst davor hatte, aufgerufen zu werden. Ganz im Kontrast zu dieser Kontaktarmut und Unsicherheit suchte Vesper Verbindung zu berühmten Geistesgrößen seiner Zeit. So schrieb er Briefe an Männer wie Albert Schweitzer, Heinrich Böll oder Golo Mann. Auch in Tübingen hatte er durch die Empfehlungen seines Vaters gleich Verbindung zu einigen Professoren hergestellt.

Von all seinen Lehrern aber schätzte er besonders den jungen Literaturprofessor Walter Jens, dessen Vorlesung über moderne Literatur er begeistert besuchte und den er auch persönlich kennenlernte. In einer Sprechstunde bei Jens erzählte Vesper von seinem Vater und wollte einen Rat haben, wie er sich ihm gegenüber verhalten solle. Jens hielt nicht viel von den Büchern Will Vespers, und er empfahl dessen Sohn, zu unterscheiden zwischen dem Vater und dem Schriftsteller. Mit dem Vater solle er eine persönliche Verständigung suchen. Den Schriftsteller Will Vesper aber solle er sich nicht zum Vorbild nehmen.

Jens' Ratschlag war vernünftig, aber für Bernward Vesper nicht durchführbar. Er konnte den Vater nicht vom NS-Funktionär und Schriftsteller trennen. Dazu war er in seiner Kindheit und Jugend zu sehr fixiert auf ihn gewesen, hatte ihn zu sehr vergöttert. Und über seinen Vater war er an die deutsche Vergangenheit gekettet. Oft sah er das Bett seines Vaters vor sich, an dessen Kopfende immer eine Axt stand. In seiner Fantasie oder in den Träumen griff er nach dieser Axt – nicht um den Vater zu erschlagen, sondern um endlich dessen Verbindung mit der Gestalt Adolf Hitlers zu durchtrennen.

Dieser befreiende Schlag blieb ein Traum. Hitler und Will Vesper waren untrennbar, und der Vater blieb für Bernward so präsent, dass neben ihm kein Platz mehr schien für andere Menschen. Aus Angst davor, verletzt oder gedemütigt zu werde, habe er sich, so bekannte er später, *wie eine Auster eingekapselt. Ich vermied es, über mich selbst zu sprechen oder zuzuhören, wenn andere von sich erzählten.*

Der junge Student Bernward Vesper war dreiundzwanzig Jahre alt und hatte noch nie eine Freundin gehabt. Das änderte sich, als er nach einem Tanzfest im Haus einer Tübinger Studentenverbindung, wo er zeitweise wohnte, ein Mädchen kennenlernte. Sie hieß Dörthe, war hübsch und wild und musste richtig aufdringlich werden, um den verklemmten Vesper ins Bett zu locken.

Dörthe hatte eine beste Freundin, die Gudrun hieß. Und bald war Bernward Vesper mehr mit Gudrun zusammen als mit Dörthe. Gudrun Ensslin war die Tochter eines Pfarrers aus Bad Cannstatt. Sie bewunderte Bernwards genialisches Auftreten, sein aristokratisches Benehmen und seine Herkunft als Sohn eines immer noch prominenten Vaters. Im Vergleich zu ihm erschienen ihr die anderen Studenten wie brave Kinder. Während die in Cordhosen und Pullovern herumliefen, trug Bernward einen Anzug mit Weste und Uhrkette.

Er machte auch deutlich, dass für ihn das Studium eher eine Nebensache war. Seine Ziele waren ganz andere. Er wollte Schriftsteller werden. Tag und Nacht saß er manchmal an seiner Schreibmaschine und tippte Erzählungen, Gedichte, Romane. Die Manuskripte schickte er dann unter einem anderen Namen an Verlage, damit er nicht gleich als *Will-Vesper-Sohn* erkannt wurde. Aber welches Pseudonym er auch verwendete, keiner seiner Texte wurde von den Verlagen angenommen. Alle kamen sie zurück mit einer Absage. Sie seien zu unreif, zu epigonal, hieß es darin.

Der Tod seines Vaters traf Bernward Vesper völlig unvorbereitet. Er stand plötzlich völlig alleine da und wusste nicht, wie er weiterleben sollte. Was ihm einzig Halt und eine gewisse Zuversicht gab, war der Gedanke an Gudrun. Später schrieb er darüber: *Wenn damals Gudrun nicht gekommen wäre und überhaupt die Illusion der Liebe, oder die romantische, illusionäre Form der Liebe, die glaubt, die verlorene Identität wiederherstellen zu können (...).* Offenbar hatte Bernward das Gefühl, durch den Tod des Vaters auch einen Teil seiner selbst verloren zu haben. Die Liebe zu Gudrun half ihm nicht nur über diesen Verlust hinweg, Gudrun sollte auch den verlorenen Teil ersetzen und somit den verlorenen Vater.

Als Vesper nach den Semesterferien nach Tübingen zurückkam, wurde er krank. Gudrun Ensslin pflegte ihn im Haus ihrer Eltern, im Cannstatter Pfarrhaus. Kaum genesen, war Vesper voller Tatendrang. Einen Roman wollte er schreiben, der die Literaturwelt erschüttern sollte. Eine Literaturzeitschrift wollte er herausgeben und einen eigenen Verlag gründen. Vor allem aber wollte er die gesammelten Werke seines Vaters herausbringen.

In Gudrun Ensslin hatte er nun eine tatkräftige Helferin. Die beiden stürzten sich in die Arbeit. Sie schrieben eine Unmenge von Briefen an Autoren, Verlage und Politiker, verschickten Prospekte und schalteten Anzeigen. Aus den meisten Projekten wurde nichts. Immerhin fand sich ein kleiner österreichischer Verlag, der bereit war, die Werke Will Vespers in sein Programm aufzunehmen. Die Druckkosten für das Buch musste Bernward selbst tragen, und auch für die Werbung war er zuständig.

Für den ersten Band der gesammelten Werke gab das Verlags-Duo Vesper und Ensslin Anzeigen auf in einschlägigen rechten Zeitschriften wie der *National- und Soldatenzeitung* oder dem *Reichsruf*. In Werbebriefen, die mit dem Namen Gudrun Ensslins unterzeichnet waren, wurde Will Vesper angepriesen als »der liebenswerteste, unterhaltsamste und geistreichste Dichter, den Deutschland in diesem Jahrhundert besessen hat«.

Der ganze Aufwand hatte wenig Erfolg. Das Buch mit Erzählungen Will Vespers fand kaum Käufer. Es folgten keine weiteren Bände und Bernward saß auf Stapeln unverkaufter Bücher und auf einem Berg Schulden. Das Versprechen, das er seinem Vater am Sterbebett gegeben hatte, konnte er nicht einlösen.

Im Frühjahr 1964 ging Bernward Vesper nach Berlin. Gudrun Ensslin, die an einer Doktorarbeit schrieb, folgte ihm ein halbes Jahr später. Kurz darauf verlobten sich die beiden offiziell. Zur aufwendigen Verlobungsfeier an Ostern 1965 im Kursaal von Bad Cannstatt versammelten sich Freunde des Paares und beide Familien. Peinlich war nur, dass eine Hauptperson, nämlich Bernward, vorzeitig die feierliche Runde verlassen musste, wegen Magenproblemen und Schweißausbrüchen. Die Frischverlobten lebten nun in einer großen Wohnung in der Berliner Fritschestraße. Beide engagierten sich im Wahlkampf für die SPD und gerieten zunehmend in den Sog der beginnenden Studentenbewegung. Vesper machte sich bald einen Namen in der linken Szene als Herausgeber von Texten der Außerparlamentarischen Opposition (APO), der sogenannten Voltaire-Schriften, und eines Sammelbandes *Gegen den Atomtod* mit Beiträgen prominenter Künstler und Politiker gegen die atomare Aufrüstung. Als Gründer des Verlages »studio neue literatur« war er ständig auf der Suche nach bekannten Autoren, die er überreden wollte, ihre Bücher bei ihm erscheinen zu lassen.

Es gibt keinen Hinweis darauf, dass Bernward Vesper und Gudrun Ensslin ein Problem darin sahen, dass sie sich einerseits für linke Politik engagierten und andererseits Kontakt zu rechten Kreisen hatten. Offenbar war Will Vesper für sie einfach nur ein begabter Schriftsteller, der zu Unrecht vergessen war und dem man wieder zu Ansehen verhelfen wollte – egal wie. In der Tat sind die meisten Bücher von Will Vesper harmlos – schnurrige und lustige Geschichten mit Titeln wie *Sam in Schabelweide* oder der *Pfeifer von Niklashausen* oder idyllisch-ländliche Erzählungen wie *Der unzufriedene Igel*. Diese »unschuldigen« Bücher stammen aber vom selben Autor, der Hymnen auf den Führer Adolf Hitler und Hassartikel gegen nichtarische und fahnenflüchtige Autoren verfasst hat. Offenbar schließt das eine das andere nicht aus. Vielleicht ist das Kitschige und Niedliche nur eine andere Seite von Brutalität und Unmenschlichkeit. In diese Richtung weist auch Hannah Arendts Begriff von der »Banalität des Bösen«. Vor Augen hatte sie den NS-Funktionär Adolf Eichmann, der unglaubliche Verbrechen begangen hatte und sich vor Gericht in sentimentalen Gefühlen erging und in ein lächerliches Pathos verstieg. Bernward Vesper hat wohl etwas von diesen Zusammenhängen gewusst, als er später über Nazis wie seinen Vater schrieb: *Sie moralisieren, werden sofort pathetisch, sentimental, bemitleiden sich selbst.*

Im Herbst 1966 wurde Gudrun Ensslin schwanger. Am 13. Mai 1967 brachte sie einen Sohn zur Welt, den die Eltern Felix, »der Glückliche«, nannten. Drei Wochen nach seiner Geburt besuchte der Schah von Persien Deutschland. Es kam zu Protesten der Studenten, die in Straßenschlachten endeten und bei denen der Polizist Karl-Heinz Kurras den Studenten Benno Ohnesorg erschoss. Am Abend dieses 2. Juni soll eine vor Wut völlig verzweifelte Gudrun Ensslin gefordert haben, zu den Waffen zu greifen, weil man mit der »Generation von Auschwitz« nicht reden könne.

Zu dieser Generation von Auschwitz gehörte auch Will

Vesper. Väter wie er wurden jetzt von den politisierten Söhnen angeklagt: Sie hätten Hitler nicht verhindert. Sie würden ihre Schuld verschweigen oder gar leugnen. Sie hätten aus der Geschichte nichts gelernt, wären gegen jede Kritik immun und wollten die alten, autoritären Verhältnisse wiederherstellen. Die Söhne und Töchter der »Generation Auschwitz« sahen die BRD auf dem Weg zu einem totalitären Polizeistaat. Und sie betrachteten es als ihre Aufgabe, einen neuen Faschismus zu verhindern und für Freiheit und Gerechtigkeit zu kämpfen.

Um Befreiung von alten Strukturen und eigenem autoritärem Denken ging es auf einem Kongress in London, an dem auch Bernward Vesper im Sommer 1967 teilnahm. Einer der prominenten Redner war der farbige Bürgerrechtler Stokely Carmichael. Als ein junger weißer Mann ihn fragte, was er denn zur Befreiung der unterdrückten Schwarzen beitragen könne, schrie Carmichael ihn an: »*Go home, kill your father and mother, hang up yourself!*«

Als Vesper wieder nach Hause kam, fand er in der Wohnung einen fremden Mann vor. Das war nichts Ungewöhnliches. Gudrun Ensslin und Bernward Vesper wollten eine offene Beziehung führen, ohne eheliche Treue, die sie als bürgerliches Relikt betrachteten. Es war aber unübersehbar, dass Gudrun fasziniert war von diesem Mann namens Andreas Baader. Immer öfter und immer länger waren sie zusammen. Bernward saß in manchen Herbstnächsten lange auf dem Balkon und wartete darauf, dass endlich ein Taxi in die Straße einbog und vor dem Haus hielt. Manchmal verschwand Gudrun gleich in ihr Zimmer und sperrte die Tür zu. Dann wusste Bernward, dass Andreas bei ihr war. Er schob die Wiege mit Felix ans Bett und schlief *unter seinem Schnuffeln* ein.

Im Frühjahr des nächsten Jahres verließ Gudrun Ensslin ihre Familie und zog mit Andreas Baader zusammen. Nicht lange danach wurden beide verhaftet. Sie hatten in zwei Frankfurter Kaufhäusern Brandsätze gelegt, aus Protest gegen den Krieg der Amerikaner in Vietnam, wie sie behaupteten. Die Frage war nun, was mit dem kleinen Felix geschehen sollte. Gudrun Ensslin war dafür, ihn zu einer mit ihren Eltern befreundeten Landarztfamilie in der Schwäbischen Alb zu geben. Bernward Vesper war strikt dagegen. Er hatte Bücher von Sigmund Freud und Wilhelm Reich gelesen und daraus gelernt, wie Kinder in patriarchalischen Familien zu seelischen Krüppeln werden. Jede Form der Auflehnung, jede natürliche Triebregung wird mit Angst belegt, sodass am Ende scheue, gebrochene Mitläufer herauskommen, die in der Familie ebenso kritiklos funktionieren wie in der Gesellschaft. Waren nicht er und Gudrun Ensslin die besten Beispiele dafür? Vesper wollte auf keinen Fall, dass Felix in ähnlichen Verhältnissen aufwächst wie er oder Gudrun. *Wir können*, so schrieb er an Gudrun Ensslin ins Gefängnis, *Felix nicht dahin bringen, woher Du kamst, ich kam …*

Obwohl er als Verlobter keine Ansprüche hatte, wollte Vesper, dass Felix, die *Sonne*, wie er ihn nannte, bei ihm bleibt. Er war überzeugt, dass Kinder von Geburt an durch *heilige Gefühle* an die Eltern gebunden sind. Sein Vater, das erkannte er jetzt, hatte diese Gefühle missbraucht. Nicht durch Schläge, sondern durch *hinterhältige, langsam, aber entsetzlich wir-*

kende Methoden, mit denen er es geschafft hat, Bernwards *Be-dürfnisse nach Freiheit, Liebe und Kreativität* zu zerbrechen, und zwar endgültig. Bernward Vesper wollte diese *heiligen Gefühle* nicht missbrauchen. Er wollte seinem Sohn Felix ein guter Vater sein.

In den Briefen, die Bernward Vesper an Gudrun Ensslin ins Gefängnis schrieb, versuchte er seine Ex-Verlobte zu über-zeugen, dass er Felix vom ersten Augenblick an *bedingungslos geliebt* habe und niemand sich verantwortungsvoller um ihn kümmern könne als er. Gudrun Ensslin verlor auch ihre an-fänglichen Zweifel und war schließlich einverstanden damit, dass Felix bei seinem Vater blieb. Sie war beeindruckt da-von, wie entschlossen Bernward um seinen Sohn kämpfte und wie liebevoll er für »Peusche-Meusche«, wie sie Felix nann-te, sorgte. Mit der Zeit musste sie allerdings feststellen, dass Bernwards Vaterliebe so »bedingungslos« nicht war. Er hatte die Hoffnung nicht aufgegeben, dass sie eines Tages zu ihm zurückkehren würde. Und Felix war und blieb das Band zu Gudrun, das er festhalten wollte.

Ausführlich musste Vesper nun der abwesenden Mutter schreiben, wie sich Felix entwickelte, welche Farbe sein Haar bekam, welches seine ersten Wörter waren, wie sein Zimmer eingerichtet war, was er gerne aß. So gierig Gudrun Ensslin diese Briefe las, so waren sie für sie doch auch eine »reine Qual«, und sie wurden noch schmerzhafter dadurch, dass Bernward ihr schlechtes Gewissen noch vergrößerte. Wie ne-benbei erwähnte er, dass Felix nach den Haaren von Frauen greife, die – wie seine Mutter – blond waren, und dass er oft traurig sei, weil er offenbar wisse, dass ihm etwas fehle. Vesper ging sogar so weit, ihr zu unterstellen, dass sie Felix los sein wolle. Mit solchen Bemerkungen aber machte er Gudrun Ensslin nur wütend, und wohl nicht zu Unrecht warf sie ihm verdeckte Absichten vor. Offenbar appellierte Vesper an ihre Muttergefühle, um sicherzugehen, dass sie nach der Haft zu ihrem Kind zurückkehrt – und damit zu ihm, der doch inzwischen für Felix unentbehrlich geworden war.

Bis dahin versuchte Bernward Vesper, seinen Alltag als Alleinerziehender mit einem kleinen Sohn zu bewältigen. Das war schwer genug. Mit seinem Verlag hatte er viel Arbeit und noch mehr Probleme. Er fand eine junge Studentin, die ihm Felix zeitweise abnahm und mit ihm spazieren ging. Und als er alt genug war, kam er in einen neu gegründeten Kinderladen, wo man die Ideen einer antiautoritären Erziehung verwirklichen wollte. Es gab aber auch Tage, an denen Vesper von früh bis spät allein für Felix zuständig war. Danach war er so erschöpft, dass er nur noch müde ins Bett fiel, völlig verzweifelt bei dem Gedanken, wie sehr sein Leben durch Felix eingeschränkt war.

Es gab aber auch Momente, in denen er sich nicht vorstellen konnte, wie und warum er ohne Felix noch irgendwie *weitermachen* sollte. An einem dieser schönen Tage blieben sie bis in den Nachmittag im Bett, und als sie frühstückten, hatte Felix eine Menge Spaß damit, Kaffeefilter aus dem Küchenfenster zu werfen. Danach nahm er ein Bad in der Wanne mit viel Schaum und noch mehr Spielsachen. Abends besuchten sie Freunde. Es wurde Musik gehört und Bernward und Felix tanzten miteinander.

Erst gegen Mitternacht kamen sie wieder nach Hause und

waren immer noch nicht müde. Sie setzten sich auf den Balkon und schauten dem aufgehenden Mond zu. Felix deutete auf ihn und sagte:»Monnt!«, und wollte zu ihm hinaufklettern. Dann legte er seinen Arm auf die Schulter seines Vaters, und sie hatten sich, wie Vesper Gudrun Ensslin berichtete, *viel ganz heimlich zu sagen.*

Je näher der Tag rückte, an dem Gudrun Ensslin aus dem Gefängnis entlassen werden sollte, desto dringlicher wurde es, eine Lösung zu finden für die Zeit danach. Vespers vagen Hoffnungen, dass alles wieder so werden könnte wie früher, erteilte Gudrun Ensslin nun eine endgültige Absage. In Zukunft wollte sie nicht mit ihm, sondern mit Andreas Baader zusammenleben. Felix wollte sie trotzdem nicht aufgeben, ihn aber Vesper auch nicht wegnehmen. Wie man beides vereinbaren konnte, das wusste sie selbst nicht zu sagen.

Vesper hatte nun Angst, dass er nach dem Verlust von Gudrun auch noch Felix verlieren würde. Nach den damaligen Gesetzen hatte er kein Sorgerecht für den unehelich geborenen Felix. Und eine entsprechende Erklärung, die ihm dieses Recht zugebilligt hätte, wollte Gudrun Ensslin nicht unterschreiben.

Als sie Mitte Juni 1969 zusammen mit Andreas Baader auf freien Fuß kam, weil der Antrag auf Revision überprüft wurde, war ihr erster Weg nicht zu ihrem Sohn, und auch später wollte oder konnte sie Felix nicht sehen. Neben Baader, für sie die»Anarchie in Person«, war nun alles andere bedeutungslos. Sie fühlte sich nun einer »revolutionären Moral« verpflichtet, zu der es auch gehörte, alle familiären Bindungen hinter sich zu lassen.

Als Gudrun ihn verlassen hatte, war in Bernward Vesper etwas kaputtgegangen. Nun, nach der endgültigen Trennung, kam er mit seiner Situation nicht mehr zurecht. Er suchte Trost bei Gudrun Ensslins kleiner Schwester Ruth. Die war aber erst zwölf Jahre alt und mit den Annäherungsversuchen ihres Fast-Schwagers völlig überfordert. Was Vesper suchte, war nicht nur jemand, der seinen Weltschmerz mit ihm teilte, sondern auch eine Mutter für Felix. Aber alle Frauen, die dafür in Frage kamen, wollten diese Rolle nicht übernehmen.

Die Erziehung seines Sohnes ging zunehmend über Vespers Kräfte. Er machte lange Reisen, auf denen er Felix nicht mitnehmen konnte. Mit seinem Verlag war er viel beschäftigt, obwohl kaum eines seiner vielen Projekte zustande kam. Wichtiger noch war für Vesper, dass er den Anschluss an die neue revolutionäre Bewegung nicht verpasste. Ging es doch darum, eine neue, bessere Gesellschaft zu errichten und einen neuen, befreiten Menschen zu schaffen. Felix konnte er tagsüber bei Kindermädchen oder im Kinderladen unterbringen. So etwas wie eine Familie aber konnte er ihm nicht geben. Außerdem fühlte er sich leer, und auf die Dauer könne er, wie er meinte, *nicht immer nur geben, ohne zu erhalten.*

Trotz bester Vorsätze brachte er Felix schließlich doch zu der Landarztfamilie in der Schwäbischen Alb. *Es war Mittag, er schlief*, bekannte er später unter großen Gewissensplagen. *Ich stahl mich aus dem Haus, ins Auto und fort.* Und sein schlechtes Gewissen versuchte er zu rationalisieren mit politischen Pflichten: *Ist es nicht meine Pflicht, die ›subjektiven Bindungen‹ an ein Kind abzulegen, um uns der Veränderung eines Systems zuzuwenden, das uns zu solchen Handlungen zwingt?*

Gudrun Ensslin hatte sich dafür entschieden, den politischen Kampf wichtiger zu nehmen als ihre »subjektive Bindungen«. Nachdem der Antrag auf Revision abgelehnt wurde, floh sie mit Andreas Baader ins Ausland, und beide bauten nach ihrer Rückkehr eine Gruppe auf mit dem Ziel, die Gesellschaft der BRD mit Waffengewalt zu bekämpfen.

Berward Vesper ging einen anderen Weg, den Weg in das eigene Innere, und das unverzichtbare Hilfsmittel dabei waren Drogen, vor allem LSD. Seine Hoffnung war, zu einem neuen, unbefleckten Ich zu gelangen und sich so von neurotisierenden Strukturen der kapitalistischen Gesellschaft, die auch ihn vergiftet hatten, reinzuwaschen. Eine *ungeheure Freiheit* sollte am Ende dieser Reise ins Ich stehen. Diese Freiheit war nicht mehr die Folge politischer Aktionen, sondern das Ergebnis eines radikalen Ego-Trips. *Ich interessiere mich ausschließlich für mich*, notierte er.

Sich nur für sich zu interessieren, war für Vesper der sicherste Weg, den Vater weit hinter sich zu lassen. Denn wie sonst kann man vor fremden Einflüssen sicher sein, als indem man nur entschieden genug auf seinem Ich beharrt? Vesper hat erst später, zu spät, bemerkt, dass er mit dieser Konzentration auf sich selbst einer Logik folgte, die seine Abhängigkeit vom Vater nur noch tiefer unter Beweis stellte. Dass es einen Zusammenhang gibt zwischen einem liebesunfähigen, strengen Vater und dem Wunsch nach einem abgekapselten Eigenleben, darauf hat schon der Dichter Friedrich Hebbel im neunzehnten Jahrhundert hingewiesen. Im Hinblick auf die Shakespeare'sche Gestalt des King Lear, der seine beiden Töchter zum Liebesschwur zwingt und sie dadurch erst recht verliert, schrieb er: »Wir sehen ein, dass ein so jähzorniger Vater ebensolche heimtückische, kalte, ihn nur fürchtende Kinder erzeugen musste, die, sobald sie der Furcht entbunden wurden, gar kein Verhältnis mehr zu dem Erzeuger haben und ihn eher als ein feindseliges Wesen betrachten, wie als ein verwandtes, und die, da sie ihr Ich ihm gegenüber früher immer verleugnen mussten, jetzt auch nichts mehr kennen als ihr Ich, wenn er ihnen in den Weg tritt.« Hebbel war überzeugt, dass so eine Konstellation nicht gut gehen könne, sondern in der Selbstzerstörung des Kindes enden müsse.

Dass Vesper nicht, wie viele Weggenossen, in den Untergrund ging und sich dem bewaffneten Kampf anschloss, lag wohl auch an Felix, seiner *Sonne*. Ihn einfach zu vergessen und sich ganz der Veränderung der Gesellschaft zu widmen, gelang Vesper nicht. Er besuchte Felix oft, nahm ihn manchmal auf ein paar Tage mit und fuhr mit ihm auch nach Triangel, um Felix den Ort zu zeigen, wo er selbst als Kind gelebt hatte.

Bernward Vespers Leben zerfiel allmählich. Er gab seinen Verlag auf, hatte keinen festen Wohnsitz mehr und reiste rastlos und scheinbar ziellos umher. Wie besessen war er von der Idee, ein Buch zu schreiben. Es lag ihm nichts mehr daran, viele erfolgreiche Bücher zu verfassen wie sein Vater. Nur ein einziges wollte er zustande bringen, und es sollte nur einen Leser haben: Felix. *Mein Vater hatte Millionen Leser*, so schrieb er. *Aber für mich sind seine Bücher vollkommen uninteressant, denn sie sagen nichts über ihn, was man nicht aus seiner schematischen Existenz selbst ableiten könnte.*

Aus seinem Buch sollte Felix einmal erfahren, wer sein

Vater eigentlich war. Aber wusste Vesper es selbst? Er schildert eine Reise nach Dubrovnik, wo er Ruth Ensslin traf, und wieder zurück nach Deutschland und die inneren Reisen, die er unter dem Einfluss von Drogen machte. Je länger er aber an dem Text schrieb, desto mehr drängte sich sein Vater in den Vordergrund. Die Flucht ins Innere führte nicht zu einer großen Freiheit, sondern zurück zum Vater. Will Vesper wurde wieder sehr lebendig, und Bernward versuchte, dieses Sturzbachs von Erinnerungen Herr zu werden. Was ihm dabei zur Verfügung stand, waren allerdings nur die Sprache und Denkmodelle der Neuen Linken. Mit deren Hilfe konnte man eine Person zum Produkt geschichtlicher Prozesse machen. Dementsprechend erklärte Bernward das Leben seines Vaters zu einer *schematischen Existenz*: Er war eben der soziale Aufsteiger und dann der willige Agent der *herrschenden Klasse* gewesen, und er, Bernward Vesper, sein Sohn, war das Opfer einer faschistischen Erziehung.

Mit diesen Begriffen und diesem einfachen Täter-Opfer-Bild ließ sich der Vater aber nicht erledigen. Er »klebte« weiter an Vesper und mit ihm auch Bernwards Kindheit und die Figur Hitler. *Meine Erfahrung*, schrieb er verzweifelt, *BIN ICH*. Das Schlimme war aber: Zu dieser Erfahrung gehörte nicht nur der despotische Vater, den er aus ganzem Herzen hasste, dazu gehörte vor allem auch der Vater, den Bernward verehrt und geliebt hatte wie einen *Magier*, wie einen *Gott*; der Vater, der einmal voller Sorge an seinem Krankenbett gestanden hatte. Damals war Bernward zum ersten Mal der Gedanke gekommen, *dass mein Vater mich lieben könnte.*

Bernward Vesper konnte Will Vesper noch so sehr politisch

durchschauen und ihn verachten. Gleichzeitig blieb er mit allen Fasern an ihn gebunden, und mit dieser gefühlsmäßigen Bindung flossen sozusagen auch die Ansichten seines Vaters in den Adern seines Sohnes – wie sehr, das durfte der sich selbst nicht eingestehen. Aber er konnte nicht verhindern, dass seine Sprache und seine Gedanken ihn manchmal doch verrieten.

Will Vesper hatte an die arische Rasse geglaubt, die er für berechtigt hielt, alles, was minderwertig und unterlegen war, zu bekämpfen und zu vernichten. Für Bernward war die Masse der Leute durch Konsum und Medien völlig verdummt. Er nannte sie *vegetable*, also Gemüse oder Unkraut. Vom Unkraut zum »lebensunwerten Leben« ist es, wie die Theologin Dorothee Sölle meinte, nur noch ein kleiner Schritt. Damit das Gute gewinnt, wollte Will Vesper noch den »totalen Krieg« in Kauf nehmen. Und auch Bernward war bereit, für eine bessere Zukunft die Welt in eine Wüste zu verwandeln: *Wir werden Menschen sein. Wir werden es sein oder wir werden die Welt dem Erdboden gleichmachen bei unserem Versuch, es zu werden.*

Gudrun Ensslin und ihre Gruppe, die Rote Armee Fraktion (RAF), legten Sprengsätze und schossen auf ihre Feinde, die für sie nur »Charaktermasken« oder »pigs« waren. Der Kampf endete mit dem Tod von Gudrun Ensslin, Andreas Baader und Jan-Carl Raspe im Hochsicherheitstrakt in Stammheim. Bernward Vesper warf keine Bomben und griff nicht zur Waffe. Er schrieb ein Buch, das ihn als Opfer und Täter zeigt. Als Opfer seines Nazi-Vaters und der Gesellschaft, aber auch als Täter, der mit elitärem Bewusstsein andere für seine Zwecke missbrauchte und der die Erziehung seines geliebten Sohnes Leuten überließ, für die er nur Verachtung empfand und die er als Unkraut und Gemüse bezeichnete.

Vesper wurde zunehmend von Wahnvorstellungen heimgesucht. Als er im Februar 1971 bei Freunden in München war, behauptete er, Botschaften zu hören, und er begann, Radios und Fernseher zu zerstören. Er stürzte sich mit dem Bügeleisen auf eine Frau, weil er sie für den Teufel hielt. Und im schneebedeckten Hinterhof sprang er nackt herum und verkündete lauthals, dass er Jesus, Gottes Sohn, sei. Man brachte ihn zunächst in die psychiatrische Klinik München-Haar und später nach Hamburg-Eppendorf. Kurz vor seiner Entlassung, als er schon zeitweise die Klinik verlassen durfte, ging er am 15. Mai 1971 zu Freunden in die Wohnung, setzte sich dort auf den Boden und schluckte eine große Menge Schlaftabletten. In einem Testament hatte er verfügt, seinen Körper der Anatomie für wissenschaftliche Zwecke zur Verfügung zu stellen und die Reste *stillschweigend dem Kreislauf der Materie, dem sie entstammen*, wieder einzugliedern.

Das nicht vollendete Manuskript erschien erst 1976 als Buch mit dem Titel *Die Reise*. Es gilt heute als eines der wichtigsten Dokumente der rebellierenden Nachkriegsgeneration.

Hermann Hesse an seinem 60. Geburtstag mit seinen Söhnen
Heiner, Bruno und Martin (v.l.n.r.), 1937

»›Vater‹ ist ein seltsames Wort,
ich scheine es nicht zu verstehen«
Hermann Hesse | Johannes Hesse

Es war der 8. März 1916. Ein Mittwoch. Im Züricher Hauptbahnhof stand ein Mann am Gepäckschalter, um seinen Koffer abzuholen. Er hatte es eilig, sein Zug nach Winterthur ging in wenigen Minuten. Draußen dunkelte es schon. Die Lichter in den Straßen und Geschäften gingen an.

Der achtunddreißigjährige Mann war der Dichter Hermann Hesse. Gedichte oder Romane hatte er allerdings schon lange nicht mehr geschrieben. Es war Krieg. Und Hesse opferte seine ganze Kraft und Zeit den deutschen Kriegsgefangenen. In Bern, wo er mit seiner Frau und seinen drei Söhnen lebte, leitete er zwei Büros, von denen aus Pakete in die französischen Lager geschickt wurden. Um neue Spenden für die Gefangenenfürsorge aufzutreiben, schrieb Hesse unzählige Bittbriefe und hielt Vorträge. Auch in Winterthur wollte er wieder vor vielen Menschen sprechen und sie dazu überreden, ihr Geld für die gefangenen deutschen Soldaten zu geben.

Am Morgen war Hesse in Bern aufgebrochen und hatte in Zürich Zwischenstation gemacht, um Freunde zu besuchen. Als er nun mit seinem Koffer zum Bahnsteig ging, wo sein Zug schon abfahrbereit und dampfend wartete, legte ihm jemand von hinten die Hand auf seine Schulter. Es war Othmar

Schoeck, ein Komponist und langjähriger Freund Hesses. Er bat Hesse, nicht in den Zug zu steigen und den Abend bei ihm zu bleiben. Hesse hielt das für einen Scherz und lachte. Schoecks Gesicht blieb ernst. Er nahm seinem Freund behutsam den Koffer ab und sagte leise, dass er ein Telegramm für ihn erhalten habe. »Es ist keine gute Nachricht«, meinte er. »Dein Vater ist plötzlich gestorben.«

Eine Viertelstunde später saß Hesse im Zug zurück nach Bern. Am liebsten wäre er auf dem schnellsten Weg zu seinem toten Vater in der Nähe von Stuttgart gereist. Aber es war Krieg. Er musste sich zuerst einen neuen Pass ausstellen lassen. Im Zug fand er keine Ruhe. Mit dem Rattern der Räder ging ihm ständig der Satz durch den Kopf: »Dein Vater ist tot! Dein Vater ist tot!«

Spät abends kam er in Bern an und verbrachte den nächsten Vormittag damit, mit Beamten zu verhandeln und Formulare auszufüllen. Als er endlich alle Papiere zusammenhatte, stieg er wieder in den Zug und fuhr an den Bodensee und von dort weiter nach Stuttgart. Sein Leben kam ihm jetzt vor wie ein Weg, der vom Vater weggeführt hatte und nun wieder zu ihm zurückführte. Als Kind und Jugendlicher hatte er dem Vater die größten Sorgen gemacht. Sogar der Hausarzt in Calw hatte bei ihm »einen erstaunlichen Hass gegen den Vater« festgestellt. Nun war er selber erwachsen und hatte Kinder und konnte sich gut vorstellen, wie einsam und unverstanden sein Vater, Johannes Hesse, sich manchmal gefühlt hatte. Und er machte sich die größten Vorwürfe, dass er sich in den letzten Jahren um den Vater kaum gekümmert hat. Noch schlimmer war, dass er ihm als letzte Nachricht eine hastig hingekritzelte Postkarte geschickt hatte, mit der erbärmlichen Entschuldigung, dass er momentan so beschäftigt sei und keine Zeit habe, einen Brief zu schreiben.

Mit dem Vorortzug kam Hesse in Korntal an. Der Ort nahe Stuttgart war ein Zentrum der pietistischen Brudergemeinde, der Johannes Hesse angehörte. Hier hatte er seine letzten Jahre verbracht. Auf dem Bahnsteig warteten Hesses Geschwister, sein Bruder Hans und seine Schwestern Adele und Marulla. Gemeinsam gingen sie zum Haus, in dem ihr Vater gewohnt hatte. In einem Nebenzimmer war der Tote aufgebahrt. Die Geschwister tranken Kaffee und tauschten Erinnerungen aus an ihre Kindheit in Calw und an ihre Eltern. Ab und zu ging Hesse hinüber in das andere Zimmer, um eine Weile beim Toten zu sitzen. Er glaubte nun, ein schlechter Sohn gewesen zu sein, der so einen Vater nicht verdient hatte.

Abends übergab ihm seine ältere Schwester den Trauring des Vaters, den nun Hesse tragen sollte. Er steckte ihn sich an den Finger und er passte wie angegossen. Erstaunt stellten alle fest, wie ähnlich Hermanns Finger und die ganze Hand den Fingern und Händen des Vaters waren.

Der Tod des Vaters war der Beginn einer Krise in Hermann Hesses Leben. Immer öfter floh er vor seiner Familie und seiner Arbeit. Und schließlich trennte er sich von seiner Frau und brachte seine Söhne bei Freunden und Bekannten unter. Hermann Hesse wollte noch einmal neu anfangen. Und zu diesem Neuanfang gehörte auch, dass er sich noch einmal mit seinem Vater auseinandersetzte. Alle Bewunderung für ihn war nun verflogen. Er wollte abrechnen *mit allem Väterlichen*. Noch einmal gingen seine Erinnerungen zurück in seine Kindheit in Calw, und noch einmal durchlebte er, wie sehr er gelitten hatte unter dem frommen, immer gerechten und vernünftigen Vater. In einem Drama, das er schrieb, ist es ein Sohn, der nach langer Zeit wieder nach Hause kommt, und der feststellt: »*Mein Schicksal ist nicht der Vater – nicht mehr! Er war es lang genug. Zu lang. Ich dachte, damit fertig zu sein und keine Erregung mehr darüber empfinden zu können, aber hier, in diesem Haus, spüre ich's wieder, so schwer, so dumpf, es – es riecht ja hier alles nach Ihm.*«

Johannes Hesse stammte aus der Kleinstadt Weißenstein in Estland. Seine Kindheit und Jugend muss sehr glücklich gewesen sein. Später erzählte er seinen Kindern immer wieder voller Sehnsucht von seiner Heimat, dem Leben auf den großen Landgütern, den rauschenden Festen, den Ausflügen an die Ostsee und auf die Inseln. Sein Vater war ein tatkräftiger Arzt gewesen, Johannes war dagegen eine zarte Natur mit einem Hang zum frommen Idealismus. Sein Wunsch war es, einem »großen heiligen Zweck« zu dienen, und das meinte er am besten als Missionar verwirklichen zu können.

Er ging nach Basel, wo er in der Missionsgesellschaft ausgebildet wurde. Anschließend schickte man ihn nach Indien. Nach fünf Jahren an der Malabarküste musste er wieder nach Bern zurückkehren. Das tropische Klima hatte er nicht länger ertragen können. Nach seiner Rückkehr schickte ihn die Missionsgesellschaft in die kleine Stadt Calw im Nagoldtal. Dort sollte er dem Verlagsleiter Hermann Gundert als Gehilfe zur Seite stehen.

Dieser Hermann Gundert war ein außergewöhnlicher

Mann. Bevor er die Leitung des Calwer Verlages übernahm, war er über zwanzig Jahre lang in Indien gewesen. Er war ein vielseitiger Gelehrter, beherrschte zahlreiche Sprachen, und Leute aus den fernsten Ländern gingen bei ihm ein und aus. Gundert hatte eine Tochter, Marie, die schon Witwe war. Ihr Mann war auch Missionar in Indien gewesen, aber wie so viele andere Europäer war er von einer Krankheit dahingerafft worden.

Marie Gundert verliebte sich in den Gehilfen ihres Vaters, der vier Jahre jünger war als sie. Er kam ihr so sensibel und schutzbedürftig vor und mit seinem reinen Hochdeutsch war er in der schwäbischen Kleinstadt eine vornehme Erscheinung. Im November 1877 heirateten die beiden. Ein Jahr darauf kam ihr erstes Kind zur Welt, Adele. Und am 2. Juli 1877 wurde in der Wohnung am Calwer Marktplatz ein Sohn geboren, der nach dem Großvater Hermann genannt wurde.

Der kleine Hermann, den alle nur »Memmerle« oder »Hermännle« nannten, war ein wilder Kerl, und die Mutter kam bald nicht mehr mit ihm zurecht, zumal sie noch weitere Kinder bekam. Hermann blieb ihr Sorgenkind. Sein Temperament, sein Trotzkopf und sein Bewegungsdrang überforderten sie schlichtweg. Hinzu kam, dass sie ihren Mann von allen häuslichen Problemen entlasten musste. Johannes Hesse war unglücklich. Mit der Mentalität der Calwer kam er nicht zurecht und von der Arbeit im Verlag war er überfordert. Ständig wurde er von Kopfschmerzen geplagt und verbrachte die Tage in düsterer Stimmung.

Es war ein Lichtblick, als die junge Familie 1881 nach Basel zog, weil Johannes Hesse in der Basler Mission eine Stelle bekommen hatte. Er und seine Frau lebten in Basel auf. Alles war hier freier und ungezwungener. Nur die Probleme mit »Hermännle« blieben die gleichen. Dauernd beschwerten sich die Leute aus der Nachbarschaft über ihn, weil er wieder einmal ein anderes Kind verletzt, eine Fensterscheibe eingeschlagen oder mit Steinen geworfen hatte. Wenn Marie Hesse ihn dafür schimpfte oder auch mal zur Rute griff, half das wenig. Hermann wollte nicht einsehen, warum er etwas Schlimmes gemacht haben sollte.

Johannes Hesse überlegte, seinen schwierigen Sohn in eine »Anstalt« zu geben. Als er seinen Schwiegervater Hermann Gundert um Rat bat, zeigte sich, dass dieser Patriarch alter Schule mehr von einer Kinderseele verstand als sein weichherziger Schwiegersohn. Großvater Gundert hielt nämlich gar nichts von Johannes' Plänen. Es gebe immer Wege, ein Kind zu erreichen, meinte er in einem Brief, und niemandem könne mehr an einem Kind gelegen sein als den eigenen Eltern. »Es kommt auch von Gott«, so schrieb er, »dass einem die Kinder Rätsel aufgeben, vor denen man ratlos steht.«

Doch mit dem Rätsel, das ihm sein Sohn war, wollte sich Johannes Hesse offenbar nicht mehr länger belasten. Er gab ihn in ein Knabenhaus, wo er die ganze Woche bleiben musste und nur am Wochenende zu seiner Familie durfte. In den wenigen Stunden zu Hause war er nun viel umgänglicher. Der Vater war zufrieden.

Hier zeigte sich ein Muster, das sich in den folgenden Jahren wiederholte. Wenn Hermann still seine Bilder zeichnete, auf dem Klavier fantasierte, Gedichte reimte oder sich vom Vater Geschichten aus dessen Heimat erzählen ließ, kam Jo-

48

hannes Hesse gut mit ihm aus. Sobald aber wieder sein Temperament mit ihm durchging, er um sich schlug, Wutanfälle hatte, sich trotzig benahm oder beim Indianerspielen zu laut und wild war, wurde es dem Vater schnell zu viel. Dann zog er sich zurück und überließ seinen anstrengenden Sohn lieber anderen.

Fünfunddreißig Jahre später erfand Hermann Hesse eine Figur, der er seine Klage über den Vater in den Mund legte. Paul, so nannte er diesen anderen Sohn, kommt nach langer Zeit im Krieg nach Hause und rechnet mit seinem Vater ab: »... *alles passte zusammen! Auch deine zarte Gesundheit passte dazu, deine Nerven, dein Kopfweh – das alles war immer da, wenn du dich drücken wolltest, wenn das Leben dir unbequem war, wenn du im Unrecht warst und es nicht zugeben mochtest. Du hast aus deinem Leiden Macht gezogen, und immer, wenn es dir misslang und du dich uns anderen gegenüber nimmer sicher fühltest, dann kamen die Schmerzen, und man musste dich bemitleiden, und du warst ein armer geplagter Mann und Märtyrer! Wenn das Donnern und das schöne Reden nicht mehr halfen, so musste das Kopfweh helfen. Wie hast du mich damit gequält, als ich noch ein Kind war! Es war die härteste Strafe, über die du verfügtest! Überall, wo ich dir nicht zu Willen war, bekam ich zu spüren, wie sehr du unter mir littest, wie wenig du wieder geschlafen hattest, wie zart deine Nerven waren! – Sieh, das alles hatte ich immer gewusst – aber nicht klar, nicht richtig. Das Wissen war da, aber es war nicht zu meiner Verfügung, es verkroch sich im Ernstfall immer und war verschwunden.*«[1]

Nach fünf Jahren in Basel wurde Johannes Hesse vom Missionswerk nach Calw zurückgeschickt. Er sollte seinem Schwiegervater helfen und später die Leitung des Verlages übernehmen. Die Familie nahm höchst ungern Abschied von Basel. Und die Angst vor dem Leben in Calw bestätigte sich schon nach wenigen Monaten. Die Enge im Verlagshaus, der eintönige Alltag, die dauernde Überwachung durch sittenstrenge Blicke setzten vor allem Johannes Hesse sehr zu. Er verfiel wieder in depressive Stimmungen und lag stundenlang mit Kopfschmerzen in seinem abgedunkelten Zimmer. Schließlich kam es so weit, dass er unter Weinkrämpfen zusammenbrach und ins Krankenhaus gebracht werden musste.

Besser wurde es erst, als die Familie eine eigene Wohnung bezog. Endlich konnten sich die Eltern auch wieder mehr den Kindern widmen, vor allem Hermann, der immer noch ein Sorgenkind war. Wenn seine Mutter ihn in ihrem Tagebuch erwähnte, hatte er meistens wieder etwas angestellt, ob er nun aus heiterem Himmel in den Marktbrunnen sprang oder im Zimmer seines Vaters die Petroleumlampe fallen ließ und damit ein Feuer auslöste.

Im November 1889 vermerkte Marie Hesse: »Hermanns Feigendiebstahl entdeckt!« Was war passiert? Hermann war allein im Arbeitszimmer des Vaters gewesen und hatte aus einer Schublade einen Kranz Feigen geklaut. Der Vater hatte die Feigen in Hermanns Zimmer entdeckt und Hermann verwirrte sich so hoffnungslos in seinen Ausreden und Lügen, bis er den Diebstahl gestehen musste.

Hermann Hesse hat aus diesem Zwischenfall viele Jahre später eine kleine Erzählung mit dem Titel *Kinderseele* gemacht. Darin heißt es über den Vater: *Ach, hätte er mir gleich zu Anfang, ohne mich überhaupt zu fragen und zu verhören, mit dem*

Stock über den Kopf gehauen, das wäre mir im Grunde lieber gewesen als diese Ruhe und Gerechtigkeit, mit der er mich in meinem dummen Lügengespinst erstickte. Überhaupt, vielleicht war es besser, einen groben Vater zu haben als so einen feinen und gerechten. (…) Als ob ich selber gewusst hätte, warum ich nicht mein Verbrechen gestehen und um Verzeihung bitten konnte! Als ob ich selber gewusst hätte, warum ich diese unseligen Feigen stahl! [2]

Am Abend dieses Tages kam Johannes Hesse noch einmal in Hermanns Zimmer, um mit ihm zu sprechen. Nachher war die Sache für ihn vergeben und vergessen. Nicht so für seinen Sohn. *Als ich im Bett lag,* so endet die Erzählung, *hatte ich die Gewissheit, dass er mir ganz und vollkommen verziehen habe – vollkommener als ich ihm.*

Der mittlerweile zwölfjährige Hermann Hesse hatte in seinem Schulbuch ein Gedicht von Hölderlin gelesen, und seitdem stand für ihn fest, was er einmal werden wollte: Dichter und sonst nichts. Seine Eltern hatten aber ganz andere Pläne mit ihm. Pfarrer oder Lehrer sollte ihr schwieriger Sohn werden. Ihre finanziellen Mittel waren begrenzt, und so hofften sie, dass Hermann in eines der staatlichen Internate in Württemberg aufgenommen würde, die kostenlos auf ein Theologiestudium vorbereiteten. Im Sommer 1891 bestand Hermann Hesse tatsächlich die schwere Aufnahmeprüfung und zog im September in das Klosterseminar Maulbronn ein.

Die Briefe, die Hermann Hesse aus Maulbronn schrieb, zeigen, dass er sich vorgenommen hatte, die Eltern nicht zu enttäuschen und ein guter Sohn zu sein. Johannes und Marie Hesse hatten auch allen Grund anzunehmen, dass Hermann sich nun gefangen hatte und vernünftig geworden war. Darum war es ein Schock für sie, als sie am 7. März 1892 die Nachricht erreichte, dass Hermann aus dem Seminar weggelaufen sei. Seine Mutter befürchtete schon das Schlimmste, als endlich am nächsten Tag die erlösende Meldung kam, dass man Hermann gefunden habe. Er war ziellos durch die Gegend gelaufen und hatte eine kalte Nacht im Freien verbracht. Als Strafe musste er nun eine Nacht bei Brot und Wasser im Karzer verbringen.

Damit war es allerdings noch nicht getan. Der Schulleiter wollte ihn nicht mehr in Maulbronn behalten. Es fehle Hermann, so meinte er, die Fähigkeit, »sich selbst in Zucht zu halten«, und er sei deshalb eine Gefahr für seine Mitschüler. Johannes Hesse schloss sich dieser Auffassung an. »Warum gleich alles so übertreiben und Dich hineinsteigern in eine ganz unnötige Unzufriedenheit?«, schrieb er an Hermann, »Gott *will*, dass wir auch Unangenehmes ertragen, und jeder Verständige *weiß*, dass Selbstüberwindung der einzige Weg zum wahren Glück ist (…) Also bitte, schicke Dich in Dein Schicksal, lerne Geduld. Gehe in die Stille. Wolle jetzt nichts als ein fleißiger, treuer Schüler und gehorsamer Sohn sein.«

Hermann Hesse bedankte sich für diese *lieben Worte*. Aber er fragte sich auch, welches Glück der Vater eigentlich meinte. Denn ihm war nicht entgangen, dass Johannes Hesse in Calw alles andere als glücklich war. Und dessen dauernde Kopfschmerzen kamen sicher auch daher, dass er an einem Ort lebte, wo er sich nicht wohlfühlte, sondern sich demütig mit seinem Schicksal abfand. Das erwartete er nun auch von seinem Sohn.

Doch so stellte sich Hermann das Glück nicht vor. Und schon gar nichts hielt er von einem Glück, das irgendwo in der Zukunft liegen soll. Er möchte, so schrieb er, von seinem Leben *jetzt etwas haben*, und diese Sehnsucht konnte er nicht ersticken oder durch Pflichtbewusstsein kontrollieren, sosehr er sich auch vornahm, ein fleißiger Schüler und gehorsamer Sohn zu sein.

In Maulbronn hatte er nur einen einzigen Freund, mit dem er über alles reden konnte, und dem war nun der Umgang mit ihm verboten worden. Hermann wünschte sich jemanden, der nicht nur immer etwas von ihm forderte, sondern der ihn ernst nahm und zu ihm stand. Das hätte sicher auch der Vater sein können, doch Johannes Hesse fühlte sich dazu nicht in der Lage und schickte Hermanns Onkel Wilhelm nach Maulbronn.

Dort wurde es um Hermann Hesse immer einsamer. Einige Eltern fürchteten nun um ihre Kinder und verlangten, dass der »verrückte« Hesse aus der Schule entfernt werde. Wiederum war es nicht Johannes Hesse, sondern seine Frau Marie, die nach Maulbronn fuhr, Hermann abholte und in ein christliches Erholungsheim nach Bad Boll brachte. Ihre Hoffnung war, dass Hermann eine vorübergehende Krise durchmachte und bald wieder nach Maulbronn zurückkehren könnte. Ebenso wenig wie ihr Mann konnte sich Marie Hesse vorstellen, dass es für das Verhalten ihres Sohnes einen berechtigten Grund gab. Für sie war Hermanns Benehmen unverständlich, ja krankhaft. Auch die Ärzte hielten Hermann für verrückt. Ihre Diagnose lautete »primäre Verrücktheit« oder »moral insanity« – moralischer Schwachsinn.

Was für seine Eltern und Erzieher eine Störung oder Schwachsinn war, das nannte Hermann Hesse später den *Eigensinn*. Damit meinte er eine innere *Lebenskraft*, die man nicht bekämpfen und unterdrücken, sondern der man vertrauen solle. Mehr noch – es gehört für Hesse Mut dazu, dieser inneren Stimme zu folgen, denn manchmal müsse man ihr mehr gehorchen als äußeren Gesetzen und Vorschriften. Wer seinem eigenen Gesetz folge, dessen Leben werde, so behauptet es Hesse, reicher und schöner. Für die meisten Menschen jedoch sei dieser Eigensinn etwas Gefährliches, etwas, das die Ordnung störe und zu unrealistischen Wünschen und übertriebenen Gefühlen führe.

Christoph Blumhardt, der Leiter des christlichen Erziehungsheimes in Bad Boll, glaubte auch, dass Hermann Hesse unter einer »Missbildung« litt. Sein pädagogischer Plan war, Hermann nicht mit Gewalt und unter Druck zu irgendetwas zu zwingen, sondern ihn sanft auf eine Änderung seiner »Lebenseinstellung« vorzubereiten. Hermann durfte spazieren gehen, lesen, Billard spielen und Musik hören. Alles wurde von ihm ferngehalten, was ihn aufregen und seine empfindlichen Nerven hätte reizen können. Er wurde sozusagen ruhiggestellt.

Aber was Hermann Hesse brauchte, war nicht Ruhe, sondern Verständnis. Und damit war es bei dem sonst so toleranten und verständnisvollen Christoph Blumhardt schlagartig vorbei, als Hermann seine anderen Seiten zeigte. Er verliebte sich in ein älteres Mädchen, das ihn aber abblitzen ließ. Aus Verzweiflung schaffte sich Hermann einen Revolver an und floh aus Bad Boll mit der Androhung, sich umzubringen.

Blumhardt war über diese »Bosheit und Teufeleien« seines Patienten maßlos verärgert. Marie Hesse musste sofort nach Bad Boll kommen, sich eine Strafpredigt Blumhardts anhören und ihren missratenen Sohn mitnehmen.

Marie Hesse war nun ratlos, und sie tat etwas, wogegen sie sich lange gewehrt hatte. Dem Rat ihres Hausarztes folgend, brachte sie Hermann nach Stetten, in ein Heim für geistig behinderte und epileptische Kinder.

Hermann fügte sich, obwohl für alle offensichtlich war, dass er nicht hierher gehörte. Er war weder schwachsinnig noch Epileptiker. Er wurde auch nicht als normaler Patient behandelt, sondern als Hilfslehrer eingesetzt und arbeitete ansonsten im Garten. Hermann fühlte sich abgeschoben und er bedrängte in Briefen seinen Vater, ihn von Stetten wegzuholen und ihm den Besuch eines normalen Gymnasiums zu erlauben. Doch Woche um Woche verging und Johannes Hesse kam nicht. Obwohl er beruflich in der Nähe von Stetten zu tun hatte, schaute er nicht bei seinem Sohn vorbei. Großvater Gundert hatte den Verdacht, dass sein Schwiegersohn sich nicht nach Stetten traute.

In der Tat beschränkte sich Johannes Hesse darauf, Briefe nach Stetten zu schreiben, in denen er seinem Sohn versicherte, dass seine Eltern ihn nach wie vor lieben würden, dass alle nur sein Bestes wollten und alles gut werde, wenn Hermann sich nur etwas Mühe gäbe und sich nicht immer gleich von seinen Launen und Stimmungen davonreißen ließe. »Ich trage ja schwer am Leben wie Du«, schrieb er verständnisvoll, »und empfinde die tiefe Kluft zwischen Ideal und Wirklichkeit ständig aufs Schmerzlichste.« Was Johannes Hesse diese

Kluft zu ertragen half, war sein Vertrauen auf Gott. Das war ein Ratschlag, mit dem Hermann wenig anzufangen wusste.

Worunter Hermann so litt und was ihm den Umgang mit dem Vater so schwer machte, war dessen Verständnis. Johannes Hesse war wahrlich kein Despot, er war eher ein sanfter Vater, der aufrichtig bemüht war, seinem schwierigen Sohn mit Nachsicht und Toleranz zu begegnen. Doch gerade dieses Verständnis hatte etwas Despotisches. Johannes Hesse merkte sehr wohl, dass Hermann anders war als er. Aber er gab ihm das Gefühl, nicht nur anders zu sein, sondern schlecht. Johannes Hesse war ein durch und durch moralischer Mensch. Er konnte nichts tun oder sagen, ohne dass sein Verhalten oder seine Worte ein Urteil beinhalteten. Was fremd war, war immer gleich auf der moralisch falschen Seite. Um diese Botschaft zu vermitteln, brauchte es keine lauten Worte oder donnernden Strafpredigten. Viel wirksamer, weil unmerklicher, waren kleine Gesten oder Nebenbemerkungen, in denen dennoch ein großes Urteil gesprochen wurde.

Erst sechs Wochen nach seiner Einlieferung, am 5. August 1892, bekam Hermann Besuch von seinem Vater. Er flehte ihn an, ihn nicht in Stetten zu lassen, und da die Ärzte keine Einwände hatten, blieb Johannes Hesse nichts anderes übrig, als seinen Sohn mitzunehmen. Zu Hause in Calw war der Zeitpunkt für Hermanns Rückkehr denkbar ungünstig. Es waren Ferien und das Haus war voll. Seine Geschwister waren da, täglich kam Besuch und Hermanns Zimmer war besetzt von einem englischen Gastschüler. Die Eltern waren von den Aufgaben im Verlag und in der Gemeinde so beansprucht, dass sie kaum Zeit für die Familie hatten.

Dieser »Taubenschlag« war für Hermann kein Zuhause. Alle fanden ihn unausstehlich. Auf jedes Wort reagierte er gereizt, er beschwerte sich über das hektische Durcheinander im Haus und beklagte sich lauthals darüber, dass ihm langweilig sei. Die gemeinsamen Spaziergänge wollte er aber nicht mitmachen, und wenn sein Vater etwas von ihm verlangte, weigerte er sich. Johannes Hesse war bald mit seinen Nerven am Ende. Er warnte seinen Sohn, und als es nicht besser wurde, beschloss er, dass Hermann nicht bleiben könne. Am 22. August brachte ihn ein befreundeter Missionar wieder nach Stetten zurück.

Hermann Hesse war vom Verhalten seiner Eltern tief enttäuscht. Er hatte das Gefühl, dass er nur störte und alle ihn loswerden wollten. In seinen Briefen war er nun nicht mehr zurückhaltend, sondern wild verzweifelt. *Lasst mich hier draufgehen, den tollen Hund, oder seid meine Eltern!*, schrieb er nach Calw. Johannes Hesse antwortete vernünftig und besänftigend wie immer. Aber gerade diese kluge, verständnisvolle Art seines Vaters und die zwischen den Zeilen zu spürende leidvolle Sorge konnte Hermann nicht mehr ertragen. Er bat den Vater, ihn mit seinen *Phrasen* zu verschonen und ihn vor allem mit seinem *Christus* in Ruhe zu lassen. *Meine letzte Kraft,* so schrieb er, *will ich aufwenden, zu zeigen, dass ich nicht die Maschine bin, die man nur aufzuziehen braucht (...). Im Übrigen bin ich zwischen den vier Mauern mein Herr, ich gehorche nicht und werde nicht gehorchen.*

Als Johannes Hesse auch noch für den brennenden Zorn seines Sohnes Verständnis zeigte und ihm keine Vorwürfe machen wollte, kannte Hermanns Hass keine Grenzen mehr.

Sehr geehrter Herr!, so schrieb er an seinen Vater, *Da Sie sich so opferwillig zeigen, darf ich Sie vielleicht um 7 M oder gleich um den Revolver bitten. Nachdem Sie mich zur Verzweiflung gebracht, sind Sie doch wohl bereit, mich dieser und sich meiner rasch zu entledigen. Eigentlich hätte ich ja schon im Juni krepieren sollen. (…)*

›Vater‹ ist doch ein seltsames Wort, ich scheine es nicht zu verstehen. Es muss jemand bezeichnen, den man lieben kann und liebt, so recht von Herzen. Wie gerne hätte ich eine solche Person! Könnten Sie mir nicht einen Rat geben? (…)

Ihre Verhältnisse zu mir scheinen sich immer gespannter zu gestalten, ich glaube, wenn ich Pietist und nicht Mensch wäre, wenn ich jede Eigenschaft und Neigung an mir ins Gegenteil verkehrte, könnte ich mit Ihnen harmonieren. Aber so kann und will ich nimmer leben, und wenn ich ein Verbrechen begehe, sind nächst mir Sie schuld, Herr Hesse, der Sie mir die Freude am Leben nahmen. Aus dem »lieben Hermann« ist ein anderer geworden, ein Welthasser, eine Waise, deren »Eltern« leben (…).[3]

Johannes Hesse in Calw war schon von den vorhergehenden Briefen Hermanns so mitgenommen, dass er diesen letzten nicht mehr selber lesen wollte, sondern ihn seiner Frau und dem Großvater Gundert übergab. Alle bedauerten Johannes und waren empört über Hermann, der gegen das Gebot der Elternliebe verstieß und seinem Vater das Leben so schwer machte. Hermanns nächster Brief war allerdings schon wieder moderater. Seine harten Worte taten ihm leid und er bat um Verzeihung. Johannes Hesse war nun auch einverstanden, dass Hermann von Stetten wegkam und einige Wochen bei einem befreundeten Pfarrer in Basel verbringen konnte.

Währenddessen suchte Johannes Hesse nach einer geeigneten Schule für seinen Sohn. Die einzige, die bereit war, den ehemaligen Seminaristen aufzunehmen, war das Gymnasium in Cannstatt. Im November 1892 trat Hermann in die siebente Klasse ein.

Es ging ihm wie in Maulbronn, wie in Bad Boll und wie in Stetten. Anfangs gab er sich Mühe und gehörte sogar zu den Besten in der Klasse. Nach Hause hätte er am liebsten geschrieben, dass er froh und mutig sei. Doch fehlte ihm wieder die Kraft zu dieser *Täuschung*. Es genügte ein Satz in einem Buch oder ein Ton auf seiner Geige und seine ganze Zuversicht brach wieder zusammen. In einem Anfall von Verzweiflung verkaufte er Bücher und schaffte sich mit dem Geld erneut eine Pistole an. Nach Hause schrieb er, dass er nun vor dem *rostigen Ding* sitze und nicht wisse, was er machen solle. Er wünschte sich jemand, zu dem er hätte sagen können: »*Hilf mir!*«

Marie Hesse eilte nach Cannstatt. In Hermanns Zimmer kam es zu einer Szene. Sie nahm ihm die Pistole weg und konnte ihn wieder einigermaßen beruhigen. Hermann wollte es mit der Schule noch einmal versuchen und wenigstens das Examen machen, das ihn von einem dreijährigen Militärdienst befreite. Aus Calw kamen aufmunternde Briefe des Vaters. Vor »übertriebener Eigenliebe« solle sich Hermann hüten, so schärfte ihm Johannes Hesse ein, und seine Wünsche und Gefühle nicht zum Maß aller Dinge machen.

Solche Ermahnungen zeigten bei Hermann keine große Wirkung. Den Eltern wurde berichtet, dass Hermann sich mit stadtbekannten Taugenichtsen in Wirtshäusern herumtrieb und spät nachts betrunken in seine Pension heimkehrte. Die Drohungen seines Vaters, ihn wieder in eine Anstalt zu stecken, halfen nichts. Nach einer kurzen Zeit der Reue und Besserung ging es mit ihm wieder steil bergab, und in Calw kamen Briefe an, die der Vater nach den ersten Zeilen weglegen musste, weil er sie nicht ertragen konnte. *Ihr dauert mich!*, schrieb Hermann einmal. *So fromme, ehrbare, rechtliche Leute – und der Filius ein Lump, der Moral und alles »Heilige« und »Ehrbare« verachtet! Fast schade! Aus mir hätte schon was werden können, wenn ich dümmer gewesen wäre und mich von vorneherein mit Religion etc. hätte belügen lassen.*

Anfang Oktober 1893 ging es nicht mehr weiter. Hermann hielt es keinen Tag länger am Cannstatter Gymnasium aus. Und es war klar, dass es an jeder anderen Schule ebenso enden würde. Dass eine Anstalt auch keine Lösung war, hatten seine Eltern inzwischen auch eingesehen. Das Einzige, was ihnen einen Versuch wert erschien, war, es einmal mit einer praktischen Tätigkeit zu probieren. Der Onkel David kannte einen Buchhändler in Eßlingen, der bereit war, Hermann als Lehrling zu nehmen. Mit seiner Einwilligung in den Lehrvertrag verpflichtete sich Hermann Hesse zu »unbedingtem Gehorsam«.

Am Donnerstag, den 26. Oktober, hatte er seinen ersten Arbeitstag. Am Montag darauf erschien er nicht zur Arbeit und war spurlos verschwunden. Zwei Tage später tauchte er in Stuttgart auf. Johannes Hesse fuhr sofort hin, fand seinen Sohn und schleppte ihn zu einem Arzt, der Hermann auf seinen geistigen Zustand untersuchen sollte. »Wir wissen rein nicht, wohin mit ihm«, schrieb er an den Arzt. Dr. Zeller empfahl, Hermann zunächst zur Erholung mit nach Hause zu nehmen. Vater und Sohn kamen an diesem Tag spätabends in Calw an. »O eine schwere bittre Zeit für unser ganzes Haus«, schrieb Marie Hesse in dunkler Vorahnung in ihr Tagebuch.

Für seine Eltern und die Leute in Calw war Hermann Hesse nun ein Schulabbrecher, eine gescheiterte Existenz ohne Zukunftsaussichten. Er selbst hielt nach wie vor daran fest, ein Schriftsteller zu werden. Nun, da alle Pläne, die seine Eltern mit ihm gehabt hatten, schiefgegangen waren, wollte er es mit seinem eigenen Plan versuchen, nämlich sich in einer nahen Stadt eine Wohnung zu nehmen und allmählich mit dem Schreiben Geld zu verdienen. Dazu brauchte er als Starthilfe natürlich die finanzielle Hilfe seiner Eltern.

Sich mit seinem Vater über diesen Plan zu unterhalten, schien Hermann ziemlich aussichtslos. Obwohl beide unter einem Dach lebten, schrieb er ihm also einen Brief, in dem er genau schilderte, was er vorhatte. Die ebenfalls schriftliche Antwort des Vaters war, wie zu erwarten, abschlägig. Johannes Hesse wollte nicht ein Leben unterstützen, das für ihn nur aus Lust und Genuss bestand. Stattdessen solle Hermann seinen Ekel vor ernsthaften Beschäftigungen überwinden und sich den »Notwendigkeiten« unterwerfen.

Hermann unterwarf sich nicht. Er begann nun, seine Ausbildung selbst in die Hand zu nehmen. Die umfangreiche Bibliothek seines Großvaters wurde sein Schulzimmer. Er las sich durch die halbe Weltliteratur und schrieb daneben seine eigenen Gedichte und Geschichten. Für seinen Vater war diese Beschäftigung nicht nur »brotlose Kunst«, sondern auch gefährlich, da Hermann nun Bücher in die Hände bekam, die in seinen Augen das reinste »Gift« waren. Dazu zählten die Gedichte Heinrich Heines, die Johannes in Hermanns Zimmer entdeckte und die er ihm sofort wegnahm. Hermann machte das nicht viel aus. Er hatte die meisten Gedichte auswendig gelernt oder abgeschrieben.

Als Hermann in Stetten und Cannstatt war, hatte Marie Hesse oft nachts nicht schlafen können, weil sie dauernd daran denken musste, was Hermann wohl jetzt wieder anstellte. Zu Hause war er nun mehr oder weniger unter Kontrolle. Aber einen Sohn zu haben, der, wie sie meinte, nur faul in den Tag hineinlebte, war für sie eine Last. Marie Hesses Gesundheit war seit einiger Zeit angeschlagen. Ihr Vater Hermann Gundert hatte ausgesprochen, was alle dachten, als er meinte, dass die Sorge um Hermann sie krank gemacht hätte.

Vielleicht war es Rücksicht auf die kranke Mutter, warum sich Hermann nun einverstanden erklärte, in der Calwer Turmuhrenfabrik eine Lehre anzufangen. Marie Hesse immerhin war erleichtert, dass er endlich etwas Nützliches machte. Über ein Jahr lang arbeitete Hermann in der Fabrik. Am Ende bekam er von seinem Chef ein wohlwollendes Zeugnis. Doch allen war klar, dass Hermann nicht zum Handwerker geboren war und seine Zukunft nicht an der Werkbank lag.

Die Frage wurde immer dringlicher, was aus Hermann einmal werden sollte. Er wusste, dass er irgendwie Geld verdienen musste. Ansonsten würde er abhängig bleiben von seinem Vater, der seine Dichterträume nie unterstützen würde. Hermann selbst plante, nach England, Amerika oder Brasilien auszuwandern. Schließlich landete er Ende 1895 nicht in London, New York oder Rio, sondern im nahe gelegenen Tübingen. Die Buchhandlung Heckenhauer nahm ihn als Lehrling auf. Der Vater gab ihm einen Zettel mit, auf dem er in zehn Punkten genau aufgelistet hatte, was Hermann tun und vor allem, was er lassen sollte. Schuldenmachen und Kartenspielen waren absolut verboten.

Die Arbeit in der Buchhandlung war für Hermann Hesse ein notwendiges Übel. Sein richtiges Leben begann erst, wenn er abends in seinem Zimmer saß, Bücher las und Gedichte schrieb. Einige dieser Gedichte wurden sogar in einer Zeitschrift abgedruckt. Hermann schickte ein Exemplar nach Calw und wartete gespannt, was sein Vater dazu sagen würde. Die Antwort war ernüchternd. Die Zeitschrift enthalte nichts, »was zu würdigen ich in der Lage wäre«, schrieb sein Vater. Hermann Hesse ließ sich nicht entmutigen, zu wichtig war ihm die Anerkennung seiner Eltern.

Zum zweiundfünfzigsten Geburtstag schenkte er dem Vater einen druckfrischen Band mit eigenen Geschichten. Ungeduldig wartete er auf eine Reaktion aus Calw. Doch der Vater schwieg. Nur die Mutter meldete sich und ließ Hermann wissen, dass der Vater seit Tagen schlimme Kopfschmerzen habe und deswegen das Buch nicht lesen könne. Sie aber hatte es hastig durchgeblättert und dann nachts nicht schlafen können, weil sie viele Stellen als so »unanständig« empfand, dass kein Mädchen sie je lesen sollte.

Über diesen Brief war Hermann Hesse furchtbar enttäuscht und wütend. Im ersten Zorn schrieb er eine *herbe* Antwort, die er dann aber doch nicht absandte. Es erschien ihm sinnlos, den Kampf gegen seine Eltern, besonders gegen seinen Vater weiterzuführen. In Zukunft wollte er sein eigenes Leben der *Autorität und Kontrolle* seines Vaters entziehen und ansonsten höflich mit seinen Eltern verkehren.

Die Vorstellungen von Kunst und Leben waren einfach zu verschieden. Für Johannes und Marie Hesse mussten Musik und Literatur einen »höheren Inhalt«, also eine religiöse Botschaft haben und erbaulich sein, sonst waren sie eben »nur« Stimmung oder »nur« schön. Was für sie zählte, waren Moral, Gebote, das Bekenntnis und der Wille zum Guten. Und was gut und was schlecht war, davon hatten sie sehr genaue Vorstellungen. Es war diese Lehre, die Hermann Hesse die Lebensluft nahm und ihn an einer freien Entwicklung hinderte. Er hatte nämlich Talente und Anlagen, die nach dem väterlichen Weltbild »unrein« oder »sündhaft« waren. Darum suchte er nach einer Einstellung zur Wirklichkeit, in der es kein genaues Wissen darüber gab, was falsch und richtig, gut und böse war, in der eine große Offenheit herrschte und in der man allem Fremden mit Toleranz und Güte begegnete.

In Tübingen und dann in Basel, wo er weiter als Buchhändler arbeitete, befreite sich Hesse langsam von den Fesseln seiner Erziehung. Nach Hause berichtete er dem ständig überarbeiteten Vater, dass er in den Ferien tagelang an einem See faulenze und am Sonntag lieber in eine Kunstausstellung gehe als in die Kirche. Auch gegenüber den Frauen wurde Hesse nun entspannter. Auf einer Italienreise lernte er Maria Bernoulli kennen, eine Tochter aus einer angesehenen Baseler Familie.

Seinen literarischen Durchbruch erlebte Hesse ebenfalls in Basel. Der berühmte Verleger Samuel Fischer war auf den

64

jungen Buchhändler und Dichter aufmerksam geworden und wünschte sich von ihm eine größere Arbeit. Der Roman, den ihm Hesse schickte, *Peter Camenzind*, wurde zu einem Bestseller. Noch bevor Hesse das erste Geld dafür bekam, kündigte er seine Stelle, heiratete Maria Bernoulli und zog mit ihr in ein Bauernhaus im kleinen Dorf Gaienhofen am Bodensee. Hier wollte er das freie und unabhängige Leben führen, das er sich immer gewünscht hatte.

In Gaienhofen wurde Hermann Hesse selber Vater. Maria, seine Frau, brachte im Laufe der Zeit drei Buben zur Welt: Bruno, Heiner und Martin. Für die wachsende Familie ließ Hesse ein eigenes Haus bauen, mit Bibliothek und einem riesigen Garten. Er konnte es sich nun leisten. Er war ein fleißiger Schreiber und seine Bücher waren erfolgreich. Im Sommer liefen seine Kinder nackt zwischen Obstbäumen und Gemüsebeeten herum. Für sie war Gaienhofen ein Paradies.

Hesse dagegen wurde immer unzufriedener. Die zunehmende Berühmtheit und das abgesicherte Leben machten ihn nicht glücklich. Im Gegenteil. Er wäre lieber ein Landstreicher gewesen, der mit leeren Taschen und ohne Verpflichtungen hingehen konnte, wo er wollte. Immer häufiger flüchtete er aus Gaienhofen, machte Lesereisen oder besuchte eine Kolonie von Künstlern und Aussteigern am Lago Maggiore, auf dem Monte Verità. Das Haus und die Kinder überließ er seiner Frau. 1911, nach einer Indienreise, zog Hesse einen Strich unter sein Leben am Bodensee. Er verkaufte das neue Haus und zog mit Frau und Kindern nach Bern, in ein großes Anwesen am Stadtrand.

Künstlerisch war Hesse wie ausgebrannt. Er selbst war überzeugt, dass er nichts mehr zu sagen hatte. Dieser Zustand verschlimmerte sich noch durch den Ausbruch des Ersten Weltkriegs. Der um sich greifende Fanatismus und die alle Bereiche durchdringende Politik machten ihm jede künstlerische Arbeit unmöglich. Hesse wurde zum entschiedenen Kriegsgegner, der politische Artikel gegen gewissenlose Politiker und blinden Völkerhass schrieb. Aus Deutschland wurde er dafür als »vaterlandsloser Geselle« beschimpft. In der Tat wollte Hesse keinem Vaterland angehören, das alles, was nicht deutsch war, mit Hass und Krieg überzog. Lieber wollte er Opfer sein, als zu den Tätern zu gehören. Und für die Opfer des Krieges setzte er sich ein, als er bei einer Einrichtung mitarbeitete, die sich unter dem Dach des Roten Kreuzes um Kriegsgefangene kümmerte.

Mit seinem rastlosen Einsatz für die Gefangenenfürsorge konnte er nur mühsam verdecken, dass er sein Lebensziel aus dem Auge verloren hatte und auch seine familiären Verhältnisse immer schwieriger wurden. Mit seiner Frau konnte er selten sprechen, ohne dass es im Streit endete. Sein jüngster Sohn Martin war dauernd krank. Und für Bruno und Heiner hatte er kaum Zeit. Nur manchmal durften sie in sein Arbeitszimmer kommen, dann zeichnete er mit ihnen oder sie machten Wortspiele, die Hesse noch von seinem Vater kannte.

Johannes Hesse, inzwischen Witwer, hatte die Leitung des Calwer Verlages abgegeben und war in die Brüdergemeinde nach Korntal gezogen, wo ihn seine jüngste Tochter Marulla pflegte. Als er am 8. März 1916 starb, war Hermann davon tiefer betroffen als erwartet, und es waren die gegensätzlichsten Gefühle, die bei ihm hervorgerufen wurden. In der Erinnerung sah er seinen Vater nun mit Verständnis, ja Bewunderung. In anderen Momenten brach der alte Hass gegen ihn wieder durch.

Vor allem aber wurden Hesses Zweifel am eigenen Leben durch den Tod des Vaters wieder mit aller Gewalt ausgelöst. Er musste sich eingestehen, dass er sich vom Vater zwar äußerlich entfernt, dass er aber auch viel von seinem Vater übernommen hatte, was tief in ihm verwurzelt war, und dass er sich in ein Leben gezwungen hatte, das ihm nicht entsprach, und er nicht mehr seinem *Eigensinn* gefolgt war. Um die Kräfte zu verstehen, die ihn auf die falsche Bahn gelenkt hatten, vertraute sich Hesse einem Arzt an, dem Psychoanalytiker Josef Lang, mit dem er Gespräche führte, bei denen sie tief in Hesses Kindheit hinabstiegen.

Zur Therapie, die Lang verordnete, gehörte es, dass Hesse seine Träume aufzeichnete. In einem dieser Träume besuchte ihn der Vater in Bern und erlebte, wie kaputt die Ehe seines Sohnes war. Für Hesse war das furchtbar beschämend, aber es ärgerte ihn, dass sein Vater ihn »charakterlos« nannte und beschimpfte ihn daraufhin seinerseits als »Rindvieh«. Zu diesem Traum notierte Hesse: *Mein Vater repräsentiert mir vor allem den Begriff der Reinlichkeit, oder jene Art der Verdrängung, die das Gemeine, vor allem das Sexuelle nur in einer gewissen Idealisierung verträgt und gelten lassen kann.*

Hesse hatte sich im Verdacht, seinem Vater sehr ähnlich geworden zu sein. Hatte er als jugendlicher Rebell nicht die kleinkarierten Moralvorstellungen seines Vaters hinter sich lassen wollen? Hatte er nicht Dichter werden wollen, was gleichbedeutend war mit einem Blick auf die Welt, der weit und großzügig ist und auch das Dunkle, das Unangenehme, das Unreine und Anrüchige gelten lässt? Und was war aus ihm geworden? Ein unglücklicher Ehemann, ein Vater, der nie Zeit hatte, ein Beamter, der zu beschäftigt war, um Musik zu hören oder eine Zeile zu schreiben.

Auch die Bücher, die er bisher geschrieben hatte, kamen ihm nun viel zu brav, angepasst und harmlos vor. Er hatte sich, wie er meinte, in *Güte, Edelmut und Reinheit geflüchtet* und sei ein *kastrierter Engel ohne rechtes Leben* geworden. Um überhaupt noch eine Berechtigung zum Weiterleben zu haben, musste er wieder seinem Eigensinn folgen. Er musste sein Leben ändern und andere Bücher schreiben.

Hermann Hesses Leben erfuhr wirklich eine radikale Wende. Dazu trug auch das Ende des Weltkriegs bei, das Ende seiner Arbeit in der Gefangenenfürsorge und das Ende seiner Ehe. Maria Hesse hatte auf einer Reise einen Zusammenbruch erlebt und war in eine Nervenheilanstalt eingeliefert worden. Die Kinder brachte Hesse zunächst bei Freunden und in Heimen unter. Er selbst löste den Haushalt in Bern auf, zog in den Süden, ins Tessin, und fand eine Unterkunft in einem bizarren Landschloss im Dorf Montagnola.

Der Kampf gegen den Vater war ein Kampf gegen das Väterliche in sich selber geworden. Und dieser *Weg nach Innen* setzte bei Hesse ungeahnte Kräfte frei. Innerhalb kurzer Zeit schrieb er mehrere Bücher, die man alle als Geschichten von Befreiung oder versuchter Befreiung sehen kann. Da ist der junge Sinclair in *Demian*, der in der moralisch heilen Welt seines Elternhauses lebt, die Erfahrung des Bösen macht und dadurch auch die dunklen Seiten in sich kennenlernt. Da ist der kleine Angestellte in *Klein und Wagner*, der aus seiner Welt und Familie ausbricht, aber letztlich daran scheitert, dass er mit sich nicht einverstanden sein kann, sich ständig misstraut und es nicht schafft, sich fallen zu lassen. Da ist der Maler Klingsor, der die Angst vor diesen Fallenlassen überwindet und schließlich ein Bild malt, auf dem alle Facetten seiner Persönlichkeit zum Ausdruck kommen. Und da ist der Brahmanensohn Siddhartha, der sich von seinen Vater losreißt, sich auf eine Reise begibt, an deren Ende er erfährt, dass es keine Gegensätze gibt, nur polare Spannungen innerhalb eines großen Ganzen.

Alle diese Bücher waren für Hesse Bekenntnisse, was bedeutet, dass sie von seinen eigenen Ängsten und Hoffnungen handeln und somit auch vom väterlichen Anteil in seinem Charakter. Hesse ist dieses Erbe nie ganz losgeworden. Befreiungen davon gelangen ihm nur kurzzeitig. Er blieb der *Steppenwolf*, dessen Persönlichkeit von großen Spannungen beherrscht wurde. Künstlerischer Ausdruck dieser Spannungen sind die Doppelfiguren in seinen Büchern. In *Unterm Rad* ist es der brave, fleißige Hans Giebenrath, der dem rebellischen Hans Heilner gegenübersteht. Und in *Narziss und Goldmund* taucht das Bild von Hesses Vater wieder auf in der Figur des klugen, aber hartherzigen Mönchs Narziss, der so ganz anders ist als sein Schüler Goldmund, welcher das Kloster verlässt und das Leben jenseits von Büchern und Gelehrsamkeit sucht. Narziss und Goldmund finden am Schluss des Buches wieder zusammen, sie brauchen und ergänzen sich. Ebenso hat sich auch Hesse mit seinem Vater ausgesöhnt. Auch für ihr Verhältnis gilt, dass es keine Gegensätze gibt, sondern nur polare Spannungen in einer umfassenden Wirklichkeit.

Und Hermann Hesse selbst? Was ist von ihm als Vater zu halten? War es egoistisch und verantwortungslos von ihm, seine Kinder wegzugeben und sich allein in den Süden abzusetzen? Eine Antwort auf diese Frage hängt davon ab, inwieweit man bereit ist, Hesses Ansichten vom *Eigensinn* zu teilen. Für Hesse selbst hat dieser Eigensinn nichts mit Egoismus zu tun. Es ist eine innere Stimme, der man folgen muss, um glücklich zu werden und die Welt glücklicher zu machen. Er war der Meinung, dass er viel zu lange diesen Eigensinn vergessen hatte. Stattdessen hatte er sich von mehr oder weniger eingebildeten Pflichten im Beruf und in der Familie bestimmen lassen. Er machte sich nun den Vorwurf, jahrelang ein Leben aufrechterhalten zu haben, in dem allmählich alle unglücklich geworden waren, er, seine Frau und die Kinder. Wieder auf seinen Eigensinn zu hören, bedeutete, nun keine falschen Rücksichten mehr zu nehmen und nur noch für seine künstlerische Arbeit zu leben.

Wurde Hesse nun glücklicher? Und war es für seine Söhne die beste Lösung?

Ohne Zweifel war für ihn das Leben in Montagnola eine Befreiung. Er machte es sich aber keineswegs leicht und überließ die Kinder nicht sich selbst. Aus seinen Briefen geht hervor, wie sehr er sich um Bruno, Heiner und Martin sorgte und wie bemüht er war, einen Platz für sie zu finden, wo sie gut aufgehoben waren.

Bruno, der Älteste, wurde von Hesses Freund, dem Maler Cuno Amiet, aufgenommen. Von ihm lernte er das Malen und besuchte Kunstschulen in Genf und Paris. Später ließ er sich als Maler und Schnitzer in der Nähe seines Lehrherrn und Pflegevaters Amiet nieder.

Heiner wuchs in einem Landschulheim in der Nähe von Winterthur auf. Er besuchte die Kunstgewerbeschule in Zürich und wurde Innendekorateur.

Martin, der Jüngste, fand in der Familie des mit Hesse befreundeten Arztes Ernst Rignier eine neue Heimat. Er war künstlerisch vielfältig begabt. Nach der Schule und einem abenteuerlichen Wanderleben arbeitete er als Architekt und Fotograf.

In den ersten Jahren konnten die drei Söhne nur in den Ferien zu ihrem Vater nach Montagnola kommen. Allerdings wollte er sie nie allzu lange um sich haben. Trotzdem nahm er großen Anteil an ihrer Entwicklung und besuchte sie an ihren neuen Wohnorten. Besonders bei Heiner musste er öfter nach dem Rechten sehen. Er war der schwierigste Sohn, was vielleicht daran lag, dass er im Unterschied zu seinen Brüdern keine richtige Ersatzfamilie hatte und als Kind von einem Heim ins nächste geschoben wurde. Auch wenn er den Vater selten sah, bekam er dessen wachsenden Ruhm mit.

Heiner war stolz darauf, einen so berühmten Vater zu haben. Andererseits schämte er sich, selber ein so schlechter Schüler zu sein. Wenn wieder einmal ein Aufsatz danebengegangen war, musste er sich die Bemerkungen des Lehrers gefallen lassen, der sich wunderte, dass der Sohn eines großen Dichters keinen besseren Aufsatz zustande brachte. Dabei war Heiner seinem Vater sehr ähnlich. Auch er war »eigensinnig«. Vater Hesse bekam öfter Briefe von Heiners Lehrern. In einem wurde ihm mitgeteilt, dass sein Sohn hinter Mädchen her sei, worauf Hermann Hesse zurückschrieb, dass er das in diesem Alter für völlig normal halte.

Hesse hatte Vorstellungen von Erziehung, die man später »antiautoritär« nannte. Er schrieb seinen Kindern nichts vor und unterstützte sie in allem, was sie machten. Sogar als Heiner den Wunsch äußerte, Matrose zu werden, brachte ihn Hesse mit einem Freund zusammen, der zur See gefahren war und von seinen Erfahrungen berichten konnte. Heiner wurde kein Matrose, aber er wurde Kommunist, und es gab heftige Diskussionen mit seinem Vater, der jede Weltanschauung ablehnte, die ihre Ziele mit Gewalt erreichen wollte. Später teilte Heiner die Ansichten seines Vaters, und er nahm es geradezu persönlich, wenn man Hermann Hesse angriff oder gar behauptete, er sein ein schlechter Vater gewesen. »Er war kein Rabenvater«, meinte er kategorisch.

Ab Juli 1931 bewohnte Hermann Hesse mit seiner dritten Frau Ninon ein eigenes Haus in Montagnola, das ihm ein reicher Freund gebaut hatte. Ninon war Kunstwissenschaftlerin und verreiste häufig ins Ausland. Jedes Mal, wenn sie weg war − so war es ausgemacht −, kamen Hesses Söhne zu Besuch. Aber immer nur einer, nie zwei oder drei zugleich, damit er sich voll und ganz dem einen widmen konnte. Mit Bruno streifte Hesse meistens durch die Gegend, um zu malen. Heiner und Martin halfen ihrem Vater im Garten, lasen ihm aus Büchern oder Briefen vor, hörten mit ihm gemeinsam Musik oder spielten Boccia auf der hauseigenen Bahn.

Diese gemeinsame Zeit mit ihrem Vater behielten alle Söhne in guter Erinnerung, auch wenn es nicht zu jener innigen

Vertrautheit kam, die sie sich manchmal wünschten. Über bestimmte, vor allem persönliche Dinge konnten sie mit dem Vater nicht reden. Es blieb eine merkwürdige Distanz. »Trotz seiner steten Teilnahme und seinem geduldigen Verständnis konnte ich nie eine ganz selbstverständliche Beziehung zu ihm finden«, stellte Heiner mit einem gewissen Bedauern fest.

Eine unbefangene Herzlichkeit zwischen Vater und Söhnen kam auch deswegen nicht zustande, weil Hermann Hesse der weltberühmte Autor und Literaturpreisträger war und die Söhne in ihren Berufen vergleichsweise erfolglos waren und lange Jahre auf finanzielle Hilfen ihres Vaters angewiesen blieben. Das erklärt vielleicht auch die fast unterwürfige Verehrung, die Martin seinem Vater entgegenbrachte. Bei einem Besuch in Montagnola in der Osterwoche 1954 schrieb er in sein Notizbuch: »Vater ist eine so überragende Persönlichkeit, so weise, so ausgeglichen, jede kleine Geste sinnvoll oder voller Anmut und Kraft, nichts Halbes, Zagendes, alles voll und ganz, einfach herrlich …« Neben so einem Vater kam sich Martin wie ein Versager und Stümper vor. Vielleicht war das mit ein Grund, warum er sich im Herbst 1968 das Leben nahm. Da war sein Vater schon sechs Jahre tot − aber noch berühmter und verehrter als zu Lebzeiten.

Hermann Hesse hätte den Freitod seines Jüngsten wohl bedauert, aber nicht verurteilt. War er doch selbst immer wieder gefährdet gewesen und hatte nur überlebt, weil er es, wie er einmal sagte, immer wieder schaffte, ins *Gewohnte und Geordnete* zurückzukehren. Verstanden hätte er sicherlich auch den Wunsch seiner Söhne nach mehr Nähe. Erfüllen konnte er ihn nicht, dazu war er zu sehr Steppenwolf, also zu sehr davon überzeugt, dass die Menschen durch eine grundsätzliche Fremdheit voneinander getrennt sind. So wie er seinem eigenen Vater in vielem fremd war und umgekehrt, war er es auch seinen Söhnen und umgekehrt.

Diese Fremdheit kann man beklagen. Für Hesse gehört sie zum Eigensinn und hat darum durchaus etwas Vorteilhaftes. Sie befreit nämlich von dem Druck, alles verstehen zu müssen, und vor allem befreit sie von dem Glauben, für alle Mängel und Fehler auf dieser Welt verantwortlich zu sein. In einer Art Glaubensbekenntnis plädierte Hesse dafür, immer das Beste zu versuchen, aber sich nicht für die *Unvollkommenheit der Welt* und für die eigene wie die Fehlerhaftigkeit der anderen verantwortlich zu halten. Erst so gelange man zu einer *höheren Art von Verantwortungslosigkeit*, die dazu befähige, Fremdheit und Andersartigkeit zu akzeptieren.

Hesse hätte auch schreiben können, dass kein Vater für das Glück seiner Kinder verantwortlich sei, sondern man nur versuchen könne, so gut als möglich zu helfen – helfen dabei, dass sie ihren eigenen *Eigensinn* entwickeln. Und dabei sei es nicht von Belang, ob einer Handwerker, Maler, Architekt, Dekorateur oder Literaturnobelpreisträger sei. An seinen Sohn Bruno, der gern ein berühmter Maler geworden wäre, schrieb Hesse: *Was Du im Leben leistest, und zwar nicht nur als Künstler, sondern ebenso als Mensch, als Mann und Vater, Freund und Nachbar etc., das wird (...) nicht nach irgendeinem festen Maß gemessen, sondern nach Deinem einmaligen und persönlichen. Gott wird Dich (...) nicht fragen: ›Bist du auch ein Hodler geworden, oder ein Picasso, oder ein Pestalozzi oder Gotthelf?‹ Sondern er wird fragen: ›Bist du auch wirklich der gewesen und geworden, zu dem du die*

Anlagen und Erbschaften mitbekommen hast?‹ Und da wird niemals ein Mensch ohne Scham oder Schrecken seines Lebens und seiner Irrwege gedenken, er wird höchstens sagen können: ›Nein, ich bin es nicht geworden, aber ich habe es wenigstens nach Kräften versucht.‹ Und wenn er das aufrichtig sagen kann, dann ist er gerechtfertigt und hat die Probe bestanden.[4]

Klaus Mann, um 1930

»Er siegt, wo er hinkommt.
Werde ich je aus seinem Schatten treten?«
Klaus Mann | Thomas Mann

F ast genau zweiundzwanzig Jahre vor dem Freitod Bernward Vespers, am 20. Mai 1949, nahm ein noch junger
Mann in einem Hotel an der südfranzösischen Küste eine
Überdosis Schlaftabletten, an der er einen Tag später starb.
Die Polizei identifizierte den Toten als Klaus Mann, einen
zweiundvierzigjährigen Deutschen mit amerikanischem Pass.
Wie Vesper war Klaus Mann drogensüchtig gewesen. Auch
er war der Sohn eines bekannten Schriftstellers, des Nobel-
preisträgers Thomas Mann, und auch er hatte versucht, aus
dem Schatten seines Vaters zu treten und sich einen eigenen
Namen als Schriftsteller zu machen.

Anders als die Vespers waren Thomas und Klaus Mann von
Anfang an entschiedene Gegner des Nazi-Regimes gewesen.
Vor dem braunen Terror mussten sie ins Ausland fliehen und
verbrachten lange Zeit in den USA, wo sie als die Stimmen
eines anderen Deutschlands gefeiert wurden. In Nazideutsch-
land galten sie als Vaterlandsverräter und Klaus Manns Bücher
wurden öffentlich verbrannt.

Von seinem ältesten Sohn Klaus hat Thomas Mann nie
etwas erwartet, schon gar nicht, dass er sich für das Werk des
Vaters einsetzt oder gar einen künstlerischen Beruf ergreift.

Als Klaus Mann beschloss, selbst Schriftsteller zu werden, wusste er, dass der Name des Vaters immer über ihm schweben würde. Ob das ein *Problem* oder ein *Glück* war, wollte er offenlassen, oder er betrachtete diese Frage als *meine eigenste, privateste und geheimste Sache.*

Zu Beginn seiner literarischen Karriere war für Klaus Mann seine Herkunft sicher noch ein Glück. Viele Türen öffneten sich, und es machte ihm Spaß, als Sohn des berühmten Dichters herumgereicht zu werden. Zunehmend aber wurde der Ruhm des Vaters zu einem *problematischen Glück*. Wenn ein neues Buch von ihm herauskam oder wenn er öffentlich auftrat, hieß es immer: »Klaus Mann, der Sohn des berühmten Thomas Mann«. Nach außen nahm er solche Hinweise gelassen hin. Er hielt sogar Vorträge über Thomas Mann und pries ihn als Vorbild. Nur seinem Tagebuch vertraute er an, wie sehr er manchmal unter seinem Vater litt und wie sehr dessen überragende Gestalt seine eigene Existenz zu ersticken drohte. Einmal schrieb er resigniert: *Große Männer sollten doch wohl keine Söhne haben.*

Als Klaus Mann am 18. November 1906 geboren wurde, stand sein Vater Thomas Mann am Beginn seiner schriftstellerischen Laufbahn und war dabei, sich eine großbürgerliche Existenz aufzubauen. Anfang 1905 hatte er Katia Pringsheim geheiratet, Tochter aus einer sehr angesehenen und sehr reichen Münchener Familie. Dass der junge, neunundzwanzigjährige Dichter eine so gute Partie machen konnte, hatte er auch seinem ersten Roman zu verdanken, der gleich ein riesiger Erfolg war und ihn auf einen Schlag berühmt gemacht hatte. *Buddenbrocks*, so der Titel des Romans, war die Geschichte einer Familie, für die Thomas Manns eigene Familie als Vorbild diente.

Die Manns waren über Generationen hinweg Kaufleute gewesen. Diese lange Tradition war erst mit Thomas Mann und seinem älteren Bruder Heinrich zu Ende gegangen. Ihr Vater, Thomas Johann Heinrich Mann, war ein angesehener Lübecker Kaufmann und Senator gewesen. Als er erkannte, dass seine beiden ältesten Söhne Thomas und Heinrich nicht zu Geschäftsmännern geboren waren, sondern eher künstlerische Neigungen hatten, löste er, schon schwer krank, ohne großes Bedauern die hundertjährige Firma auf. Kurz darauf, im Oktober 1891, starb er.

Sein Sohn Thomas war damals sechzehn Jahre alt. Er hatte seinen Vater mit einer »furchtsamen Zärtlichkeit« geliebt. Dessen Tod und die Auflösung der Firma waren für ihn aber auch eine Befreiung.

Erst jetzt bekannte er sich zu seiner literarischen Begabung. Er machte einen notdürftigen Schulabschluss und verließ dann seine ungeliebte Heimatstadt Lübeck. Mit seiner Mutter zog er nach München und verbrachte später lange Zeit mit seinem Bruder Heinrich in Rom, wo er anfing, sein Buch über die Buddenbrocks zu schreiben.

Der erfolgreiche junge Autor und frisch vermählte Ehemann hatte sich als erstes Kind eigentlich einen Jungen gewünscht. Das hätte er, so meinte er in einem Brief, als »Fortsetzung und Wiederbeginn meinerselbst« empfunden. Das erste Kind war aber ein Mädchen, das man Erika nannte. Doch schon ein Jahr später, als Klaus geboren wurde, erfüllte sich Thomas Manns Wunsch.

Von den Erwartungen des Vaters spürte Klaus Mann in den ersten Jahren wenig. Seine Kindheit war glücklich und behütet, auch in den Zeiten des Ersten Weltkriegs. Ab 1914 bewohnte die Familie ein herrschaftliches Haus in den Isarauen am Herzogpark, mit Dienstpersonal und Kindermädchen. Und die Sommerwochen verbrachte man in einem Landhaus in Bad Tölz. Nach und nach bekam Klaus noch vier Geschwister, zwei Brüder und zwei Schwestern. Den engsten Kontakt hatte er aber immer zu seiner Schwester Erika.

Die »Seele« der Familie war seine Mutter Katia, die alle »Mielein« nannten. Der Vater, anfangs »Pielein« und später halb ehrfurchtsvoll »der Zauberer« genannt, blieb eine unklare Gestalt im Hintergrund. ›Vater‹ …, so sollte er später in seinem autobiografischen Buch *Der Wendepunkt* schreiben, *das ist die kitzelnde Berührung eines Schnurrbarts; der Duft von Zigarren, Eau de Cologne und frischer Wäsche; ein sinnendes, zerstreutes Lächeln, ein trockenes Räuspern, ein zugleich abwesender und durchdringender Blick. ›Vater‹ bedeutete eine freundliche, sonore Stimme; die langen Bücherreihen im Arbeitszimmer — feierliches Tableau voll geheimnisvoller Lockungen! —; der wohlgeordnete Schreibtisch mit dem stattlichen Tintenfass, dem leichten Korkfederhalter, der ägyptischen Statuette, dem Miniaturporträt Savanarolas auf dem dunklen Grund; gedämpfter Klaviermusik, die aus dem halbdunklen Wohnzimmer kommt.*[5]

Die meiste Zeit saß der »Zauberer« in seinem Arbeitszimmer, und man konnte sein mahnendes Räuspern hören, wenn die Kinder zu laut an seiner Tür vorbeirannten. Alle im

Haus mussten Rücksicht auf ihn nehmen. Vormittags musste man leise sein, weil er arbeitete, und nachmittags, weil er Erholung brauchte und ein Schläfchen machte. Nur zu den gemeinsamen Mahlzeiten tauchte er aus seinem Zimmer auf und abends las er ab und zu den Kindern aus einem Buch vor.

Bei diesen Lesestunden war Klaus ein aufmerksamer und gespannter Zuhörer. Auch wenn er noch nicht jedes Wort verstand, regte doch alles, was er hörte, seine Fantasie an. Und Fantasie hatte er eine Menge. Seinem zwei Jahre jüngeren Bruder Golo konnte er immer neue und endlose Geschichten erzählen. Mit Erika erfand er eine Geheimsprache, die Erwachsene nicht verstehen sollten. So waren alle Erzieherinnen und Klavierlehrerinnen, die man nicht ausstehen konnte, weil sie langweilig und gleichzeitig streng waren, »wuffig«. Die frechen Kinder aus der Nachbarschaft, die Steine warfen und laut pfiffen, waren »Klie-klie«. Sympathisch, also »üsis«, waren dagegen Tiere und Kinder, die unschuldig und ein wenig hilflos dreinschauten. Es gab ein »Üse«-Land, das dauernd von »Wuffig« und »Klie-klie« bedroht wurde. Und es galt, immer wieder neue Pläne zu schmieden, wie man diese Gefahr abwehren konnte.

Für Klaus und seine Geschwister waren das Leben und die Spiele magisch ineinander verwoben. Die Lehrerin und das ungeliebte Kindermädchen wurden zu Hexen und Amazonen eines fantastischen Heeres. Und von einem Moment auf den anderen befanden sich die Kinder in der »Gro-Schi«-Welt, also auf einem großen Schiff, einem Luxusdampfer, wo feine und reiche Leute wie Herr von Löwenzahn, Baronin Baudessin und der millionenschwere Herr Steinrück ihre gespreizten Gespräche führten.

Als Klaus Mann selbst lesen und scheiben konnte, begann er, seine Einfälle zu Papier zu bringen. Das tat er schon im Stil eines angehenden Schriftstellers. Er schrieb Romane, Gedichte und Dramen. Mit der Zeit entstand ein ganzer Berg davon. Auf die Vorderseite eines seiner Hefte schrieb er *Klaus Manns gesammelte Werke. Band 1.* Offenbar war der Vater, der sich nie in die Erziehung seiner Kinder einmischte, für Klaus schon ein Vorbild, vielleicht ein Maßstab. In sein Tagebuch schrieb er einmal vor dem Schlafengehen: *Ich muss, muss berühmt werden* …

Berühmt sein, das hieß für Klaus auch, aus dem Alltag ausbrechen, ein aufregendes und geheimnisvolles Leben führen. Dieser Wunsch spielte wohl eine Rolle, als er zusammen mit seiner Schwester Erika und Kindern aus der Nachbarschaft eine Theatergruppe gründete, die sich »Laienbund Deutscher Mimiker« nannte. Die jungen Schauspieler besorgten sich Kostüme und Schminke und studierten anspruchsvolle Stücke wie *Minna von Barnhelm* ein, die man dann in den Elternhäusern aufführte.

Auch wenn sie nicht auf der Bühne standen, waren die Mitglieder des Laienbundes eine verschworene Clique, die sich »Herzogpark-Bande« nannte. Allen voran war Klaus Mann wie besessen von der Idee, möglichst »böse« zu sein und die biederen Mitbürger zu schockieren. Bei der bayerischen Nachbarschaft war die Bande bald verschrien als »langhaarete Affen« oder »narrische Bagasch«. Katia Mann, Klaus' Mutter, wunderte sich nicht wenig, als sie bei einem Spaziergang andere Kinder in panischer Angst davonlaufen sah und schreien hörte: »Die Mannskinder kommen, die Mannskinder kommen!«

Die Herzogpark-Bande trieb es wirklich arg. Man rief mit verstellter Stimme bei Freunden der Familie an und lud sie zu Leuten ein, die davon überhaupt nichts wussten und natürlich völlig verblüfft waren, wenn abends plötzlich Besuch vor der Tür stand. Oder man betrat, vornehm gekleidet, ein Geschäft, und während die einen die Verkäuferin in ein sinnloses Gespräch verwickelten, klauten die anderen, was ihnen unter die Finger kam.

Diese Streiche blieben nicht unentdeckt. Als Thomas und Katia Mann davon Wind bekamen, beschlossen sie, Erika und Klaus von der Schule zu nehmen und in ein Landerziehungsheim zu schicken. Der Vorfall verstärkte noch die schlechte Meinung, die Thomas Mann von seinem ältesten Sohn hatte. Schon früher waren ihm dessen Tagebücher in die Hände gefallen und er war entsetzt über Klaus' »schlechten Charakter«. Bestärkt wurde er in dieser Meinung, als Klaus das Landerziehungsheim im Odenwald schon nach zwei Jahren wieder verließ. Er hatte festgestellt, dass Turnübungen in frischer Luft und Erziehung zu Gemeinschaft nicht das Richtige für ihn waren. Klaus war an der Schule ein Außenseiter geblieben. Bestimmt trug dazu auch bei, dass er sich seiner homosexuellen Neigungen bewusst geworden war.

Zurück im Elternhaus sollte Klaus nun mit Hilfe von Privatstunden doch noch das Abitur schaffen. Dazu fehlte ihm jedoch jeder Ehrgeiz. Eines Tages lag Klaus in seinem Zimmer im zweiten Stock und fasste den Beschluss, sein Leben zu ändern. Er schrieb dem Vater, der im Erdgeschoss sein Arbeitszimmer hatte, einen Brief, in dem er ihm mitteilte, dass er es nicht mehr aushalte und *sofort* ein *Tänzer* werden wolle. Thomas Mann sah ein, dass es keinen Sinn mehr hatte, seinen Sohn zu einem Schulabschluss zu zwingen.

Alle Erziehungsversuche waren nun gescheitert, und Klaus Mann dachte nicht daran, noch einmal eine Schule zu besuchen. Er schwärmte davon, als Kellner in einem fernen Land zu arbeiten oder als Künstler in einer Großstadt zu leben. Im Hause Mann sorgten solche Pläne für erhebliche Spannungen zwischen Vater und Sohn.

Etwa in dieser Zeit spielt eine Erzählung von Thomas Mann, in der er recht unverdeckt seine Familie schildert. In *Unordnung und frühes Leid* heißt es über den ältesten Sohn, der darin Bert genannt wird: »Dagegen mein armer Bert, der nichts weiß und nichts kann und nur daran denkt, den Hanswurst zu spielen, obgleich er gewiss nicht einmal dazu Talent hat!«

Klaus Mann war gekränkt über diesen literarischen Seitenhieb, und es ärgerte ihn, dass der Vater die Geschichte überall vorlas. Vielleicht war es eine kleine Revanche, dass er ein Jahr später eine Novelle schrieb, in der es auch um eine Familie ging, die der eigenen in vielem ähnlich war. Diese Familie besteht allerdings nur aus einer Mutter und ihren vier Kindern. Der Vater, ein ehemaliger katholischer Pfarrer, der dann ein berühmter Philosoph wurde, ist gestorben. Er hatte sich wegen seiner Frau Christiane mit der Kirche überworfen. Seit seinem Tod hängt seine Gipsmaske über dem Bett der Mutter, mit einer großen Nase, *verkniffenem Mund* und einer *strengen, träumenden Stirn* – alles Merkmale, die verraten, wer gemeint war.

Eines Tages taucht nun ein junger Mann auf, der in fast allem das Gegenteil des verstorbenen Vaters ist. Dieser Till tobt mit den Kindern herum, macht bei ihren Spielen mit, erzählt ihnen wunderbare Geschichten und springt sogar in das eiskalte Wasser des Weihers. Schließlich verliebt sich auch Christiane in Till und wird von ihm schwanger. Till geht wieder weg, doch die Mutter bringt das Kind zur Welt und es gehört fortan zur Familie.

Was sich Thomas Mann wohl gedacht hat, als er diese Geschichte las? Seiner Tochter Erika schrieb er, dass er bei der Lektüre sehr gelacht habe, ihn aber auch Zweifel beschlichen hätten. Diese Zweifel hatten sicher damit zu tun, dass in der Novelle sehr deutlich der Wunsch des Verfassers zum Ausdruck kam, einen anderen Vater zu haben.

Dass Klaus in seiner *Kindernovelle* den Vater sterben ließ, war nicht nur ein einmaliger Einfall. Immer wieder träumte er davon, dass der »Zauberer« gestorben sei. Und in einem dieser Träume wollte seine Mutter sofort einen *blonden jungen Nazi* heiraten, der, als er Klaus kennenlernte, dessen Hand nicht mehr losließ.

Klaus Mann, von seinem Vater »Eissi« oder »Eissisohn« genannt, war noch keine achtzehn Jahre alt, als er München und sein Elternhaus verließ und nach Berlin zog, mit dem Vorsatz, ein Leben als Kritiker und Schriftsteller zu führen. Die brodelnde Atmosphäre in der deutschen Hauptstadt Anfang der zwanziger Jahre entsprach ganz Klaus Manns eigenem Lebensgefühl. *Das Leben, wie ich es damals kannte und verstand*, so schrieb er im Rückblick, *war vor allem dies: schweifende Unrast, Suchen, unstillbare Sehnsucht des Herzens und sinnliches Glück.* Trotz aller Ablenkungen und neuen Bekanntschaften, trotz häufiger Theater- und Kinobesuche und durchgefeierter Nächte war Klaus ein fleißiger Arbeiter. Neben zahlreichen Artikeln für die *Neue Berliner Zeitung* schrieb er ein Theaterstück mit dem Titel *Anja und Esther.* Bei der Premiere des Stücks in Hamburg übernahmen er und seine Schwester, neben Pamela Wedekind und Gustav Gründgens, zwei der Hauptrollen. Das Drama fiel bei der Kritik durch, war aber dennoch eine Sensation, nicht zuletzt wegen der schauspielernden Dichterkinder.

Noch im gleichen Jahr, 1925, erschien Klaus Manns erster Roman *Der fromme Tanz.* Er handelt von einem jungen Dichter, der ein ruheloses Leben in Großstädten führt und versucht, für seine Generation eine neue Sprache und einen neuen Lebensstil zu finden. Das ist ein Thema, das Klaus Mann von nun an nicht mehr loslassen sollte und ihn auch in den folgenden Büchern wie *Treffpunkt im Unendlichen* beschäftigte.

Seine ersten Veröffentlichungen machten Klaus Mann schnell berühmt. Er galt als Sprecher der jungen Generation, der »lost generation«, wie sich die jungen Frauen und Männer nannten, die nach dem Weltkrieg von der Vätergeneration enttäuscht waren und für sich keine Perspektive mehr sahen. Literarisch allerdings blieb Klaus Mann umstritten. Man kritisierte seine Bücher als unreif und oberflächlich. Bert Brecht nannte ihn spöttisch »Kläuschen«, und Kurt Tucholsky meinte sogar, Klaus Mann sei »von Beruf jung« und eigentlich einer ernsthaften literarischen Kritik nicht wert.

Hinter solchen Urteilen stand, wenn auch unausgesprochen, immer der Vergleich des »kleinen Mann« mit dem Vater. Die seriöse literarische Welt sah Klaus Mann als einen eitlen Selbstinszenierer, der sich maßlos überschätzte und den Vorteil seiner Geburt schamlos ausnutzte. Die Zeitschrift *Simplicissimus* brachte eine bezeichnende Karikatur. Sie zeigt Klaus Mann, ein Manuskript in der Hand, wie er seinem schreibenden Vater auf die Schulter klopft und meint: »Du weißt doch, Papa, Genies haben niemals geniale Söhne, also bist du kein Genie.«

Thomas Mann nahm solche Anspielungen gelassen. Immerhin war ihm mit seinem Roman *Der Zauberberg* wieder ein Geniestreich gelungen. Er schenkte seinem Sohn Klaus zu Weihnachten 1925 ein Exemplar mit der Widmung: »Dem geschätzten Kollegen – sein hoffnungsvoller Vater«.

Klaus Mann selbst sah das Verhältnis zu seinem Vater nicht als Konkurrenz. Überhaupt waren für ihn die üblichen Vorstellungen davon, wie Kinder sich zu ihren Eltern verhalten, längst überholt. Nach diesen alten Klischees gebe es entweder das *brave Kind*, das zu Hause sitzt, nie widerspricht und macht, was der Vater von ihm verlangt. Oder es gebe das *revolutionäre Kind*, das aufbegehrt, das alles ablehnt, was die Eltern gut und richtig finden, und alles tut, was für den Vater und die Mutter schrecklich und verrückt ist.

Dieses einfache Muster taugte für Klaus Mann nicht mehr, um sein eigenes Selbstverständnis als Sohn zu beschreiben. Ein braves Kind war er nie gewesen. Aber er hielt sich auch nicht für einen revolutionären Sohn wie so viele Schriftsteller seiner Zeit. Es gab eine Flut von Büchern, in denen zornige junge Männer ihren Vätern an den Kragen gingen. In einer Erzählung von Franz Werfel fühlt sich der Sohn durch den »kalten« Vater um seine Jugend betrogen und will ihn umbringen, wovor er in letzter Sekunde zurückschreckt. Weniger Skrupel hat der Sohn in Arnold Bronnens Roman *Vatermord*. Er beschimpft seinen Erzeuger als »Teufel« und »Henker« und stößt ihm schließlich das Messer in die Brust. Nicht mit dem Messer, sondern mit der Pistole geht ein anderer ungeliebter Jüngling in Walter Hasenclevers Drama *Der Sohn* auf seinen hartherzigen Vater los. Bevor er abdrückt, erledigt sich die Sache allerdings von selbst. Der Vater wird vom Schlag getroffen.

Klaus Mann zählte sich nicht mehr zu diesen Vatermördern und er gab dafür eine überraschende Begründung. Auch er sah eine Kluft zwischen den Generationen. Aber die Kluft hielt er für so abgrundtief, dass es nicht mehr zum Kampf kommt, sondern ein befreites Verhältnis die Folge ist. Thomas Mann und seine Zeitgenossen gehörten einer anderen, vergangenen Epoche an. Sie hatten ihre Sprache und ihren Lebensstil gefunden. Klaus Mann sah sich einer Jugend zugehörig, die noch suchte und die nur *einen wirren, großen, süßen Traum von einer Zukunft* hat. Weil die Welten der Eltern und der Kinder so unterschiedlich sind, entsteht keine Konkurrenz mehr und beide Seiten können sich wieder entspannt begegnen.

Die *neuen Eltern*, wie Klaus Mann sie sieht, verfolgen die Wege ihrer Kinder. Vieles ist ihnen fremd, manchmal sind sie froh und stolz, manchmal machen sie sich Sorgen, aber sie versuchen nie, ihre Kinder zu beeinflussen oder ihnen gar autoritär oder mit Drohungen etwas vorzuschreiben, weil sie wissen, dass ihr Einfluss begrenzt bleibt. *Nun, so beschreibt es Klaus Mann, ist ›der Vater‹ nicht mehr der, der befiehlt, der die Richtung angibt und der verlangt, dass man nach seinem Willen lebe, nun ist ›der Vater‹ nicht mehr der, der gehasst wird, eben weil er nicht mehr befiehlt.*

Und die *neuen Kinder* brauchen nicht mehr gegen die Eltern rebellieren. Sie können anerkennen, was diese geleistet haben, und sich sogar manches abschauen, aber letztlich müssen sie über ihr Leben selbst entscheiden und eigene Wege finden. Sie können sagen: *»Die Eltern sind gut. Sie sind gut zu uns gewesen. Aber sie können nicht helfen.«*

Das Bild, das Klaus Mann von den neuen Eltern entwarf, war sicher ein Ideal. Es traf auf ihn insofern zu, als er und sein Vater in der Öffentlichkeit sehr respektvoll miteinander umgingen. Hinter den Kulissen aber gab es große Spannungen. Klaus Mann war stärker von seinem Vater abhängig, als ihm wahrscheinlich lieb war. Er bekannte, dass ihm an dessen Urteil am meisten lag. Dieses Bedürfnis nach Anerkennung und die *Kälte*, die er seitens seines Vaters spürte, waren die Quelle vieler Verletzungen.

1929 erhielt Thomas Mann den Nobelpreis für Literatur. Von dieser höchsten und hoch dotierten literarischen Auszeichnung hatte Klaus Mann immerhin den Vorteil, dass der nun noch reichere Vater sein aufwendiges Leben, vor allem eine Amerika-Tournee mit seiner Schwester Erika, finanziell unterstützen konnte. Abgesehen davon lastete der Weltruhm

Thomas Manns schwer auf dem Selbstbewusstsein seines Sohnes. In seiner ersten Autobiografie *Kind dieser Zeit* fragte er sich, was er gegen den *geschlossenen Block dieser Lebensleistung* eigentlich stellen solle. Und er kommt zu der Antwort, dass er wohl immer das Gegenteil zum Vater suchen müsse.

Klaus Manns Leben kann man in der Tat sehen als Versuch, sich vom Vater zu unterscheiden oder, richtiger gesagt, an seinen völlig anderen Vorstellungen von Leben und Kunst festzuhalten. Während Thomas Mann zeit seines Lebens immer eine Familie um sich brauchte, in großen, luxuriösen Häusern wohnte, genau festgelegte Arbeitszeiten einhielt und auf seinem Schreibtisch jeder Gegenstand seinen festen Platz hatte, führte Klaus ein chaotisches Vagabundenleben. Er besaß nie eine eigene Wohnung, geschweige denn ein Haus, und lebte aus dem Koffer. Sein Zuhause waren Hotelzimmer, die er so oft wechselte, dass er sie nicht mehr unterscheiden konnte. Nie hielt er es lange an einem Ort aus. Er nahm Drogen und bekannte sich offen zu seiner Homosexualität – im Gegensatz zu seinem Vater, der, wie man heute weiß, diese Veranlagung auch hatte, sie aber, wie er einmal vertraulich bekannte, streng »an die Kette« legte.

Klaus Mann hat wohl etwas sehr Richtiges erfasst, als er einmal bemerkte, dass für seinen Vater Dinge wie Sexualität, Rausch und Tod *Verführungen* waren, gegen die man sich wehren musste, während er, Klaus, diese Erfahrungen bereitwillig auslebte, ohne Schuldgefühl, als *Steigerung des Lebens*. Diese Steigerung musste er allerdings bezahlen mit Einsamkeit, Phasen tiefer Niedergeschlagenheit und einem nie aufhörenden Todeswunsch.

Ein entscheidender Einschnitt in Klaus Manns Leben war die Machtergreifung der Nationalsozialisten im Januar 1933. Für ihn, den Politik vorher nie interessiert hatte, war von Anfang an klar, dass Hitler nur Unheil bringen würde. Schon im März 1933 begab sich Klaus Mann ins Exil, erst nach Paris, dann nach Amsterdam. Er nahm sich vor, den *Nazis auf die Nerven zu gehen*, und das gelang ihm auch. Er gab Zeitungen heraus, in denen Gegner des Nazi-Regimes zu Wort kamen, und er wurde ein wichtiger Sprecher der Emigranten.

Das Schicksal der aus Deutschland Geflüchteten schilderte er später in seinem Roman *Der Vulkan*, den er selber für sein wichtigstes Buch hielt. Zuvor, 1936, erschien sein Roman *Mephisto*. Er handelt von einem deutschen Schauspieler, der sich mit den Nazis arrangiert und Karriere macht. Das Buch sorgte für viel Aufregung, weil man vermutete, dass Klaus Mann beim Schreiben seinen früheren Freund Gustav Gründgens vor Augen hatte, der in Nazi-Deutschland zum einflussreichen Theatermann aufgestiegen war.

Im September 1936 fuhr Klaus Mann mit dem Schiff in die USA, wo er in den nächsten Jahren die meiste Zeit verbrachte. Eine Agentur organisierte für ihn Vorträge. Er reiste von Stadt zu Stadt, von Hotel zu Hotel und sprach in Universitäten, vor Damenclubs und jüdischen Vereinigungen über die *deutsche Tragödie* oder über die *Zukunft Deutschlands*. Klaus Mann hatte diese Vorträge bald satt, es störte ihn auch zunehmend, dass er immer als »son of a noted family«, als Sohn einer berühmten Familie, vorgestellt wurde.

Die berühmte Familie, das war in erster Linie natürlich der »Zauberer«. Auch Thomas Mann lebte im Exil. Er war von einer Auslandsreise nicht mehr nach Deutschland zurückgekehrt und hatte sich mit seiner Frau und den jüngeren Kindern in Küsnacht bei Zürich niedergelassen. Thomas Mann hatte lange gezögert, sich offen gegen die Nazis zu stellen, weil er wollte, dass seine Bücher möglichst lange in Deutschland zu lesen sind. Erst 1936 bezog er klar Stellung, nicht zuletzt auf Druck seiner Kinder Erika und Klaus. Daraufhin wurde er ausgebürgert und ihm wurden alle in Deutschland verliehenen Auszeichnungen aberkannt.

Klaus Mann besuchte seine Familie im Februar 1937. Seine Eltern und Geschwister zu sehen, war für ihn immer wie eine Rückkehr in die Heimat, egal wo die Familie sich gerade aufhielt. Dieses Mal aber war die Stimmung getrübt. Thomas Mann hatte nämlich vor, eine Zeitschrift herauszugeben, und er war nicht auf den Gedanken gekommen, auch seinen Sohn Klaus einzubeziehen, der doch Erfahrungen auf diesem Gebiet hatte. Klaus musste den Eindruck haben, dass für den Vater nur die eigenen Pläne und Bücher wichtig sind, und er das, was sein Sohn tat und dachte, überhaupt nicht wahrnahm. Gekränkt schrieb er in sein Tagebuch: *Empfinde wieder sehr stark, und nicht ohne Bitterkeit, Z.'s völlige Kälte, mir gegenüber. Ob wohlwollend, ob gereizt (...): niemals interessiert; niemals in einem etwas ernsteren Sinn mit mir beschäftigt. Seine allgemeine Interesselosigkeit an Menschen, hier besonders gesteigert. (...) Reizende Äußerungen, wie etwa gelegentlich ›Flucht in den Norden‹ oder ›Mephisto‹ kein Gegenbeweis. Schreibt an gänzlich Fremde ebenso reizend. Mischung aus höchst intelligenter, fast gütiger Konzilianz – und Eiseskälte. – Dies alles mir gegenüber besonders akzentuiert. Ich irre mich nicht.*[6]

Klaus Mann irrte sich wohl tatsächlich nicht. Auch anderen Menschen, die mit Thomas Mann Umgang hatten, fiel diese Mischung aus höflicher Verbindlichkeit und Gleichgültigkeit auf. Nicht alle betrachteten sie als Schwäche. Hermann Hesse, der mit Thomas Mann befreundet war, verstand diese »Kälte« als notwendige Folge einer Konzentration, die in erster Linie auf die literarische Arbeit gerichtet war. Hinter dieser Unnahbarkeit verbarg sich für Hesse eine große Aufrichtigkeit und Liebesfähigkeit – Eigenschaften, die Klaus Mann an seinem Vater selten wahrnahm. Er war eben kein Freund, sondern der Sohn, und er erwartete von seinem Vater mehr als eine verdeckte, indirekte Zuneigung.

Gerade mit dieser Nähe aber tat sich Thomas Mann schwer. Jedenfalls meinte seine Frau Katia, dass er durch Familienangehörige, die auch schreiben, »irritiert« werde. Diese Irritation hatte sicher damit zu tun, dass gerade Klaus ein Leben führte, das sich der Vater konsequent nicht erlaubte – ein Leben in Unsicherheit und Rausch, das Thomas Mann in seinen Romanen und Erzählungen als lockende Verführung schildert, das er aber für seine eigene Existenz, vielleicht in neidvoller Abwehr, verurteilen musste. Mag sein, dass Thomas Mann deshalb gerade nahe Menschen auf Abstand halten wollte und so manchmal seine sehr harten Urteile zustande kamen. Über Klaus notierte er in sein Tagebuch: »Der Junge moralisch und selbstkritisch nicht recht intakt. Verträgt keine Autorität, verscherzt aber das Recht, sie nicht zu ertragen.«

Gehörte zu dieser »Autorität« auch, dass sich Thomas Mann die künstlerische Freiheit nahm, immer wieder in seinen Büchern recht deutlich auf die eigenen Familienverhältnisse Bezug zu nehmen? Dass seine Söhne und Töchter empfindlich darauf reagierten könnten, kam ihm anscheinend nicht in den Sinn. So las er eines Abends im Familienkreis aus seinem neuen Buch *Königliche Hoheit* vor, und Klaus musste sich anhören, wie abfällig darin August von Goethe, der Sohn der großen Dichterfürsten Johann Wolfgang von Goethe, beschrieben wird. »Ich bin zwar jung«, sagt August im Roman über sich selbst, »und er ist alt, aber was ist meine Jugend gegen sein Alter. Ich bin nur ein beiläufiger, mit wenig Nachdruck begabter Abwurf seiner Natur (…).«

Man kann es verstehen, dass Klaus Mann bei dieser Lesung im Familienkreis ein *leichtes Gefühl der Peinlichkeit* nicht loswurde. *Muss ich mich durch die Charakterisierung des August von Goethe getroffen fühlen?,* fragte er sich in seinem Tagebuch.

Im Herbst 1938 verließen Thomas und Katia Mann die Schweiz und siedelten in die USA über, zuerst nach Princeton in New Jersey, dann nach Kalifornien, wo sie für sich eine prächtige Villa am Pazifik, in Pacific Palisades, bauen ließen. Thomas Mann galt als Symbolfigur des »anderen Deutschlands« und wurde mit Auszeichnungen und Ehren überhäuft. »Wo ich bin, ist Deutschland!«, verkündete er stolz. Sein Sohn Klaus verfolgte diesen Siegeszug teils bewundernd, teils leicht resignierend: *Er siegt, wo er hinkommt. Werde ich je aus seinem Schatten treten? Reichen meine Kräfte so lang?*

Die Kräfte reichten oft nicht. Das konnte er meistens hinter vielen Plänen und einem geschäftigen Leben verbergen. Wie es dahinter aussah, zeigen seine Tagebücher. Dort ist oft von Weinkrämpfen die Rede und von seinem Wunsch zu sterben. Mit dieser morbiden Sehnsucht stieß er bei seinem Vater auf wenig Verständnis. Der forderte ihn dazu auf, tapfer und vernünftig zu sein und nicht den »leichten Weg des Todes« zu gehen. Das Leben habe doch auch wieder »sein Heiteres und Schönes«, schrieb Thomas Mann in einem Brief.

Klaus zweifelt wohl zu Recht daran, ob der Vater den tieferen Grund seiner Lebensmüdigkeit verstand. Vielleicht wollte er ihn auch nicht verstehen. Für Klaus jedenfalls war der Tod keine Flucht vor dem Leben, sondern ein sehr verständlicher Ausweg, wenn man diese Last nicht mehr tragen konnte. *Das Leben ist sehr grosse Scheiße*, schrieb er lapidar in sein Tagebuch.

Aus den tiefen Depressionen konnte sich Klaus Mann nur mit Hilfe von Drogen kurzfristig befreien. Er leugnete zwar hartnäckig jede Abhängigkeit. Tatsache aber war, dass er es ohne *Stoff* nicht mehr aushielt. Und zunehmend war es ihm egal, was er sich spritzte oder was er schluckte. Mehrmals unterzog er sich Entziehungskuren, aber niemals kam er ganz los von seiner Sucht.

Auch die ständige Suche nach *boy-friends* war für Klaus Mann ein endloses Auf und Ab der Gefühle. Er machte sogar den Führerschein, um mit dem Auto durch die Straßen fahren zu können und auf diese Weise neue Bekanntschaften zu machen. Die meisten Affären waren kurz und brachten ein Wechselbad aus Glück, Verlangen, Eifersucht und Qualen mit sich. Länger zusammen war Klaus Mann nur mit dem jungen Amerikaner Thomas Quinn Curtiss, den er Tomski nannte. Ihn stellte er sogar seiner Familie vor. Das Treffen scheint in einer höflichen, toleranten Atmosphäre verlaufen zu sein. Was Thomas Mann wohl über seinen moralisch nicht »intakten« Sohn und dessen Liebhaber gedacht hat? Für ihn war die stabile Ehe mit Katia eine unverzichtbare Grundlage für seine Arbeit. Sein Sohn Klaus hat eine dauerhafte Beziehung gesucht, aber nie erreicht. Auch mit Tomski gelang ihm kein alltägliches Zusammenleben.

Der einzige Rückhalt blieb für Klaus Mann seine Familie. Er nutzte jede Gelegenheit, seine Eltern zu treffen. Allerdings währte die Harmonie nie lange. Klaus Mann sah sich bald wieder bestätigt in seiner Meinung, dass er mit seinem Vater nie eine längere Zeit *unter einem Dach* leben könnte. Vor allem störte es ihn, dass sich die Stimmung des »Zauberers« wegen irgendwelchen nichtigen Kleinigkeiten augenblicklich verdüstern konnte und er tagelang nicht ansprechbar war. Geradezu unausstehlich wurde er für Klaus Mann, wenn sich eine Unterhaltung um Dinge drehte, über die der Vater nicht mitreden konnte, oder wenn sie gar auf Englisch geführt wurde. *Es ist einem auch schmerzlich anzusehen*, schrieb Klaus Mann in sein Tagebuch, *in wie zunehmendem Grade er erwartet – oder es vielmehr braucht –, dass ihm ständig Komplimente gesagt werden … Und um ihn herum entsteht, mehr und mehr, jene Serenissimus-Ödheit, die er im Falle Goethes erkennt und melancholisch verspottet.*

Klaus Mann hätte Komplimente gut gebrauchen können. Seine Bücher fanden kaum Leser. Von seinem Emigrantenroman *Der Vulkan* waren nur einige hundert Exemplare verkauft worden und die wenigen Reaktionen des Publikums waren entmutigend. Umso wichtiger war es für Klaus Mann, dass sein Vater das Buch aufmerksam gelesen und mit Lob nicht gespart hatte. Es sei für ihn als Vater, so schrieb Thomas Mann in einem Brief, doch eine Genugtuung, wenn der Sohn sich vor der Welt bewähre. Und umgekehrt sei es doch auch für den Sohn eine »Genugtuung, dem ›großen Vaterauge‹ zu beweisen, dass man mehr als nur ein ›Söhnchen und Windbeutel‹ ist.«

Klaus Mann wusste, dass er nicht nur das »Söhnchen« des großen Thomas Mann war, sondern selber das Zeug hatte, ein anerkannter Schriftsteller zu werden. Das änderte aber nichts daran, dass er sich zunehmend verlassen und einsam fühlte. Hinzu kam, dass er sich in eine neue Sprache einfinden musste, was ihm nur mit Schwierigkeiten gelang. Das verstärkte noch sein Gefühl, heimatlos, ein ewiger Einzelgänger zu sein.

Seine zweite Autobiografie, *The Turning Point (Der Wendepunkt),* schrieb er 1941, zwei Jahre nach Ausbruch des Zweiten Weltkriegs. Nebenbei gab er die Zeitschrift *Decision* heraus. Mit diesem Projekt verband er große Hoffnungen. Es sollte ihm die ersehnte Anerkennung in der literarischen Welt bringen. Zudem wollte Klaus zeigen, dass er eine einmal angefangene Sache auch zu einem erfolgreichen Ende führen konnte. Für die alltägliche Zeitungsarbeit war sein Lebensstil aber viel zu unbeständig und chaotisch. Abgesehen davon fehlte es der Zeitschrift an Geld. Klaus musste bei der Familie und bei Freunden immer wieder um Zuschüsse betteln. Was er bekam, reichte bei weitem nicht. Schon nach zwei Jahren musste die *Decision* ihr Erscheinen einstellen. Erika, seine Schwester, fürchtete, dass dieser Bankrott für ihren Bruder nicht nur finanziell, sondern auch psychisch »abscheuliche Folgen« haben würde.

Eine Folge der Zeitungspleite war, dass Klaus Mann sich entschloss, die amerikanische Staatsbürgerschaft zu beantragen und als Soldat gegen Hitler zu kämpfen. Das war für alle, die ihn kannten, überraschend. Denn Klaus war immer gegen den Krieg gewesen, vor allem gegen eine Beteiligung Amerikas. Wegen dieser Frage war es im Hause Mann des Öfteren zu Auseinandersetzungen gekommen, einmal sogar zu einem Eklat zwischen Vater und Sohn.

Thomas Mann war für den Krieg. Seiner Meinung nach konnte man den Kriegstreiber Hitler nur aufhalten, wenn man ihn mit aller Härte bekämpfte. Darum war es für ihn nur konsequent, dass nun auch deutsche Städte bombardiert wurden, unter anderem seine Heimatstadt Lübeck.

Seinem Sohn Klaus war diese Art von Vergeltungsdenken nicht geheuer. Er befürchtete, dass die Menschen durch den Krieg verdummt und brutalisiert werden. So sehr er Hitler den Tod wünschte und den Nazis den Untergang, so sehr erschreckte ihn die Vorstellung, dass die Gegner Hitlers in ihrem Hass ebenso skrupellos werden wie die Nazis. Man dürfe, so warnte er einmal, im Kampf gegen die Nazis nicht wie ein Nazi werden.

Dass Klaus Mann nun selbst als amerikanischer Soldat ins Feld ziehen wollte, hatte vielleicht mehr persönliche als politische Gründe. Nach Jahren der Misserfolge und der Einsamkeit konnte und wollte er sein altes Leben nicht mehr weiter führen. Er war es müde, ständig mit neuen Büchern und Projekten Anerkennung und Erfolg zu suchen. Er hatte nicht mehr die Kraft, Leute um Geld anzupumpen, neuen *Stoff* zu besorgen und die Querelen mit seinen *boy-friends* durchzustehen. Alles, wonach er sich sehnte, war eine Gemeinschaft, in der er versorgt und aufgehoben war, in der er eine feste Aufgabe hatte und man ihm sagte, was er zu tun und zu lassen hatte.

Zu dieser Zeit war Klaus Mann schon längst im Visier des FBI. Wegen seines Lebenswandels und weil man ihn für einen kommunistischen Agenten hielt, hatte man sein Privatleben ausspioniert und umfangreiche Akten angelegt. Klaus Mann wusste davon nichts, konnte sich auch nicht erklären, warum es so lange dauerte, bis er amerikanischer Staatsbürger und Soldat werden konnte.

Endlich, im Dezember 1941, wurde er in die US-Army aufgenommen. Nach der üblichen Grundausbildung erwartete er, auf den Kriegsschauplätzen in Europa eingesetzt zu werden. Doch die endgültige Einbürgerung ließ auf sich warten und so wurde auch die Einschiffung wieder und wieder verschoben.

Stattdessen bekam Klaus Mann Besuch von Geheimdienstleuten, die ihm die *sonderbarsten Fragen* stellten über lasterhafte Gewohnheiten oder die Beziehung zu seiner Schwester Erika. Offenbar hatten sie die Erzählung *Wälsungenblut* von Thomas Mann gelesen, in der eine inzestuöse Verbindung zwischen Bruder und Schwester geschildert wird.

Camp Crowder in Missouri war einer der Standorte, wo Klaus Mann ungeduldig auf seine Einbürgerung wartete. Die Camp-Zeitschrift brachte sogar einen Artikel über den ungewöhnlichen Soldaten mit der Überschrift: *Son of Thomas Mann, himself a noted writer, ist Sergeant here.* Um Klaus Mann umfassend beurteilen zu können, so beginnt der Artikel, sei es notwendig, zuerst einiges über seinen berühmten Vater, Thomas Mann, zu sagen.

Erst Ende 1943 wurde dem Sergeant Mann endlich mitgeteilt, dass er einer Truppe zugeteilt sei, die mit dem Schiff in Nordafrika landen würde. Bevor für Klaus Mann das *Abenteuer*, das er sich wünschte, begann, traf er sich in Kansas City mit seiner Familie, um Abschied zu nehmen. Mielein, Katia Mann, weinte leise. Auch der »Zauberer« war gerührt. Er sei sehr traurig, dass er nun gehe, sagte er zu Klaus. Und er tat etwas, was er vorher noch nie getan hatte: Er umarmte seinen Sohn.

Am 2. Januar 1944 landete der Truppentransporter mit Sergeant Klaus Mann an Bord in Casablanca. Von dort ging es weiter nach Italien, den alliierten Truppen hinterher. Klaus Mann wurde in der psychologischen Kriegsführung eingesetzt. Er verfasste Flugblätter und verhörte deutsche Kriegsgefangene, daneben schrieb er Artikel für die Zeitschrift *Stars and Stripes*, eine Tageszeitung für amerikanische Soldaten. An der Wand neben seiner Schreibmaschine hatte er ein Foto seines Vaters aufgehängt.

Im Auftrag von *Stars and Stripes* fuhr er im Mai 1945, nach der Kapitulation Deutschlands, zusammen mit einem Fotografen im Jeep von Rom nach Deutschland. Am 9. Mai kam er nach München, in seine Heimatstadt, die fast völlig zerstört war. Er suchte die Villa seiner Familie am Herzogpark auf, das Haus seiner Kindheit und Jugend. Was er vorfand, schilderte er seinen Eltern in einem langen Brief: *Zuerst hielt ich es für unbeschädigt. (…) Der reine Bluff – wie ich bei näherem Hinsehen alsbald konstatieren musste. Das Gerüst hat standgehalten, aber nur als Attrappe und hohle Form. Innen war alles wüst und ausgebrannt.*

Nach Ende des Krieges wurde Klaus Mann aus der amerikanischen Armee entlassen und kehrte nach Deutschland zurück. Das Kriegsende wurde nicht, wie erhofft, der große Wendepunkt in seinem Leben. Er war maßlos enttäuscht von der Unfähigkeit der Deutschen, die Katastrophe des Krieges zu akzeptieren und daraus zu lernen. Nun erst glaubte er seine Heimat endgültig verloren zu haben. *Es gibt keine Heimkehr*, stellte er verbittert fest.

Eine neue Heimat fand Klaus Mann nicht mehr. Immer nur kurzzeitig lebte er in Amsterdam, Paris, New York oder Rom, immer auf der Suche nach einem Lebensmittelpunkt und einem Ort, wo er gebraucht wurde. Aber die meisten Projekte, die er anfing, endeten in Enttäuschung und seine Drogensucht erschwerte zunehmend seine Arbeit.

Im Frühjahr 1948 war er wieder in Kalifornien. Er besuchte seine Eltern und unternahm Ausflüge nach Los Angeles und San Francisco. Zum ersten Mal merkte er jetzt, dass die Drogen seine Gesundheit so angriffen, dass er oft nicht mehr fähig war, die kleinsten Texte zu schreiben. *Warum kann ich nicht mehr schreiben? Was ist mit mir los??*, fragte er sich erschrocken in seinem Tagebuch. Und am 11. Juli heißt es lapidar: *Ich habe es wieder versucht.*

Was war geschehen? Klaus Mann hatte versucht, sich das Leben zu nehmen. Er hatte sich die Pulsadern aufgeschnitten und zusätzlich den Gashahn in seiner kleinen Wohnung aufgedreht. Es war reiner Zufall gewesen, dass Nachbarn den Gasgeruch bemerkt und die Feuerwehr alarmiert hatten. Freunden gegenüber meinte Klaus später, Grund für die Verzweiflungstat sei die *difficulté d'être*, die Last des Daseins gewesen, die jeden Augenblick auf ihm liege und immer unerträglicher werde. Der unmittelbare Anlass war konkreter gewesen. Klaus hatte sich mit einem jungen Mann verabredet, der ihn hatte sitzen lassen.

Anfang 1949 war Klaus Mann das letzte Mal in Kalifornien und besuchte seine Eltern. Sein Vater plante, anlässlich der Feiern zum Goethe-Jahr zum ersten Mal nach Kriegsende wieder nach Deutschland zu reisen. Dort war man nicht gut auf ihn zu sprechen, weil er so lange mit seiner Rückkehr in die Heimat zögerte und die Entwicklung im Nachkriegsdeutschland kritisiert hatte. Andererseits war in deutschen Zeitungen die Frage diskutiert worden, ob Thomas Mann nicht ein geeigneter Bundespräsident wäre. Diese Idee nahm Thomas Mann eher amüsiert auf. Und im Familienkreis malte man sich genüsslich aus, wie der »Zauberer« als Staatsoberhaupt auftreten und was er alles ändern würde.

Am 20. März reiste Klaus Mann wieder ab und flog über New York zurück nach Europa. Nach einem kurzen Aufenthalt in Paris fuhr er mit dem Zug nach Marseille und dann weiter nach Cannes. In der Pension »Pavillon Madrid« kam er unter. Wieder einmal saß er allein in einem Hotelzimmer. Das Wetter war schlecht. Es regnete ununterbrochen. Er fuhr nach Nizza, um sich in einem Krankenhaus gegen seine Drogenabhängigkeit behandeln zu lassen. Ohne großen Erfolg. Nach zehn Tagen kehrte er nach Cannes in seine Pension zurück.

An seine Mutter schrieb er einen langen Brief, in dem er noch einmal seine Fantasie über einen Staatspräsidenten Thomas Mann schweifen ließ. *Das Dichterschicksal*, so schrieb er,

würde sich bedeutend ründen, es wäre eine fette Pointe für die Bio-
graphen da. (…) Ich würde dafür sorgen, dass nur die Schwulen gute
Stellungen kriegen; der Verkauf des heilsamen Morphiums wird frei-
gegeben; (…)

Nachts konnte Klaus Mann nicht schlafen, und an manchen
Tagen ging es ihm so schlecht, dass er keine Zeile zustande
brachte. Und der Regen wollte nicht aufhören. Abends ging
er in die »Zanzi-Bar« und lernte einen jungen Mann namens
Louis kennen. Auch am 20. Mai traf er Louis in der »Zanzi-
Bar«. Spätabends kehrte er zurück in sein Hotelzimmer. War
es wieder einer jener Momente *der Schwäche, der Müdigkeit,*
die er kannte und fürchtete und die er jetzt immer öfter erlebte?

Erst am Mittag des nächsten Tages wurde Klaus Mann in
seinem Zimmer bewusstlos aufgefunden. Er wurde sofort in
die Klinik »Lutetia« eingeliefert. Dort starb er gegen 18 Uhr.
Nichts deutete darauf hin, dass es eine geplante Tat war. Auch
Abschiedsbriefe wurden nicht gefunden.

Klaus Mann wurde in Cannes begraben. Auf seinem Grab-
stein steht ein Bibelspruch, den er als eine der letzten Eintra-
gungen in sein Tagebuch notiert hatte: *»Wer sein Leben erhalten*
will, der wird es verlieren; aber wer sein Leben verliert, der wird's
erhalten.«

Der Vater Thomas Mann erfuhr vom Selbstmord seines
Sohnes in Skandinavien, wo er auf Vortragsreise war. Im Hinblick auf seine Frau und seine Tochter Erika schrieb er in sein
Tagebuch: »Er hätte es ihnen nicht antun dürfen.« Und in
einem Brief an Hermann Hesse bekannte er: »Mein Verhältnis zu ihm war schwierig und nicht frei von Schuldgefühlen,

da meine Existenz von vornherein einen Schatten auf seine warf.«

Golo Mann machte sich viele Jahre später Gedanken über den Freitod seines Bruders. Für ihn gab es nicht einen, sondern viele verschiedene Gründe, die zu dessen Ende führten: die Drogen, Geldnot, Einsamkeit, politische Enttäuschungen, beruflicher Misserfolg, seine lebenslange »Neigung zum Tod«. »Damit wird nichts erklärt«, schrieb Golo Mann, »nur etwas festgestellt. Auch die These, er sei am Vater gescheitert, erklärt nichts. Gescheitert, nach einem kurzen, selten glücklichen, aber intensiven Leben, ist diese Identität; welche bei einem anderen Vater allerdings eine andere gewesen wäre.«

In seinem Aufsatz über die *neuen Eltern* zitierte Klaus Mann einen Helden aus einem seiner Bücher, auch ein Sohn, der es mit seinem Vater schwer hatte, der aber weder bei sich noch beim Vater eine Schuld feststellen konnte. Und Klaus Mann ergänzte zustimmend: *Eine Schuld gab es nicht.*

»… aus Liebe wollen sie es,
aber das ist ja das Entsetzliche«
Franz Kafka | Hermann Kafka

B ei den Kafkas war dicke Luft. Hermann Kafka, das Familienoberhaupt, ging tobend und schimpfend im Wohnzimmer auf und ab. Er hatte soeben erfahren, dass sein einziger Sohn Franz sich still und heimlich verlobt hatte und nun so schnell wie möglich heiraten wollte. Hermann Kafka und seine Frau Julie fühlten sich überrumpelt. Schließlich ging es sie etwas an, wenn eines ihrer Kinder heiraten wollte. Erstens, weil der Ruf der Familie auf dem Spiel stand. Und zweitens, weil eine Hochzeit und Ehe für den Vater immer mit erheblichen Kosten verbunden war.

Zwei seiner drei Töchter, Elli und Valli, waren bereits verheiratet. Ihre Ehemänner hatte nicht viel Geld in die Ehe mitgebracht und Hermann Kafka musste sie unterstützen. Ottla, die jüngste Tochter und neben Franz das zweite Sorgenkind, hatte auch schon Heiratspläne. Erst vor Kurzem hatte sich ihr Freund Josef David bei der Familie als zukünftiger Schwiegersohn vorgestellt. Ein sympathischer junger Mann aus einer katholischen Familie. Aber eben nur ein kleiner Bankangestellter, der keinerlei Erbe zu erwarten hatte.

Und nun Franz. Hermann und Julie Kafka hatten es eigentlich schon aufgegeben, darauf zu hoffen, dass ihr Sohn jemals

Franz Kafka, um 1905

eine Frau und Kinder haben würde. Immerhin war er schon sechsunddreißig Jahre alt und nicht gerade unkompliziert. Vor fünf Jahren hatte er sich nach langem, zähem Hin und Her schon einmal verlobt, mit Felice Bauer, einer Geschäftsfrau aus Berlin. Die Eltern Kafka waren damals zur Verlobungsfeier am 1. Juni 1914 von Prag in die deutsche Hauptstadt gereist. Einen Monat später war die Verlobung wieder aufgelöst worden. Warum, das wusste keiner so genau. Franz und Felice hatten zwar einen zweiten Anlauf unternommen, sich sogar noch mal verlobt. Aber dann war Franz krank geworden und hatte die Beziehung endgültig beendet. Ein lungenkranker Mann wie er, so hatte er damals gesagt, könne keine Frau und keine Familie haben.

Nun galt das offenbar alles nicht mehr. Franz hatte bei einem seiner Sanatoriumsaufenthalte eine nicht mehr junge Frau kennengelernt, die ebenfalls lungenkrank war und auch aus Prag kam. Julie Wohryzek hieß sie. Nach der Kur hatten sie sich wieder in Prag getroffen und lange Spaziergänge gemacht, und plötzlich hieß es, sie seien verlobt.

Hermann Kafka war außer sich. Wie man eine so wichtige Entscheidung so übereilt treffen konnte, war ihm völlig unbegreiflich. Abgesehen davon war die Vorstellung, eine Frau wie Julie Wohryzek als Schwiegertochter zu haben, für ihn eine Katastrophe. Er, Hermann Kafka, war ein bekannter und erfolgreicher Geschäftsmann, und seine Familie war allseits angesehen. Julie Wohryzeks Familie gehörte dagegen mehr oder weniger zum Prager Proletariat. Der Vater war ein Synagogendiener, der mit seinem kärglichen Gehalt nicht einmal seine vier Kinder ernähren konnte. An eine Mitgift für seine Tochter war gar nicht zu denken. Wie wollte Franz mit seiner halben Stelle bei der Versicherungsanstalt für eine Familie sorgen, wo doch schon allein die Miete für eine angemessene Wohnung sein kleines Gehalt auffraß? Nahm er etwa an, dass der Vater ihm schon unter die Arme greifen werde?

Hermann Kafka dachte nicht daran. Lieber wollte er auswandern, so drohte er jedenfalls. Schließlich war er jetzt im Ruhestand. Er hatte sein Geschäft für Galanteriewaren vor einem Jahr an einen Verwandten seiner Frau verkauft. Er hatte ausgesorgt und konnte hingehen, wo er wollte. Doch solche Drohungen nahm in der Familie keiner ernst. Niemand konnte sich vorstellen, dass Hermann Kafka jemals woanders leben würde als in Prag.

Franz blieb stur. Er ließ sich nicht abbringen von seinem Plan, möglichst bald zu heiraten. Hinter seinem Rücken holte Hermann Kafka weitere Informationen über die Familie Wohryzek ein. Und was er zu hören bekam, steigerte noch sein Entsetzen. Die drei Töchter des Synagogendieners Eduard Wohryzek hatten einen sehr schlechten Ruf. Zeitweise sollen sie zum Einkommen der Familie durch Dienste beigetragen haben, wie man sie nur von käuflichen Damen im Prager Rotlichtmilieu kannte.

Diese Nachricht bestätigte nur das Bild, das Hermann Kafka von seinem Sohn hatte: Er war unfähig, eine normale, gesunde Frau seines Standes zu finden. Stattdessen fiel er auf das erstbeste Flittchen herein, das ihm mit ihren Reizen den Kopf verdrehte. An den Abenden kam es nun zu lautstarken Auseinandersetzungen im Wohnzimmer der Kafkas. Lautstark war allerdings nur der Vater. Franz saß schweigend am

Tisch oder stand am Fenster und ließ die Drohungen und Beschimpfungen des Vaters über sich ergehen. Er hatte noch nie streiten können, schon gar nicht mit seinem Vater.

Für Hermann Kafka war das Schweigen seines Sohnes nur ein Zeichen für dessen böswillige Verstocktheit und Uneinsichtigkeit. Je länger Franz schwieg, desto mehr geriet der Vater in Rage, und schließlich warf er ihm seine Meinung unverblümt an den Kopf. »Sie hat wahrscheinlich irgendeine ausgesuchte Bluse angezogen«, meinte er höhnisch, »wie das die Prager Jüdinnen verstehen, und daraufhin hast du dich natürlich entschlossen, sie zu heiraten. Und zwar möglichst rasch, in einer Woche, morgen, heute. Ich begreife dich nicht, du bist doch ein erwachsener Mensch, bist in der Stadt, und weißt dir keinen andern Rat, als gleich eine Beliebige zu heiraten. Gibt es da keine anderen Möglichkeiten? Wenn du dich davor fürchtest, werde ich selbst mit dir hingehn.«

Wohin der Vater Franz begleiten wollte, war klar, ins Bordell nämlich. Dorthin sollten seiner Meinung nach alle jungen Männer gehen, die ihre Triebe nicht im Zaum halten konnten, um sich auszutoben und dann frei zu sein für eine anständige, standesgemäße Ehe. Hermann Kafka hatte seinem Sohn schon einmal diesen Vorschlag gemacht. Damals war Franz ein Jugendlicher gewesen und hatte seinen Eltern vorgeworfen, ihn nicht richtig aufgeklärt zu haben.

Franz war jetzt ein erwachsener Mann. Doch sein Vater behandelte ihn immer noch wie ein kleines Kind. Das zeigte, welche Meinung er von ihm hatte. Er hielt ihn nicht nur für einen »schlechten Sohn«, wie er manchmal sagte, sondern für einen lebensunfähigen Menschen, der jede Verantwortung scheut und sein bequemes Dasein allein der Arbeit und dem Geldbeutel seines Vaters zu verdanken hatte.

Franz Kafka war vom Rat seines Vaters schwer verletzt. *Tiefer gedemütigt hast Du mich mit Worten wohl kaum*, schrieb er kurz darauf, *und deutlicher mir Deine Verachtung nie gezeigt.* Trotzdem hielt er an seinem Entschluss fest, Julie Wohryzek zu heiraten. Von den Verdächtigungen gegen sie wollte er nichts wissen und sich lieber auf sein eigenes Urteil verlassen. Mag sein, dass Julie etwas eitel war und ihre Ausdrucksweise manchmal recht ordinär. Franz liebte auch diese Eigenschaften an ihr. Ein *fast zauberhaftes Wesen* sei sie, schrieb er an seinen Freund Max Brod.

Ende Oktober bestellte er das Aufgebot und die beiden hatten sogar eine Ein-Zimmer-Wohnung am Stadtrand in Aussicht. Franz Kafka war nur noch ein paar kleine Schritte von seinem Lebenstraum entfernt: Ehemann zu sein, eine Familie zu gründen, Kinder zu haben.

Der Traum zerplatzte im letzten Moment. Zwei Tage vor der Hochzeit wurde Kafka mitgeteilt, dass die versprochene Wohnung doch an jemand anderen vergeben wurde. Daraufhin sagte er die Hochzeit ab.

Der Grund dafür war nicht eigentlich die durch die Lappen gegangene Wohnung. Der Grund war der Vater. So sah es jedenfalls Franz selber. Zu heiraten hätte für ihn bedeutet, dem Einflussbereich des Vaters zu entkommen, ein eigenes Leben zu führen. Gleichzeitig war die Ehe ein Gebiet, das schon vom Vater besetzt war. Die Ehe von Hermann und Julie Kafka galt als mustergültig. Die beiden ergänzten sich hervorragend und waren als Geschäftsleute und als Eltern ein ideales Paar. Franz hätte als Ehemann unweigerlich immer seinen Vater als Vorbild gehabt, als unerreichbares Vorbild. Und wie immer, wenn er mit dem Vater in Konkurrenz treten sollte, war es für ihn von vornherein eine ausgemachte Sache, dass er den Kürzeren zieht. Das wusste Franz und davor hatte er Angst. Die Angst vor dem Versagen und der Erniedrigung war wieder stärker gewesen als die Sehnsucht nach Unabhängigkeit.

Wenige Tage später reiste Kafka nach Schelesen, in jene Pension, in der er Julie Wohryzek kennengelernt hatte. Er fing an, einen Brief zu schreiben, der länger und länger wurde und zum Schluss über hundert Seiten umfasste. Es war ein Brief an den Vater. Franz wollte ihm schreiben, was er ihm nie persönlich zu sagen gewagt hätte: warum er Angst hatte vor dem Vater; wie es war, in seinem übermächtigen Schatten aufzuwachsen; warum er kein Selbstbewusstsein entwickeln konnte und sich nichts zutraute.

Der Brief ist eine Abrechnung, aber eine seltsame Abrechnung. Denn Kafka betont mehrmals, dass er dem Vater keine Schuld gibt. Mit anderen Worten: Der Vater könne nichts dafür, dass er so ist, wie er ist. Er habe nie einen Hehl aus seinen Überzeugungen gemacht und nie versucht, der verständnisvolle Freund seines Sohnes zu sein. So wie man sagt, dass jemand sein Herz auf der Zunge trägt, hat Hermann Kafka seinen Charakter unmittelbar ausgelebt. Er war ein ehrgeiziger, fleißiger, kraftvoller, impulsiver, oft jähzorniger Mann und als Unternehmer und Familienvater ein Despot. Selbstzweifel kannte er nicht. Er war mit sich im Reinen. Was konnte er dafür, dass er einen so sensiblen Sohn hatte, der mit seinem starken Vater nicht zurechtkam? Hätte er sich verstellen sollen? Das konnte und wollte Hermann Kafka nicht. Und überhaupt: Wer sagt denn, dass Franz mit einem anderen Vater nicht auch so geworden wäre, wie er war, so *menschenscheu und ängstlich*? Franz gibt selbst zu, dass der Vater an seinem Charakter nicht schuld ist. Warum aber dann ein Brief an den Vater? Warum klagt er ihn an? Gibt es ein Verschulden ohne Schuld? Oder anders gefragt: Kann jemand schuldig werden, nur weil er so ist, wie er ist?

Hermann Kafka stammt aus dem kleinen südböhmischen Dorf Wosek, wo er am 14. September 1852 geboren wurde. Sein Vater, ein Hüne von einem Mann, war Fleischhauer gewesen und seine sechs Kinder mussten schon früh im Geschäft mithelfen. So musste auch der kleine Hermann mit einem Handkarren das frisch geschlachtete Fleisch zu den Kunden bringen. Im Winter stapfte er mit halb erfrorenen und blutigen Füßen durch den Schnee, weil er keine richtigen Schuhe hatte. Zu Hause schlief er mit seinen fünf Geschwistern in einem Zimmer und war froh, wenn er zum Essen eine Kartoffel bekam. Für Schule blieb da wenig Zeit. Es reichte, dass er halbwegs schreiben und lesen lernte.

Schon mit vierzehn Jahren musste Hermann sein Heimatdorf verlassen und ohne die Hilfe seiner Eltern zurechtkommen. Er schlug sich als Wanderhändler durch und arbeitete im Textilgeschäft von Verwandten. Mit zwanzig Jahren wurde er zum Militär eingezogen und brachte es zum Feldwebel. Nach seiner Entlassung 1875 zog er nach Prag und verdiente sich seinen Lebensunterhalt als Hausierer. Mit einem Korb auf

dem Rücken zog er jahrelang von Tür zu Tür, durch Gast-
häuser und Cafés und verkaufte den Leuten Knöpfe, Bleistif-
te, Seife oder Hosenträger.

Die große Wende im Leben des Hermann Kafka kam erst,
als er schon fast dreißig Jahre alt war und durch eine Heirats-
vermittlung Julie Löwy kennenlernte. Er heiratete die Tochter aus reichem Hause und konnte mit dem Geld, das sie in die
Ehe brachte, ein Geschäft für Kurzwaren und Modeartikel auf
der Nordseite des Altstädter Rings eröffnen. Hermann Kafka
war ein fleißiger und guter Kaufmann. Das Geschäft florierte
und damit wuchs auch der Wohlstand der Kafkas.

Am 3. Juli 1883 wurde ihr erstes Kind geboren. Es war
Franz. In den Jahren darauf brachte Julie Kafka noch zwei
Buben zur Welt, die aber früh starben. Die weiteren Kinder überlebten. Es waren drei Mädchen: Gabriele, Valerie
und Ottilie. Franz blieb der einzige Sohn, und dementsprechend groß waren die Hoffnungen, die der Vater in ihn setzte.
Hermann Kafka wollte, dass Franz ein *»kräftiger, mutiger Junge«* wird. Darum ermunterte er ihn, wie ein Soldat zu marschieren und zu salutieren oder seine Lieblingslieder aus der
Soldatenzeit zu singen. Weil Franz so schmächtig war, nahm
ihn der Vater mit zum Schwimmen, und nachher saßen sie
im Biergarten der Schwimmschule am Ufer der Moldau und
aßen die mitgebrachte Wurst und bestellten Bier, von dem
Franz auch einen kräftigen Schluck nehmen sollte.

Irgendwann wird Hermann Kafka bemerkt haben, dass
sein Sohn nie ein *»kräftiger, mutiger«* Junge wird. Franz war
ängstlich und verschlossen, und er ließ sich nicht begeistern
für die Dinge, die sein Vater für gut und wichtig hielt. Nicht

einmal einem Schluck Bier und einer kräftigen Mahlzeit konnte Franz etwas abgewinnen. Als er später wegen seiner Magenprobleme zum Vegetarier wurde, saß der Vater monatelang mit vorgehaltener Zeitung am Esstisch, weil er nicht zusehen mochte, wie sein Sohn Nüsse, Äpfel und Müsli verzehrte.

Auch im Geschäft ließ sich Franz nur selten blicken. Er konnte es nicht vertragen, wie der Vater mit den Angestellten umging. Sie waren für ihn »bezahlte Feinde« und dementsprechend behandelte er sie auch. Er war ständig unzufrieden, schrie herum und warf den Leuten Schimpfworte an den Kopf, wenn sie etwas falsch gemacht hatten oder zu lange krank gewesen waren. Einmal fegte er im Zorn Ware vom Tisch, die nicht am richtigen Platz abgelegt war.

Kein Wunder, dass die Mitarbeiter sich das eines Tages nicht mehr gefallen lassen wollten und geschlossen kündigten. Und es war Franz, der Bittgänge tun musste, um die Leute zu überreden, doch wieder an ihren Arbeitsplatz im Galanteriewarengeschäft zurückzukehren. Franz gelang es tatsächlich. Er war beliebt bei den Angestellten seines Vaters. Und es waren wohl die entspanntesten Zeiten, wenn Hermann Kafka im Urlaub war und Franz ihn im Laden vertrat.

Hermann Kafka war enttäuscht, denn natürlich hatte er gehofft, dass sein einziger Sohn nach ihm schlägt und einmal sein Geschäft weiterführt, und er tröstete sich mit dem Gedanken, dass Franz eben »höhere Ideen im Kopf« habe. Das konnte man auch so verstehen, dass Franz für seinen Vater mehr oder weniger verloren war, er aber sozusagen als Ausgleich für diese Enttäuschung immerhin ein Gelehrter werden konnte oder sonst ein hohes Tier, und das wäre dann ein nicht zu verachtender Prestigegewinn für die Familie.

Hermann Kafka wurde nicht gerne daran erinnert, dass er als ungebildeter Hausierer in der tschechischen Provinz angefangen hatte. Mit dem geschäftlichen Erfolg wollte er auch den sozialen Aufstieg, und das bedeutete für eine jüdische Familie wie die Kafkas im Prag dieser Zeit, möglichst deutsch zu sein. Die Deutschen bildeten die Oberschicht. Also besuchte Franz die deutsche Volksschule, dann das deutsche Gymnasium und studierte anschließend Jura. Er erwarb sogar den Doktortitel. Ein hohes Tier wurde er allerdings nicht, nur ein kleiner Beamter in der Arbeiter-Unfallversicherung des Königreichs Böhmen.

Die Entfremdung zwischen Vater und Sohn war mit den Jahren immer größer geworden, obwohl Franz auch nach dem Studium bei den Eltern wohnte. Hermann und Franz Kafka waren denkbar verschieden. Das hieß aber noch lange nicht, dass sie nichts miteinander verband.

Der Vater war für Franz von Kindheit an die prägende Gestalt. Er war das Maß aller Dinge. Und als der erwachsene Franz seinen *Brief an den Vater* schrieb, drängten sich ihm jene Szenen ins Gedächtnis, in denen er von der gottähnlichen Gestalt des Vaters geradezu erdrückt worden war. Wie damals, als er als Kleinkind nachts gequengelt hatte und der Vater ihn kurzerhand aus dem Bett genommen und auf den Balkon gestellt hatte. Oder wie es war, mit dem Vater in die Schwimmschule zu gehen und im Badeanzug vor die Leute zu treten. Wie mickrig und jämmerlich schwach war sich der spindeldürre Franz neben dem großen und starken Vater vorgekommen.

Das waren alles keine dramatischen Szenen, eher Kleinigkeiten, wie sie tausendfach auch in anderen Familien vorkamen. Ein anderes Kind hätte solche Zwischenfälle schnell vergessen oder wäre sogar stolz darauf gewesen, so einen starken und mächtigen Vater zu haben. Nicht aber Franz. Er war empfindlich und registrierte seismografisch auch die kleinsten Formen von körperlicher und seelischer Gewalt. Solche Erlebnisse wie auf dem Balkon und im Freibad waren die sichtbaren Teile einer unsichtbaren Kette von Demütigungen und Verletzungen, die sich durch Franz' Leben zog.

Und Hermann Kafka? War er nur der impulsive Mann, der für seine Wirkung auf den übersensiblen Sohn nicht verantwortlich war? Nein. Seine Wirkung war nicht unschuldig. Und Kafka gibt sich in seinem Brief alle Mühe, dem Vater zu zeigen, wie berechnend und in den Folgen verheerend diese Wirkung war. Franz war dem Vater fremd. Aber mit dieser Fremdheit konnte der Vater nicht umgehen. Er hätte seinen Sohn einfach nur sein lassen können oder ihn sogar mit aufmunternden Worten in dessen eigenen Anlagen fördern können. Aber das tat Hermann Kafka nicht. Was er betrieb, war eine Strategie der ständigen Entwertung, und das mit den subtilsten Mitteln.

Wenn er zum Beispiel von seiner schweren Kindheit erzählte, dann im Ton des Vorwurfs nach dem Muster: »Was ich entbehren und wie ich mich durchkämpfen musste, das kann sich heute keiner mehr vorstellen. Am wenigsten mein Sohn, dem ja alles in die Wiege gelegt wurde.« Solche Reden musste sich Franz fast allabendlich anhören. Er musste in dem Gefühl aufwachsen, dass der Vater sich für die Familie abrackert, damit er, Franz, der Schmarotzer, ein sorgenfreies und bequemes Leben führen kann.

Was Hermann Kafka von seinen Kindern erwartete, war Dankbarkeit. Aber Dankbarkeit nur als Bestätigung seiner Arbeit und Lebensleistung. In diesem Sinne schrieb Franz in sein Tagebuch: *Die Eltern, die Dankbarkeit von ihren Kindern erwarten (es gibt solche, die sie fordern), sind wie Wucherer, sie riskieren gern das Kapital, wenn sie nur die Zinsen bekommen.*

Dankbar zu sein bedeutete, seine eigene Schwäche und Unfähigkeit einzugestehen, und das verstärkte nur Franz' Gefühl der Wertlosigkeit. Wie hätte er es anstellen sollen, von seinem Vater anerkannt zu werden? Er hätte die Familie früh verlassen müssen, um ohne fremde Hilfe eine eigene Existenz aufzubauen. Aber das hätte der Vater nie erlaubt. Er hätte es als Undankbarkeit verstanden. Er forderte von seinen Kindern die Selbstständigkeit, ließ diese aber gleichzeitig nicht zu.

Ottla konnte von jenem Widerspruch ein Lied singen. Sie hatte sich nicht wie ihre älteren Schwestern von den Eltern verheiraten lassen, sondern sich ihren Mann selbst ausgesucht. Es war auch ganz allein ihre Idee gewesen, eine landwirtschaftliche Ausbildung zu machen, und anschließend hatte sie unter großen Schwierigkeiten einen Bauernhof im kleinen Dorf Zürau bewirtschaftet. Noch immer träumte sie davon, nach Palästina auszuwandern und dort in der Landwirtschaft zu arbeiten.

Der Vater hätte stolz sein können auf so eine starke und selbstständige Tochter. Stattdessen durfte man Ottlas Namen nicht erwähnen, ohne dass Hermann gleich explodierte. Ottla war für ihn verrückt, durchgedreht – und undankbar. Hinzu kam, dass der »*Herr Sohn*« die Pläne seiner meschuggen Schwester auch noch unterstützte und dem Vater in den Rücken fiel. Hatte Hermann Kafka das verdient? Hatte er jahrelang für die Familie im Geschäft von früh bis spät geschuftet, um jetzt die bittere Erfahrung machen zu müssen, dass seine Kinder sich gegen ihn verschworen?

Franz kannte diese Klagen. Und wenn nicht Ottla der Grund für die dauernden Vorwürfe war, so war es eben die Asbestfabrik. Sein Schwager Karl Hermann, Ellis Ehemann, hatte dieses Unternehmen gegründet. Hermann Kafka hatte viel Geld hineingesteckt und Franz sollte als Teilhaber die Arbeit in dem Hinterhofschuppen überwachen. Zeit genug hatte er doch, da er ja nur bis zwei Uhr nachmittags in seiner Behörde war. Doch Franz hatte nicht nur keine Lust, es war für ihn ein Horror, in der Baracke als Aufpasser herumzustehen. Immer seltener ging er hin und schließlich gar nicht mehr.

Abends konnte er sich auf das immer gleiche Theater gefasst machen. Der Vater warf ihm vor, dass er ihn in diese Sache »*hineingetanzt*« habe und nun im Stich lasse. Das war aber nur ein kleiner Teil der Wahrheit. Insgeheim hatte Hermann Kafka gehofft, dass Franz durch diese Aufgabe doch noch den Geschäftsmann in sich entdecken würde. Franz hatte das Spiel nicht mitgemacht. Auf keinen Fall wollte er sich auf ein Gebiet locken lassen, wo es nur Niederlagen für ihn geben konnte.

Gab es überhaupt einen Bereich, der nicht schon vom Vater besetzt war? Ja, den gab es. Es war das Schreiben oder das, was Kafka sein *Gekritzel* nannte. Hier hatte er sich einen Platz erobert, wo er vor dem Vater sicher war. Wenn er bis spät in die Nacht über seinen Schulheften saß und die Geschichten aufschrieb, die seinen Kopf bevölkerten, war er ganz bei sich, dem Einfluss des Vaters entzogen. Dementsprechend misstrauisch, ja feindlich war Hermann Kafka dem »Hobby« seines Sohnes gegenüber.

Mit angewidertem Gesicht saß er dabei, wenn Franz einmal, was selten genug vorkam, eine seiner Geschichten vorlas. Und fast sprichwörtlich geworden war die Bemerkung, die Hermann jedes Mal machte, wenn ein Buch seines Sohnes eintraf. *»Leg's auf den Nachttisch«*, sagte er beiläufig und spielte weiter Karten, wie fast jeden Abend. Denn Kartenspielen war seine große Leidenschaft. Und es war auch schon fast ein Ritual geworden, dass Franz es ablehnte mitzuspielen, wenn der Vater ihn dazu aufforderte.

Ob Hermann Kafka wenigstens einen kurzen Blick in eines der Bücher geworfen hat, die auf seinem Nachttisch landeten? Im Frühjahr 1920 wäre er sicher überrascht, vielleicht sogar gerührt gewesen, denn auf der ersten Seite des Buches, das den seltsamen Titel *Ein Landarzt* trug, stand die gedruckte Widmung *Meinem Vater.* Das war nach den vielen Auseinandersetzungen zwischen Vater und Sohn wegen der Verlobung, wegen Ottla und der Fabrik nicht zu erwarten gewesen. Diese Widmung war von Franz nicht ironisch oder anbiedernd gemeint. Obwohl das Schreiben sein ureigenstes Terrain war, ging es in seinen Büchern doch auch um den Vater. In seinem Brief an ihn sprach er es in aller Deutlichkeit aus: *Mein Schrei-*

ben handelte von Dir, ich klage dort ja nur, was ich an Deiner Brust nicht klagen konnte.

Das war durchaus nicht übertrieben. Nicht von ungefähr kommen in Kafkas Texten oft Vatergestalten vor. Schon seine frühe Erzählung *Das Urteil* ist im Grunde eine Vater-Sohn-Geschichte. Der Vater ist darin ein alternder Geschäftsmann, der vor Kurzem seine Frau verloren hat und sich aus dem Berufsleben zurückzieht. Sein einziger Sohn Georg, mit dem er zusammenlebt, leitet nun erfolgreich die Geschäfte weiter und er verlobt sich. Der Eindruck, dass der Vater nun auf dem Abstellgleis ist und der Sohn das Sagen hat, wird jedoch schlagartig zerstört. Als Georg seinen Vater ins Bett legt und ihn zudeckt, springt der Vater plötzlich auf und meint triumphierend: *Du wolltest mich zudecken, das weiß ich, mein Früchtchen, aber zugedeckt bin ich noch nicht. Und ist es auch die letzte Kraft, genug für dich, zu viel für dich!*

Der Vater ist wieder der Stärkere. Er verurteilt auch Georgs Verlobung, und zwar nahezu mit den gleichen Worten, die Hermann Kafka seinem Sohn an den Kopf warf, als er von dessen Verlobung mit Julie Wohryzek erfuhr. Das Unheimliche dabei ist, dass Kafka diesen Text im Herbst 1912 schrieb und seine Verlobung mit Julie Wohryzek erst sieben Jahre später stattfand. Hat Kafka literarisch vorausgesehen, was viele Jahre später wirklich passierte? War er ein Hellseher?

Sicher nicht, aber er hatte einen Blick für das Typische, auch für das Muster der Auseinandersetzungen mit seinem Vater. Und hier hatte er mit fast schlafwandlerischer Sicherheit Bilder gefunden, mit denen er seine Schuldgefühle und sein Verhältnis zum Vater aussprechen konnte. In der Nacht, als er diese Erzählung in einem Zug niederschrieb, war er wie berauscht von dem Gefühl, endlich so schreiben zu können, wie er es sich immer erträumt hatte. Alles, was er zu Papier brachte, war *zweifellos*, das heißt, es stimmte überein mit dem, was ihn bisher nur dumpf und sprachlos im Schattenreich des Unbewussten bedrängt hatte. Wie bei einer Geburt war es aus ihm herausgebrochen. Er war auf einen zentralen Lebenskonflikt gestoßen – auf die Entfremdung zwischen seinem Vater und ihm.

Noch gesteigert ist diese Entfremdung in Franz Kafkas vielleicht bekanntester Erzählung *Die Verwandlung*. Darin wird der Sohn, Gregor Samsa heißt er jetzt, nicht erst am Ende von seinem Vater verflucht, sondern der Fluch ist ein richtiger Zauberfluch und wirkt gleich zu Anfang der Geschichte. Als Gregor Samsa nämlich eines Morgens aufwacht, hat er sich in einen *riesigen Käfer* verwandelt. Das Merkwürdige und Unheimliche dabei ist, dass Gregor sich weiterhin für den Sohn der Familie, also für einen jungen Mann hält, obwohl er sich doch kaum bewegen kann und seine Käferbeine sieht. Auch der Vater, die Mutter und die Schwester zweifeln keinen Moment daran, dass sie ihren Sohn und Bruder vor sich haben, als sich die Tür zu Georgs Zimmer öffnet und das widerwärtige Insekt vor ihnen steht.

Ebenso wird der Leser in diese Verwirrung mit hineingenommen. Er weiß nie, ob Georg sich wirklich in einen Käfer verwandelt hat oder ob er und die anderen sich das nur einbilden. Das ist es aber, was Kafka durch seine Erzählkunst erreicht: Einbildungen und Tatsachen werden ununterscheidbar. Und das ist genau dann der Fall, wenn innere Bilder und Kräfte solche Macht über ein Leben gewinnen können, dass sie wirklicher werden als äußere Tatsachen. Mit anderen Worten: *Die Verwandlung* erzählt, wie es ist, wenn jemand innerhalb der eigenen Familie so fremd ist, als wäre er ein Tier, vor dem sich alle ekeln, dessen Worte für die anderen klingen wie Tierlaute und das alle loswerden wollen.

Gregor wird in seinem Zimmer eingesperrt wie ein Monster. Als er eines Tages ins Wohnzimmer krabbelt und die inzwischen aufgenommenen Mieter erschreckt, wirft der Vater mit einem Apfel nach ihm und verletzt ihn schwer. Nach diesem Vorfall sind sich Vater, Mutter und Schwester einig, dass sie Gregor loswerden wollen. Gregor, der dieses Gespräch belauscht hat, stirbt noch in der Nacht an seinen Verletzungen und wird von der Haushälterin wie ein Haufen Dreck weggeräumt.

Als Felice Bauer, Franz Kafka erste Verlobte, diese Geschichte las, konnte sie wenig damit anfangen, und ziemlich ratlos schrieb sie ihm, dass das doch alles nur »Bilder« seien. Kafka versuchte daraufhin verzweifelt, ihr zu erklären, dass er nichts schreibe, was nicht mit ihm selber zu tun habe, und also alles *Tatsachen* seien. Ob Felice den Brief gelesen hat, den Kafka vor ihrer Verlobung an ihren Vater schrieb? Der liest sich nämlich wie eine Ergänzung zu seiner Käfergeschichte, wenn es etwa heißt: *Ich lebe in meiner Familie unter den besten liebevollsten Menschen fremder als ein Fremder. Mit meiner Mutter habe ich in den letzten Jahren durchschnittlich nicht zwanzig Worte täglich gesprochen, mit meinem Vater kaum jemals mehr als Grußworte gewechselt.*

Aber auch wenn Felice Bauer diese Sätze nicht kannte, so

hätte sie doch auch aus Kafkas Briefen an sie erahnen können, weshalb ihr Geliebter eine Geschichte schreibt, in der sich ein junger Mann in einen Käfer verwandelt. Kafka wollte sich in diesen Dutzenden von Briefen so zeigen, wie er ist. Doch zwischen den Zeilen ist immer die Angst spürbar, dass Felice ihn hässlich oder *fremd* finden könnte. Und ebenso groß war die Angst, in Felices Briefen altbekannte Töne zu finden. Manchmal konnte Kafka wirklich glauben, seinen Vater zu hören, etwa wenn Felice ihn aufforderte, doch *»mehr in der Wirklichkeit«* zu leben und aus der Asbestfabrik *»etwas zu machen«*.

Eigentlich hatte Kafka gehofft, gemeinsam mit Felice seinem *heimatlichen Rudel* zu entkommen. Wenn er das schon nicht alleine schaffte, dann doch bestimmt zusammen mit einer Frau, die ihn liebte und zu ihm hielt. Felice aber hatte sich hinter seinem Rücken mit den Eltern verbündet und wechselte heimlich Briefe mit Julie Kafka, und beide Frauen waren sich einig in der Meinung, dass Franz seine Macken und Schrullen schon bald verlieren würde, wenn er erst einmal verheiratet wäre und Kinder hätte.

Je näher die geplante Hochzeit kam, desto mehr Zweifel plagten Kafka. Eine Ehe war für ihn ein *gewaltsamer Stromschluss*, und daher sollten die Partner schon vorher möglichst genau wissen, auf wen sie sich da einließen. Kafka wollte, dass Felice ihn schon vor der Hochzeit kennenlernt. Aber er war in der Zwickmühle: Wenn er sich so zeigte, wie er wirklich war, riskierte er, dass Felice ihn *fremd* fand und von ihm abrückte; wenn er sich aber so benahm, wie sie es erwartete, dann verlor er sich selbst.

Kafka wollte sich aber nicht verlieren, denn das hätte bedeutet, dass er auch sein Schreiben hätte aufgeben müssen. Lieber wollte er gehasst werden für etwas, das er war, als geliebt zu werden für etwas, das er nicht war. Und so kam es, wie es kommen musste. Bei der großen Aussprache im Hotel »Askanischer Hof« zeigte sich, wie fremd Kafka Felice war. Sie zitierte sogar vor Zeugen aus seinen Briefen, um allen zu beweisen, was für ein sonderbarer, ja verrückter Mensch Franz war und wie ungeeignet als Ehemann. Ob Kafka sich in diesem Hotelzimmer wieder gefühlt hat wie ein abstoßendes Insekt?

Es war eben nicht nur der Vater zu Hause, es gab sozusagen ein »System Vater«, dem Franz auf Schritt und Tritt begegnete. *Manchmal stelle ich mir,* so schrieb er in seinem Brief, *die Erdkarte ausgespannt und Dich quer über sie hin ausgestreckt vor. Und es ist mir dann, als kämen für mein Leben nur die Gegenden in Betracht, die Du entweder nicht bedeckst oder die nicht in Deiner Reichweite liegen. Und das sind entsprechend der Vorstellung, die ich von Deiner Reichweite habe, nicht viele (…).*

Es gab diesen Ort. Das war Berlin. »Berlin« war für Kafka der Inbegriff eines selbstständigen Lebens, nach dem er sich so sehnte, die *beste Medizin gegen Prag,* wie er einmal meinte. Berlin war aber auch ganz real die deutsche Hauptstadt, die mit ihrer Weltläufigkeit und Anonymität das Gegenteil war zu seiner engen, provinziellen Heimatstadt. Kafka hegte schon lange den Plan, seine Stelle bei der Arbeiter-Unfallversicherung zu kündigen und nach Berlin zu gehen, um dort vielleicht als kleiner Journalist bei einer Zeitung sein Auskommen zu finden.

Er konnte gewichtige Gründe anführen, die ihn bisher daran gehindert hatten, Prag hinter sich zu lassen, allen voran den Weltkrieg. Doch nun war der Krieg vorbei, er war nicht gebunden an Frau und Kind. Warum verwirklichte er nicht seinen Traum? Warum schaffte er es nicht, den Krallen von *Mütterchen Prag* zu entkommen? War es seine Krankheit, die alle Fluchtgedanken zunichte machte?

Nein, es waren keine äußeren Gründe. Neben seiner ungeheuren Sehnsucht nach einem eigenständigen Leben fern der Familie gab es Kräfte, die ihn in Prag festhielten, und die stärkste Kraft war – Liebe. Julie Kafka beteuerte, ihren Sohn zu lieben und dass sie bereit sei, für ihn ihr »Herzblut« zu opfern. Und Hermann Kafka war zwar ein Tyrann, aber ein *liebender Tyrann*. Auf seine bärbeißige Art bekannte er, dass er Franz sehr wohl gern habe, aber eben anders, anders als andere Väter.

Franz wollte das nur zu gerne glauben und klammerte sich förmlich an die wenigen Augenblicke, in denen er etwas von dieser väterlichen Liebe spürte. Nie hat er vergessen, wie er einmal wochenlang schwer krank im Bett lag und der Vater seinen Kopf zur Tür hereinsteckte und aus Rücksicht nur zaghaft mit der Hand winkte. Da hätte Franz weinen können vor Glück.

Dennoch konnte er sich nicht darüber hinwegtäuschen, dass diese Liebe im Grunde genommen eine Falle war. Was die Eltern für Liebe hielten, war eine familiäre Verbundenheit, in der es keine wirkliche Nähe oder Verständnis gab. Den Eltern ging es nicht um Franz oder Ottla. Wichtig war ihnen, nach außen das Bild einer fürsorglichen, aufopfernden

Mutter und eines verantwortungsbewussten Familienvaters aufrechtzuerhalten. An Felice schrieb Franz: *Nichts wollen die Eltern, als einen zu sich hinunterziehn, in die alten Zeiten, aus denen man aufatmend aufsteigen möchte, aus Liebe wollen sie es natürlich, aber das ist ja das Entsetzliche.*

Entsetzlich ist das, weil Liebe, die doch eigentlich befreien soll, missbraucht wird, um Abhängigkeiten zu schaffen. Und noch entsetzlicher ist, dass diese Liebe meistens ihr Ziel erreicht. Franz Kafka jedenfalls fesselte sie an die Familie und an Prag. Jeder kleinste Fluchtversuch wurde vereitelt durch schlechtes Gewissen.

Trotzdem hörte Kafka nicht auf, nach Verständnis und Anerkennung zu suchen. Es erging ihm wie dem Hungerkünstler in seiner gleichnamigen Erzählung. Der ist eine große Attraktion und zieht mit seiner Kunst die Massen an, und es ist erstaunlich, wie lange er in seinem Käfig ohne Nahrung auskommt: tage-, wochen-, monatelang. Als die Leute das Interesse an seinen Vorführungen verlieren, wird der Hungerkünstler an einen Zirkus verkauft und landet schließlich im hintersten Eck der Lagerräume, wo eines Tages ein Aufseher den Käfig entdeckt. Zwischen dem halb verfaulten Stroh liegt der zusammengeschrumpfte Hungerkünstler und hungert immer noch. Als der Aufseher ihn fragt, warum er denn so lange hungere, antwortet er mit letzter Kraft: *Weil ich nicht die Speise finden konnte, die mir schmeckt. Hätte ich Sie gefunden, glaube mir, ich hätte kein Aufsehen gemacht und mich vollgegessen wie du und alle.*

Auch Franz Kafka konnte die *richtige Speise* nicht finden, jedenfalls nicht in Prag und nicht im Bannkreis seiner Familie. Und weil bei ihm Kopf und Körper immer in geheimer Absprache standen, fehlte es ihm nicht nur an Verständnis, es fehlte ihm auch an Körpergewicht, trotz der Bemühungen seiner Mutter und trotz der vom Arzt befohlenen Mastkur. Bei einer Größe von eins einundachtzig, was für seine Zeit sehr groß war, wog er nur knapp über sechzig Kilogramm. Bezeichnenderweise nahm er nur zu, wenn er von Prag weg war, auf dem Bauernhof von Ottla in Zürau oder in einem der von ihm so geschätzten Sanatorien.

Aber Kafka war nicht naiv. Natürlich wusste er, dass man das »System Vater« nicht einfach abschütteln kann, sondern es aktiv bleibt, auch wenn der wirkliche Vater weit weg ist. In seinen großen Romanen, in *Das Schloss* und in *Der Prozess* zeigte er, ohne jede Psychologisierung, wie es ist, wenn jemand weit überlegenen Kräften und Institutionen machtlos ausgeliefert ist.

Was das Leben außerhalb der Bücher betraf, war Kafka zuversichtlicher. Er glaubte durchaus, dass man dem Über-Ich eines Vaters und den Folgen einer bürgerlichen Erziehung entkommen könne. Unbedingte Voraussetzung dafür sei, dass ein Kind möglichst früh aus seiner Familie wegkomme. Kafka selbst freilich hatte den Absprung verpasst. Aber für ein Kind wie seinen zehnjährigen Neffen Felix, den Sohn seiner Schwester Elli, war es nicht zu spät. Elli und ihr Mann spielten tatsächlich mit dem Gedanken, Felix in eine entfernte Schule zu geben, und sie baten Franz um Rat.

Kafka war Feuer und Flamme. Er riet seiner Schwester, den kleinen Felix in die »Neue Schule Hellerau« zu schicken. Das war ein Landerziehungsheim mit ganz neuen pädagogischen Ideen. Lehrer und Kinder wohnten dort in sogenannten »pädagogischen Familien« zusammen. Jungen und Mädchen wurden gemeinsam nicht nur in Rechnen und Schreiben unterrichtet, sondern entwickelten ihre handwerklichen und sportlichen Fähigkeiten in der Küche, im Garten, in der Schreinerei oder auf dem Sportplatz. Druck und übertriebener Ehrgeiz waren verpönt. Jedes Kind bekam genügend Zeit, seine individuellen Begabungen zu entdecken und auszubilden.

Kafka konnte nicht verstehen, warum seine Schwester noch zögerte. Für ihn war der respektvolle Umgang eines Erziehers mit seinem Zögling tausendmal besser als elterliche Liebe. Denn Eltern waren seiner Meinung nach immer eigennützig. Und wie so eine eigennützige Erziehung aussieht, das führte Kafka seiner Schwester drastisch vor Augen: *Wenn der Vater ›erzieht‹, so schrieb er in einem Brief, findet er z. B. in dem Kinde Dinge, die er schon an sich gehasst hat und nicht überwinden konnte und die er jetzt bestimmt zu überwinden hofft, denn das schwache Kind scheint ja mehr in seiner Macht als er selbst, und so greift er blindwütend, ohne die Entwicklung abzuwarten, in den werdenden Menschen, oder er erkennt z. B. mit Schrecken, dass etwas, was er als eigene Auszeichnung ansieht und was daher (daher!) in der Familie (in der Familie!) nicht fehlen darf, in dem Kinde fehlt, und so fängt er an, es ihm einzuhämmern, was ihm auch gelingt, aber gleichzeitig misslingt, denn er zerhämmert dabei das Kind (…) Das sind, aus Eigennutz geboren, die zwei Erziehungsmittel der Eltern: Tyrannei und Sklaverei in allen Abstufungen, wobei sich die Tyrannei sehr zart äußern kann (›Du musst mir glauben, denn ich bin deine Mutter!‹) und die Sklaverei sehr stolz (›Du bist mein Sohn, deshalb*

werd ich dich zu meinem Retter machen<), aber es sind zwei schreckli-
che Erziehungsmittel, zwei Antierziehungsmittel, geeignet, das Kind
in den Boden, aus dem es kam, zurückzustampfen.[7]

Elli ließ sich nicht überzeugen. Ihre Bedenken, dass Felix für eine Trennung noch zu jung sei, konnte Kafka nicht zerstreuen. Also blieb Felix im Elternhaus in Prag, in der, wie Kafka einmal meinte, *dumpfen, giftreichen, kinderauszehrenden Luft des schön eingerichteten Familienzimmers.*

Und was war mit Franz Kafka selbst? Gab es für ihn wirklich keine Chance mehr, aus Prag und damit aus der *Familienhölle* wegzukommen? Seine Sehnsucht war nach wie vor riesengroß, aber er traute es sich nicht alleine zu, den entscheidenden Schritt zu machen. Der Versuch mit Julie Wohryzek war gescheitert. Mit Milena Jesenská hätte er es sich vorstellen können. Sie stammte auch aus Prag und lebte mit ihrem sehr viel älteren Mann Josef Pollak in Wien. Milena hatte einen Text Kafkas ins Tschechische übersetzt und so hatten sie sich kennengelernt.

Kafka hatte Milena Ende Juni 1920 in Wien besucht und das waren die vielleicht glücklichsten Tage seines Lebens gewesen. Er hatte Pläne für die Zukunft gemacht, und es erschien ihm als das Selbstverständlichste, dass er und Milena zusammengehören, zumal sie in Wien unglücklich war und von ihrem Mann nach Strich und Faden betrogen wurde. Doch dann hatten sich in ihre Briefe und Gespräche falsche Töne eingeschlichen. Milena mochte es sich anfangs selbst nicht eingestehen. Sie bewunderte, liebte Kafka, doch letztlich konnte sie sich ein Leben an seiner Seite nicht vorstellen. Kafka bemerkte dieses Zögern sofort. Und wie immer, wenn er spürte, dass ihn jemand eigenartig fand, zog er sich zurück.

Möglichst weit weg wollte er von Wien und Milena – da kam ihm das Angebot eines in den Karpaten gelegenen Kurhotels gerade recht. Von seiner Behörde wurde ihm ein dreimonatiger Erholungsurlaub genehmigt, der dann im Folgenden immer wieder verlängert wurde. Erst im August 1921 kehrte er nach Prag zurück.

Die Hoffnung auf eine gesundheitliche Besserung hatte sich nicht erfüllt. Alle vermieden das Wort, aber die Untersuchungsergebnisse des Amtsarztes ließen keinen Zweifel daran, dass Kafka an Lungentuberkulose erkrankt war. Am 1. Juli 1922 wurde er frühzeitig pensioniert.

Den Sommer im Jahr darauf verbrachte Kafka im Ostseebad Müritz, zusammen mit seiner Schwester Elli und ihren Kindern Felix und Gerti. Nahe der »Pension Glückauf«, in der sie untergebracht waren, hatte das Berliner Jüdische Volksheim eine Erholungsstätte. Ostjüdische Kinder verbrachten hier mit ihren Betreuerinnen ihre Ferien. Kafka beobachtete sie, wenn sie in Gruppen und singend durch den nahe gelegenen Wald zogen. Er kannte solche Einrichtungen aus Berlin und hatte sich schon seit Jahren dafür begeistert. Darum hatte er auch nichts dagegen, dass die Betreuerinnen ihn ansprachen und sogar zu einer Sabbatfeier in das Ferienheim einluden.

Dort, in der Küche, traf Kafka eine junge, fünfundzwanzigjährige Frau, die mit einem Messer Fische abschuppte. Sie hieß Dora Diamant und stammte aus einer orthodoxen ostjüdischen Familie. In die starren Lebensregeln ihrer Herkunft hatte sich Dora nicht fügen können und war daraufhin vom Vater in ein Internat in Krakau gesteckt worden. Dora war von dort geflohen, erst nach Breslau, dann nach Berlin. Ihr Vater hatte sie in Breslau noch einmal eingefangen, konnte sie aber nicht mehr aufhalten und gab seine Tochter schließlich verloren.

In Müritz verbrachten Kafka und Dora viel Zeit miteinander, und Kafka muss schnell gemerkt haben, dass Dora für ihn der absolute Glücksfall war. Mit ihr gemeinsam traute er es sich zu, das *Mütterchen Prag* hinter sich zu lassen. Anfang August reiste er zurück nach Prag. Er verbrachte einige Wochen bei seiner Schwester Ottla, um dann seinen Plan, mit Dora zusammenzuleben, in die Tat umzusetzen.

Ungläubig stand seine Familie um ihn herum, als er seinen Koffer packte. Niemand konnte verstehen, warum Franz nach Berlin wollte. Die Mutter blickte traurig. Der Vater machte Vorwürfe. Von Dora erwähnte Franz nichts. Er kannte die Vorurteile seines Vaters gegen Ostjuden. Nur allzu gut war ihm in Erinnerung, wie er einmal seinen Freund, den ostjüdischen Schauspieler Jizchak Löwy, zu sich nach Hause mitgenommen hatte. Der Vater hatte sein Missfallen damals deutlich gezeigt und so laut, dass alle es hören konnten, gesagt: *»Wer sich mit Hunden zu Bett legt, wacht mit Wanzen auf.«* Es war eines der wenigen Male gewesen, dass Franz seine Wut auf den Vater nicht hatte beherrschen können und ihn heftig angefahren hat. Hermann Kafka hatte wie immer auf sein schwaches Herz verwiesen und sich auf diese Weise – wie immer – einer Auseinandersetzung entzogen.

In Berlin lebten Kafka und Dora sehr bescheiden zur Miete in einem ruhigen Viertel am Stadtrand. Die Warnungen der Eltern waren nicht ganz unberechtigt gewesen. Die Inflation fraß Kafkas schmale Rente rasch auf. Zeitweise konnten sich Franz und Dora nicht einmal mehr Spiritus leisten und mussten ihr Essen auf Kerzenstümpfen aufwärmen. Aus Prag kamen Pakete mit Brot, Butter und Eiern. Kafka war dankbar. Aber mehr an elterlicher Sorge wollte er nicht, denn er hatte Angst vor einem *Herüberlangen Prags hierher nach Berlin*.

Ein solches »Herüberlangen« war schon die Frage des Vaters, ob Franz denn in Berlin *»für später eine Zukunft«* habe. Was Hermann Kafka wissen wollte, war, ob sein Sohn denn irgendwann wieder zu arbeiten und Geld zu verdienen gedenke. Die Anfrage zeigt, wie wenig man in Prag vom gesundheitlichen Zustand des Sohnes wusste. Kafka trug seinen Teil dazu bei, indem er zuversichtliche Briefe nach Hause schrieb, in denen er seine Krankheit kaum erwähnte oder herunterspielte. Die Eltern wussten also nicht, dass er die meiste Zeit im Bett lag, von Hustenanfällen geschüttelt wurde, oft Fieber hatte und so schwach war, dass er keine längeren Ausflüge machen konnte.

Zweimal mussten Dora und er umziehen. Beim zweiten Mal war Kafka so krank, dass Dora allein bei Wind und Regen den Hausrat in die weit entfernte neue Wohnung schleppen musste. Dora nahm das bereitwillig auf sich. Sie liebte Franz. Und Franz war glücklich, wenngleich sich nicht übersehen ließ, dass es mit seiner Krankheit immer schlimmer wurde.

Mitte März musste er das Experiment Berlin aufgeben. Sein Freund Max Brod brachte ihn zurück nach Prag, wo er nur einen Monat blieb und sich dann in ein Sanatorium im

Wienerwald einliefern ließ. Hier war Dora wieder bei ihm. Sie hatte sich in einem Bauernhof nahe der Klinik eingemietet. Nach nur fünf Tagen musste Dora Franz nach Wien transportieren. Im Wienerwald hatten ihm die Ärzte nicht helfen können. In der Hauptstadt gab es eine Spezialklinik für Hals- und Kehlkopfkrankheiten. Dort lag nun Kafka in einem großen Zimmer mit vielen Betten. Fast jedes Mal, wenn Dora morgens zu ihm kam, konnte er auf ein leeres Bett zeigen, wo in der Nacht ein Patient gestorben war.

So wollte Kafka nicht enden. Gegen den Rat der Ärzte fuhr er mit Dora nach Kierling bei Klosterneuburg, wo es ein kleines, privates Sanatorium gab. Dora konnte im Gästezimmer wohnen und für Kafka geeignetes Essen kochen, denn das Schlucken wurde für ihn immer schmerzhafter. Trinken konnte er nur noch in kleinen Schlucken und nur noch flüsternd sprechen.

Weiterhin aber schrieb er seine zuversichtlichen Briefe nach Hause. Die Eltern kündigten ihm einen Besuch an, dann würde der Vater mit Franz zusammen »ein gutes Glas Bier« trinken. Kafka war einverstanden. *Übrigens*, so schrieb er an die Eltern, *sind wir, wie ich mich jetzt während der Hitzen öfters erinnere, schon einmal regelmäßig gemeinsame Biertrinker gewesen, vor vielen Jahren, wenn der Vater auf die Civilschwimmschule mich mitnahm.*

Den Besuch der Eltern wollte Kafka unbedingt verhindern. Er führte ihnen die vielen Probleme einer solchen weiten Reise vor Augen, und abgesehen davon sei er *noch immer nicht sehr schön, gar nicht sehenswert.* Doch alles sei *in den besten Anfängen.*

Ob Kafka wusste, dass dies sein letzter Brief war? Er wollte noch weiterschreiben, doch die Kraft ging ihm aus. Dora nahm das Blatt an sich und fügte hinzu: »Ich nehme ihm den Brief aus der Hand. Es war ohnehin eine Leistung. Nur noch ein paar Zeilen, die seinem Bitten nach, sehr wichtig zu sein scheinen:«

Nach dem Doppelpunkt folgt nichts mehr. Vielleicht war Kafka zu kraftlos. Vielleicht war er eingeschlafen. Was hatte er unbedingt noch sagen wollen? Hatte er mit den Eltern noch seinen Frieden machen wollen? Wollte er dem Vater noch ein versöhnliches Wort schreiben?

Dafür war es zu spät. Am nächsten Tag, den 3. Juli 1924, starb Kafka. Der verlötete Sarg wurde nach Prag überführt, in jene Stadt, der er zeit seines Lebens entkommen wollte. Franz Kafka wurde auf dem Neuen Jüdischen Friedhof in Strasnice beerdigt.

Sechs Jahre später starb Hermann Kafka und wurde im selben Grab beigesetzt.

»Es ist ein übel Ding, wenn Kinder
und Schüler das Vertrauen zu Eltern
und Lehrern verlieren«
Martin Luther | Hans Luther

Fast vierhundert Jahre bevor Franz Kafka Mitte November 1919 seinen *Brief an den Vater* schrieb, wandte sich am 21. November 1521 in einer engen Kammer der Wartburg bei Eisenach ein anderer Sohn mit einem Brief an seinen Vater. Es war der Mönch und Doktor der Theologie Martin Luther. Er war damals achtunddreißig Jahre alt, nur zwei Jahre älter als seinerzeit Kafka. Ähnlich wie Kafka wollte Luther in das lange gestörte Verhältnis zu seinem Vater Hans Luther Klarheit bringen. Der Brief war eine Abrechnung und zugleich das Angebot zu einer Versöhnung.

Martin Luther hatte die wohl aufregendsten Wochen und Monate seines Lebens hinter sich. Anfang des Jahres war er wegen seiner kritischen Schriften von Papst Leo X. mit einem Bann belegt worden. Im April dann war er nach Worms zum Reichstag zitiert worden und sollte vor dem Kaiser und den Kurfürsten seine Ansichten widerrufen. Luther hatte sich geweigert. Man hatte ihn unbehelligt ziehen lassen, aber auf der Rückreise nach Wittenberg waren er und seine Begleiter von vermummten Reitern überfallen worden, die Luther auf die Wartburg verschleppt hatten.

Der Überfall war ein Ablenkungsmanöver gewesen. Nicht

Martin Luther als Augustinermönch

Feinde hatten Luther entführt, sondern wohlgesinnte Freunde, die ihn in Sicherheit bringen wollten. Das war gerade noch rechtzeitig geschehen, denn kurz darauf war Luther vom Kaiser geächtet und für vogelfrei erklärt worden. Er galt nun offiziell als Ketzer, den niemand mehr aufnehmen, dem niemand mehr helfen durfte. Jeder, der seinen Aufenthaltsort wusste, war verpflichtet, ihn gefangen nehmen zu lassen und dem Kaiser auszuliefern.

Nun saß Luther also in Schutzhaft auf der Wartburg bei Eisenach. Er hatte seine Mönchskutte abgelegt und die normalen Kleider eines Ritters angezogen. Er ließ seine Haare wachsen und sich einen Bart stehen. Wenn Besucher in die Burg kamen, wurde ihnen der Fremde als »Junker Jörg« vorgestellt.

Für Martin Luther war der erzwungene Aufenthalt auf der Wartburg ein jäher Wechsel in seinem Leben. Noch vor wenigen Wochen hatte er in Hörsälen Vorträge gehalten, in überfüllten Kirchen gepredigt und mit bedeutenden Personen Briefe gewechselt. Auf dem Weg nach Worms waren die Menschen zusammengelaufen, um ihn zu sehen und zu hören. Viele hatten ihm zugejubelt, manche hatten ihn zum Teufel gewünscht. Sein Name war in ganz Deutschland, ja in Europa bekannt. Und jetzt musste er wie ein Niemand tagelang allein in einer Kammer sitzen, abgeschnitten von der Welt, verurteilt zum Nichtstun, während draußen seine Ansichten sich wie ein Sturm verbreiteten.

Immerhin hatte er bei seiner dramatischen Entführung noch sein griechisches Neues Testament und die hebräische Bibel unter seine Kutte stecken können. Darin konnte er nun lesen, und bald sollte er damit anfangen, die Bibel ins Deutsche zu übersetzen.

Luther war immer noch Mönch. Doch an das Gelübde fühlte er sich nicht mehr gebunden. Sein Leben als Mönch war für ihn ein abgeschlossenes Kapitel, das hinter ihm lag. Es drangen Nachrichten zu ihm, wonach in vielen Klöstern Chaos ausgebrochen war. Mönche traten in Scharen aus dem Kloster aus, nahmen sich Frauen und beriefen sich dabei auf Luthers Lehren. Luther war darüber nicht begeistert. Er fürchtete, dass seine Ansichten missbraucht würden als billiges Alibi, um jede Verantwortung loszuwerden und der Willkür Tür und Tor zu öffnen. Darum entschloss er sich, eine Abhandlung *Über die Ordensgelübde* zu schreiben und darin seine Auffassung noch einmal deutlich zu machen.

Der Schrift voran stellte er einen Brief an seinen Vater. Und das hatte seinen guten Grund. Denn sein eigener Eintritt ins Kloster war die Ursache dafür gewesen, warum es zwischen ihm und seinem Vater zum Bruch gekommen war. Martin hatte eine vielversprechende Karriere als Jurist aufgegeben und war völlig überraschend ins Kloster eingetreten. Der Vater hatte dies unbedingt verhindern wollen, war aber letztendlich machtlos gewesen und hatte sich im Zorn von seinem Sohn losgesagt.

Beide hatten behauptet, Gott auf ihrer Seite zu haben: Martin fühlte sich einem Gelübde verpflichtet, das er in höchster Not abgelegt hatte. Für den Vater aber hatte sein Sohn gegen das vierte Gebot verstoßen, nach dem jedes Kind seine Eltern ehren und ihnen gehorchen muss.

Im Rückblick wusste Martin Luther nun, dass sie sich beide, Vater und Sohn, geirrt hatten. Sie waren ihren eigenen Interessen gefolgt und hatten den Anschein erweckt, als wären ihre persönlichen Motive gleichzeitig göttlicher Wille. Im Grunde aber wollte Martin nur sein schlechtes Gewissen durch extreme Frömmigkeit loswerden. Und der Vater wollte die Pläne, die er mit seinem Sohn hatte, nicht aufgeben. Martin hatte aber erkannt, dass man Gott für solche Ziele nicht einspannen kann. Weder räumt er den Eltern grenzenlose Macht über ihre Kinder ein noch ist er durch gute Taten zu erpressen.

Nun hatte Martin Luther tatsächlich das Kloster verlassen. Für ihn war es eine Befreiung, für den Vater eine späte Genugtuung. Aber weder Vater noch Sohn konnten für sich beanspruchen, mit ihren früheren Standpunkten recht behalten zu haben. Der Bruch in Martins Leben war die Folge eines geistigen Durchbruchs. Schlagartig hatte er erkannt, dass er völlig falsche Vorstellungen von Gott gehabt hatte. Aus dem zornigen Richter wurde ein gnädiger Gott. Diese Entdeckung hatte Luther zu einer inneren Freiheit verholfen, die ihn endlich von seinem ewig schlechten Gewissen und seiner Angst befreite.

Der Psychologe Erik H. Erikson hat alle Konflikte in Martin Luthers Leben, auch die religiösen, auf das Verhältnis zu seinem Vater zurückgeführt. Das ist sicher übertrieben. Trotzdem ist Luthers Suche nach Gott immer eng verbunden mit der Auseinandersetzung mit seinem Vater. Das eine, so könnte man sagen, spiegelt sich im anderen. Und mit dem Wandel seines Gottesbildes hat sich auch das Verhältnis zum Vater verändert.

Nach Jahren der Entfremdung wollte Luther mit seinem Brief wieder auf seinen Vater zugehen. Eine gute Grundlage für diese Aussöhnung schien ihm die Tatsache, dass sie sich beide getäuscht hatten. Der gemeinsame Irrtum war die Chance zu einem Neuanfang. Und tatsächlich näherten sich Martin und Hans Luther wieder einander an. Als Martin Luther im Juli 1530 vom Tod seines Vaters erfuhr, war er tief erschüttert. Mit großer Dankbarkeit dachte er an seinen Vater. *Denn*, so schrieb er, *mein Schöpfer hat mir durch ihn alles gegeben, was ich bin und habe.*

Seine Kindheit hatte Martin Luther in der Kleinstadt Mansfeld in Sachsen-Anhalt verbracht. Die Straße, in der sein Elternhaus stand, wurde später nach ihm benannt. Im Sommer 2003 wurden in Mansfeld die Straßen erneuert. Bei den Bauarbeiten in der Lutherstraße stieß man auf Mauerreste, die zum Haus der Familie Luder, wie sie sich damals noch nannte, gehörten. Die Archäologen übernahmen nun die weiteren Ausgrabungen und entdeckten dabei eine Abfallgrube. Mit kleinmaschigen Sieben wurde die Grube durchsucht und man beförderte Tausende von Fundstücken zutage: Teile von Kochtöpfen und Krügen, Scherben von Fensterscheiben und Trinkgläsern, Kinderspielzeug wie Murmeln und Pfeifen und vor allem Knochenreste von Hühnern, Enten und Tauben, die bei der Familie Luther offenbar häufig auf den Tisch kamen.

Aus diesen Funden folgerten die Experten, dass die Familie Luther durchaus wohlhabend gewesen sein muss, denn ein großes Haus mit Fensterscheiben und einen so abwechslungsreichen Speiseplan konnten sich damals nur gut situierte Bürger leisten.

Dieser Wohlstand hatte sich in der Familie Luther erst relativ spät eingestellt. In den Jahren, als Martin noch zu Hause lebte, war der Alltag von Not und Arbeit geprägt. Hans Luther musste sich erst langsam in seinem Beruf, dem Bergbau, hocharbeiten, er hatte Schulden, und seine Frau Margarete brachte ein Kind nach dem anderen zur Welt und musste daneben noch den Haushalt für die wachsende Familie bewältigen. An allen Ecken und Enden wurde gespart, und Martin blieb das Bild von seiner Mutter im Gedächtnis haften, wie sie ein großes Bündel Brennholz aus dem Wald auf ihrem Rücken nach Hause schleppte. Martin Luther hatte sicher diese entbehrungsreichen Jahre im Blick, als er später behauptete, sein Vater sei ein *armer Hauer* gewesen und er stamme von einfachen Bauern ab.

Hans Luther war der älteste Sohn eines Bauern aus dem kleinen Dorf Möhra im Thüringer Wald. Er wäre auch selber ein Bauer geworden, doch das Erbrecht bestimmte den jüngeren Bruder Heinz zum Nachfolger des Vaters und Hans musste den elterlichen Hof verlassen und sich eine eigene berufliche Existenz aufbauen. Erleichtert wurde ihm das durch eine Heirat. Seine Braut Margarete kam aus einer angesehenen Familie und konnte mit ihrer Mitgift den beruflichen Neuanfang ihres Mannes unterstützen. Das junge Paar ging in das nahe gelegene Eisleben, wo Hans sein Glück im Bergbau versuchen wollte. Die Gegend war reich an Rohstoffen und der Abbau von Kupfer und Braunkohle war eine moderne Industrie mit Zukunft. Überall in Europa stieg die Nachfrage nach Kupfer.

Am 10. November 1483 wurde dem Ehepaar Luther das erste Kind geboren. Es wurde auf den Namen Martin getauft. Schon sechs Monate später zog die Familie aus Eisleben fort. Offenbar hatten sich Hans Luthers Erwartungen nicht erfüllt und er rechnete sich größere berufliche Chancen im nahen Mansfeld aus. Mansfeld war eines der Hauptabbaugebiete für Kupfer in Europa und der florierende Bergbau zog von überall her Leute wie Hans Luther an. Die Kupfervorkommen an der Oberfläche waren zu dieser Zeit schon erschöpft, sodass man nun Maschinen einsetzte, um tiefer in die Erde vorzudringen und Stollen anzulegen. Die Leute, die in diesen Stollen arbeiteten, waren die sogenannten »Hauer« und vermutlich gehörte auch Hans Luther zumindest für kurze Zeit zu ihnen.

Hauer zu sein, war Knochenarbeit. An Armen und Beinen durch Bretter geschützt, lag ein Hauer seitwärts in dem engen, kaum mehr als einen Meter hohen Schacht und schlug in dieser Haltung oft acht Stunden lang das Gestein von den Wänden. Wer das jahrelang machte, bekam einen schiefen Nacken, weshalb man solche Leute auch »Krummhälse« nannte.

Hans Luther bekam keinen Krummhals. Er war zu ehrgeizig und geschäftstüchtig, als dass er sich mit der Arbeit als Hauer zufriedengegeben hätte. Zusammen mit einem Partner pachtete er einen Kupferschacht. Er wurde »Hüttenmeister«, ein Unternehmer, der selbst Arbeiter beschäftigte. Als Hüttenmeister begab er sich jedoch in die Abhängigkeit der Handelsgesellschaften, die ihm das Geld liehen für Löhne, Maschinen, Schachtanlagen.

Die ersten Jahre als Pächter dürften für Hans Luther ungemein schwer gewesen sein. Er musste viel und hart arbeiten und sehr sparsam leben, um allmählich seinen Schuldenberg von mehreren tausend Gulden abzutragen. Dass er daneben auch noch zu einem von vier Vertretern der Bürgerschaft im Rat der Stadt gewählt wurde, spricht dafür, wie angesehen Hans Luther nach kurzer Zeit in Mansfeld war und dass er bereit war, soziale Aufgaben zu übernehmen.

Martin hat seinen Vater in erster Linie als einen Abwesenden erlebt. Darin zeigt sich schon ein moderner Zug der Familie Luther. Während bei den bäuerlichen Vorfahren Arbeits- und Familienwelt noch weitgehend zusammenfielen, rückten diese zwei Bereiche nun auseinander. Damit änderte sich aber auch die Rolle des Vaters. Seine Welt lag nun abseits der Familie, und seine Aufgabe bestand darin, die materielle Versorgung für Frau und Kinder zu gewährleisten. Für die Erziehung und den Haushalt war die Mutter zuständig. Der Einfluss des Vaters beschränkte sich darauf, seine nach wie vor bestehende Autorität als Familienoberhaupt auszuüben, und das heißt, das letzte Wort zu haben. Was er den Kindern geben konnte, waren unter diesen Voraussetzungen nur die materiellen und sozialen Vorteile seiner zeitraubenden, aber erfolgreichen Arbeit.

Für die Familie wird Hans Luther kaum Zeit gehabt haben. Wenn er abends erschöpft und müde nach Hause kam, erwartete ihn ein Haus voller Kinder. Vier oder fünf Brüder und fünf Schwestern hat Martin noch bekommen, von denen allerdings drei früh starben. Bei dieser großen Zahl von Kindern konnte man sich um das einzelne nicht groß kümmern, wie überhaupt die ganze Erziehung darin bestand, dass die Kinder lernten zu gehorchen.

Nach allem, was man von Hans Luther weiß, war er ein sehr strenger Vater, aber kein brutaler Despot, wie ihn manche Biografen zeichnen. Auch kein übermäßiger Trinker. Martin Luther erwähnte später lediglich, dass sein Vater von der Arbeit manchmal angeheitert nach Hause kam, weil er mit seinen Arbeitskollegen noch etwas getrunken hatte, und dann viel erzählte und lustig war. Martin Luther sind solche Szenen offenbar im Gedächtnis geblieben, weil es Ausnahmen waren. Normalerweise erlebte er den Vater als ernst und gewissenhaft, oft auch als müde und unnahbar.

Auch die Mutter war keine Frohnatur. Sie sang traurige Lieder, und ihr Lebensgefühl war geprägt von der Überzeugung, dass ihr niemand »hold«, also zugetan sei. Es war ihr offenbar auch nicht gegeben, liebevoll mit ihren Kindern umzugehen. Wie ihr Mann legte sie großen Wert auf Disziplin. *Meine Eltern*, so erzählte Martin Luther, *haben mich in strengster Ordnung gehalten.*

Und zu dieser Ordnung gehörten auch Prügel. Luther konnte es bis ins hohe Alter nicht vergessen, dass ihn seine Mutter einmal wegen einer geklauten Nuss blutig geschlagen hatte. Und noch schmerzhafter blieb ihm in Erinnerung, dass sein Vater ihn einmal so heftig verprügelt hatte, dass er ihm in der folgenden Zeit aus dem Weg ging und es lange dauerte, bis er wieder Zutrauen fand.

Kinder auch mit körperlichen Strafen zu erziehen, war zu dieser Zeit völlig normal. »Wie Sporen ein Pferd zum Laufen bringen, so bringt eine Rute ein Kind zum Lernen«, sagte man. Umso bemerkenswerter ist es, dass das Kind Martin Luther Schläge nicht als normal empfand und die Prügel nicht einfach vergaß. Was ihn verletzte, waren nicht die körperlichen Schmerzen, es war das verloren gegangene Vertrauen. Der erwachsene Luther war nicht grundsätzlich dagegen, Kinder zu bestrafen, nur sollte man daneben nicht die Belohnungen vergessen. Der *Apfel*, so meinte er, sollte immer bei der *Rute* sein.

Seinen Eltern hielt er im Nachhinein vor, das richtige Verhältnis nicht gefunden zu haben. Das bedeutet wohl, dass es für den kleinen Martin selten *Äpfel* gab, dafür umso öfter die *Rute*. Ein Kind, das nur mit Schlägen erzogen wird und nicht ab und zu auch mal ein freundliches oder lobendes Wort zu hören bekommt und Aufmunterung erfährt, muss für Martin Luther fast zwangsläufig ängstlich und schüchtern werden. Martin Luther wurde ein solches Kind, furchtsam und misstrauisch nicht nur Vater und Mutter, sondern allen Erziehern gegenüber. Es sei schlimm, so meinte er, *wenn Kinder und Schüler das Zutrauen zu Eltern und Lehrern verlieren*.

Was Martin im Elternhaus erlebte, fand in der Mansfelder Lateinschule seine Fortsetzung. Die Lehrer waren schlecht ausgebildet und noch schlechter bezahlt und vertrauten weniger auf ihre pädagogischen Fähigkeiten als auf den Stock. Ihre Aufgabe war allerdings auch nicht leicht. Sie hatten es mit einer Horde von Kindern zu tun, die in Alter und Wissensstand weit auseinander lagen. Die Schüler mussten anhand überalterter Schulbücher Latein lernen oder, richtiger gesagt, ihnen wurde Latein buchstäblich eingebläut.

Jeder Fehler und jede Verfehlung wurden bestraft, ob man

nun zu spät in die Schule kam, ob man einen Text nicht auswendig aufsagen konnte oder ob man statt Lateinisch Deutsch sprach, was streng verboten war.

Dabei ging es manchmal sehr ungerecht zu. Martin bekam an einem Schultag fünfzehn Schläge, als er einen Stoff nicht beherrschte, der in seiner Klasse noch gar nicht durchgenommen worden war. Kein Wunder, dass die Schule für ihn eine *Teufelsschule* war und die Lehrer *Tyrannen und Stockmeister*. Diese Lehrer hatten unter den Schülern noch ihre Helfer und Spitzel, die jeden, der gegen die Vorschriften verstieß, in ein Heft, den sogenannten »Wolfszettel« eintrugen. Am Ende der Woche wurden dann die Missetäter bestraft. Sie wussten, was es heißt, in lähmender Angst auf den Tag des Gerichts zu warten, an dem unbarmherzig abgerechnet wurde.

Der junge Martin Luther lebte die meiste Zeit in *Zittern, Angst und Jammer.* In den Erinnerungen an seine Kindheit gibt es keinen Menschen, zu dem er volles Vertrauen hätte fassen können. Im Gegenteil, auch Menschen, die ihm eigentlich nur Gutes wollten, begegnete er misstrauisch. Als er einmal um die Weihnachtszeit mit einem Freund in Mansfeld unterwegs war, um nach einem alten Brauch singend von Tür zu Tür zu ziehen und dafür mit Würsten belohnt zu werden, kam ein Mann auf sie zu, der bedrohlich wirkte und vor dem die beiden Buben Reißaus nahmen. Dabei wollte der Mann sie nur aus Spaß ein wenig erschrecken, ihnen aber ansonsten nur eine Freude machen und ihnen Würste schenken.

Als Martin Luther viele Jahre später diese Geschichten seinen Gästen bei Tisch erzählte, schlug er eine Brücke zwischen der Angst vor Menschen und der Furcht vor Gott. So wie er als Kind eigentlich ohne Grund vor dem Mann weggelaufen war, so benehmen wir uns auch Gott gegenüber: *Er schenkt uns Christus mit all seinen Gaben und trotzdem fliehen wir vor ihm und halten ihn für unseren Richter.* Luther wusste, wovon er sprach. Er konnte sich von Kindheit an Gott nicht anders vorstellen als einen *gestrengen und zornigen Richter.* Es genügte schon, wenn der Name Christus genannt wurde, um ihn zu erschrecken und ihm Angst einzujagen.

Gott war für den jungen Martin nur die oberste Instanz in einer Welt voller Autoritäten. Die Leiter der Autoritäten begann bei seinem Vater, dann folgten die Lehrer, die Fürsten und am Ende stand Gott. Das alles waren Mächte, die Gehorsam verlangten und mit Strafen drohten. Diesen Strafen konnte Luther nur entgehen, wenn er tat, was von ihm verlangt wurde. Die Kehrseite dieses Gehorsams war seine Sehnsucht nach Vertrauen, nach jemandem, der, wie er meinte, seine *natürlichen Anlagen* respektierte und ihn nicht mit Drohungen und Schlägen ändern wollte.

Dieses Vertrauen hat Martin Luther in der bedrückenden Atmosphäre seines Elternhauses nicht oder nur wenig gefunden. Auch nicht bei seinem Vater. Hans Luther dachte sicher nicht daran, die *natürlichen Anlagen* seines ältesten Sohnes zu erkennen. Es reichte ihm schon zu wissen, dass Martin ein begabtes und fleißiges Kind war. Mit diesen Talenten konnte er es weit bringen, weiter jedenfalls als nur zum Bergmann.

Hans Luther hatte seine eigenen Pläne mit Martin. Zuerst sollte er eine bessere Schulausbildung bekommen, um dann eventuell zu studieren. Ein studierter Sohn bedeutete einen weiteren Aufstieg für die Familie. Außerdem wusste Hans Luther aus seiner Arbeit, dass in einer modernen und komplexen Industrie wie dem Bergbau immer Leute gebraucht wurden, die sich mit Gesetzen und Paragraphen auskannten. Ein solch hoch angesehener Experte sollte Martin werden.

Hans Luther war die unangefochtene Autorität in der Familie. Er traf die Entscheidungen für seine Kinder. Er entschied, was sie lernten, wie sie lebten, wen sie heirateten. Wenn das Kind nicht tat, was der Vater wollte, wurde es bestraft. Aus seiner Sicht hatte er auch das Recht dazu, denn als Vater wisse man am besten, was für das Kind gut sei und was nicht.

Für Martin war es überhaupt keine Frage, dass er tat, was der Vater wollte. Hans Luther wollte ja nur das Beste für seinen Sohn. Nur wenige aus Martins früherer Klasse durften eine weiterführende Schule besuchen und wurden darin von ihren Eltern unterstützt. Abgesehen davon war das Wort des Vaters wie ein Gesetz. Er konnte sich auf Gott berufen, der in seinem vierten Gebot forderte: Du sollst Vater und Mutter ehren.

Martin Luther war vierzehn Jahre alt, als er nach Magdeburg kam. Dort blieb er aber nur ein Jahr und zog dann weiter nach Eisenach. Ein Grund für diesen Wechsel war, dass in Eisenach viele Verwandte der Familie lebten, und Martin konnte hoffen, dass er bei ihnen ab und zu etwas zu essen bekam und man ihm auch mal ein Geldstück zustecken würde. Denn Martin war ein armer Schlucker. Was man ihm von zu Hause an Geld schickte, reichte bei Weitem nicht aus. Und so musste er sich wie andere Schüler aus kleinen Verhältnissen etwas durch Betteln dazuverdienen.

»Partekenhengste« nannte man jene jungen Leute, die vor den Häusern sangen und dafür Brot oder eine Münze bekamen. Martin hatte eine schöne Stimme, und dieser Gabe hatte er es vermutlich zu verdanken, dass er bei der vornehmen Familie Schalbe aufgenommen wurde. Einer Quelle zufolge hörte eines Tages die Tochter der Schalbes den begabten Sänger und war so beeindruckt, dass sie weiter für ihn sorgen wollte. Martin kümmerte sich um den Sohn der Schalbes und bekam dafür ein Zimmer im Haus und einen Platz am Mittagstisch der reichen Familie.

Luther hat seine einfache Herkunft nie verleugnet, im Gegenteil, er hat seine Vorfahren und seine Familie oft noch sozial niedriger und ärmer dargestellt, als sie es in Wirklichkeit waren. Hinter dieser Übertreibung steckte sicher der Stolz, aus bodenständigen bäuerlichen Verhältnissen zu kommen und es trotzdem so weit gebracht zu haben. Zu diesem Stolz gehörte ein trotziges Selbstbewusstsein gegenüber den Mitschülern aus gutem Hause, die mit dem silbernen Löffel im Mund aufgewachsen waren und es an Intelligenz und Fleiß dennoch nicht mit dem Bergmannssohn aus Mansfeld aufnehmen konnten.

Im Kern war dieser Stolz auf die einfache Herkunft aber vor allem Dankbarkeit gegenüber dem Vater, der sozusagen bei null angefangen hatte, sich mit unendlichem Fleiß eine Existenz aufgebaut hatte und sein schwer verdientes Geld dazu hergab, seinem Sohn ein besseres Leben zu ermöglichen. Sein Vater habe ihm, so schrieb Martin Luther in einem Brief,

durch seinen sauren Schweiß und Arbeit dahin geholfen, wohin ich
gekommen bin.

Schon die Wortwahl lässt erkennen, wie dankbar Martin
seinem Vater war, dankbar nicht nur für die finanzielle Un-
terstützung, sondern für alles, was aus ihm geworden war.
Dankbarkeit aber ist, das kann man bei Franz Kafka lernen,
eine zweischneidige Sache. Wer dankbar ist, erkennt an, dass
er ein Ziel nur mit fremder Hilfe erreicht hat. Andererseits ist
damit fast zwangsläufig das Gefühl verbunden, schuldig zu
sein, etwas zurückgeben zu müssen.

Das Bild, das man sich von dem jungen Martin Luther
machen kann, ist lückenhaft, aber es lässt erahnen, wie sehr
er sich in der Schuld seines Vaters fühlte und wie sehr er sich
verpflichtet sah, die in ihn gesetzten Erwartungen nicht zu
enttäuschen. Dankbar zu sein, das hieß für den nun schon
jungen Mann Martin Luther, sparsam zu leben und in der
Schule gute Leistungen zu erzielen. In der Pfarrschule der
Kirche St. Georg in Eisenach ließ er bald alle Mitschüler hinter sich. Seine Zeugnisse waren glänzend, und es war keine
Frage, dass dieser Musterschüler auch die Universität bestehen
würde. Die Frage war nur, ob sich die Eltern das auch leisten
konnten.

Zu dieser Zeit ging es mit den Geschäften Hans Luthers
bergauf. Er konnte nicht nur seine Schulden abbezahlen, sondern machte beträchtliche Gewinne. Dem Plan, den Sohn
studieren zu lassen, stand also nichts mehr im Wege.

Als der siebzehnjährige Martin Luther sich Ende April 1501
an der Universität Erfurt einschrieb, wurden auch die finan-

ziellen Verhältnisse der Eltern überprüft. Sie wurden als »vermögend« eingestuft und der Sohn Martin musste die volle Studiengebühr entrichten. Untergebracht wurde der neue Student in einer Burse, einer Art Internat mit strengen Vorschriften fast wie in einem Kloster. Für das Bett in einem der Schlafsäle und die Verpflegung musste er natürlich extra bezahlen. Und beim Eintritt in die Burse musste Luther auch gleich tief in die Tasche greifen. Denn es war Tradition, dass jeder Neuankömmling mit einer Feier aufgenommen wurde, für die er einige Liter Bier zu spendieren hatte.

Zu dieser Feier gehörte auch ein eher spaßhaftes Ritual. Zuerst setzte man dem Neuling eine Tiermaske mit Eselsohren und Schweinszähnen auf, dann wurde ein Eimer mit kaltem Wasser über seinem Kopf entleert und die Tiermaske abgenommen. Mit dieser Taufe wurde symbolisch die Verwandlung vollzogen vom ungebildeten, tierischen Menschen zum gelehrten Akademiker. Im Falle Martin Luthers konnte man sagen, es war die Verwandlung vom einfachen Bergmannssohn zum Angehörigen einer geistigen Elite.

Ein anderer Mensch war Luther mit dieser Taufe freilich nicht geworden. Sein Leben folgte weiterhin einem Plan, dem er sich ganz unterordnete. Die Entwicklung von der Mansfelder Lateinschule bis zur Erfurter Universität war eine aufsteigende Linie, deren Endpunkt der Beruf eines Juristen sein sollte. Die Anforderungen wurden jetzt noch höher, und Luther bewies, dass er ihnen mehr als gewachsen war.

In rascher Folge machte er seine Prüfungen und war auch sonst ein vorbildlicher Student. Während unter seinen Mitbewohnern einige ziemlich faul waren und andere jede Gele-

genheit nutzten, sich den strengen Regeln der Burse zu entziehen, sich in der Stadt herumtrieben, in Wirtshäusern saßen
und mit leichten Mädchen verkehrten, konzentrierte sich
Luther ganz auf sein Studium. Er versäumte nie eine Veran-
staltung. Um vier Uhr morgens stand er auf und besuchte bis
zehn Uhr die Übungen. Nach einem Frühstück ging es dann
weiter bis fünf Uhr nachmittags mit Vorlesungen. War Luther
einmal nicht im Vorlesungsraum, konnte man sicher sein, ihn
in der Bibliothek finden, wo er vor einem Stapel Bücher saß.

Dabei war Martin Luther kein Streber und auch kein Außenseiter. Jedenfalls nahmen ihn seine Kommilitonen nicht
so wahr. Sie schätzten ihn als einen *hurtigen und fröhlichen Kerl*,
der gerne Musik hörte und auf seiner Laute spielte. Sie be-
wunderten sein Wissen und nannten ihn den »Philosophen«,
weil er so scharfsinnig war und überzeugend argumentieren
konnte. Was ihnen offenbar verborgen blieb, war, dass Luther
oft sehr niedergeschlagen war. Woher diese Traurigkeit kam,
konnte er sich nicht erklären, aber sie wurde immer bedrü-
ckender, je näher das Ende des Grundstudiums rückte.

Luther absolvierte das philosophische Grundstudium in
der kürzestmöglichen Zeit und bestand im Januar 1505 das
Magisterexamen als zweitbester von siebzehn Kandidaten.
Mit einem Fackelzug wurden die erfolgreichen Studenten zur
feierlichen Verleihung der Magisterwürde geleitet. Der De-
kan überreichte ihnen die Urkunden und die äußeren Zeichen ihres akademischen Grades. Auch Martin Luther erhielt
aus seiner Hand das braunrote Barett und den Ring des Magisters. Bis tief in die Nacht wurde das Ereignis gefeiert, und
aus Mansfeld kamen die Glückwünsche des stolzen Vaters, der

seinen Sohn jetzt nicht mehr mit »du«, sondern respektvoll mit »Ihr« anredete.

Auch für Hans Luther war dieser Tag ein Festtag. War doch der glanzvolle Erfolg seines ältesten Sohnes nicht zuletzt eine Folge seiner Arbeit und Mühe. Und seinem größten Wunsch, Martin eines Tages als Jurist, vielleicht sogar als *»Bürgermeister, Kanzler, Doktor oder Regenten«* zu erleben, war er ein großes Stück näher gekommen. Der nächste Schritt war, dass Martin sich an der juristischen Fakultät anmeldete, und niemand zweifelte daran, dass er dieses Studium ebenso zügig und erfolgreich absolvieren würde. Hans Luther jedenfalls zweifelte nicht daran, dass seinem Sohn eine große Karriere bevorstand. Er wollte sein Teil dazu beitragen und hielt auch schon Ausschau nach einer geeigneten Frau für den zukünftigen Juristen.

An Geld sollte es Martin nicht fehlen. Vom Vater bekam er eine größere Summe, mit der er sich bei einem Buchhändler in Gotha die nötigen juristischen Fachbücher besorgte. Nun lag vor ihm der *Codex Juris*, ein riesiger Band über das Kirchenrecht, angefüllt mit unzähligen Kommentaren. Daneben noch weitere Bände mit Auslegungen der einzelnen Fälle.

Am 19. Mai 1505 begann Martin Luther sein Jurastudium. Er scheint es recht halbherzig in Angriff genommen zu haben. Ende Juni besuchte er seine Familie. Der Grund dafür muss wichtig gewesen sein, sonst hätte er nicht mitten im Semester sein Studium unterbrochen. Er blieb einige Tage in Mansfeld und kehrte dann wieder nach Erfurt zurück. Seine Eltern hörten lange Zeit nichts mehr von ihm, erst im Spätsommer bekamen sie einen Brief von Martin, in dem er ihnen mitteilte, dass er sich entschlossen habe, Mönch zu werden, und in das Augustinerkloster in Erfurt eingetreten sei. Der Grund war angeblich ein Gelübde, das er abgelegt hatte, als er bei der Rückreise nach Erfurt in ein Gewitter gekommen war und um sein Leben fürchten musste.

Diese Nachricht war für Hans Luther ein Schock. Er wollte *toll und töricht* werden. Wie konnte es sein Sohn wagen, gegen den Willen des Vaters zu handeln? Was war in Martin gefahren, dass er sein Studium abbrach und alle Pläne zunichte machte? All das Geld, das seine Ausbildung gekostet hatte, war nun verloren. All die harten Jahre im Bergwerk, die Hans Luther hinter sich hatte, waren mehr oder weniger umsonst gewesen. Und wusste Martin überhaupt, worauf er sich da einließ? Hans Luther kannte die Fälle von jungen Männern, die ins Kloster gegangen waren und denen die zölibatäre Enthaltsamkeit nur geschadet hatte.

Hans Luther hielt sich durchaus für einen guten Christen. Doch mehr noch sah er sich als hart arbeitenden Unternehmer, der sich jeden Tag neuen Herausforderungen stellte, der Schulden abbezahlen musste und eine Familie zu ernähren hatte. Er hielt nicht viel von den Pfaffen und Klosterbrüdern, die ein abgesichertes Leben führten, ihre Tage mit Beten und Fasten verbrachten und auf Frau und Kinder verzichteten. Und manchmal glaubte er weniger an den lieben Gott als an den Teufel, der den Menschen Fallen stellt und ihnen Gold vorgaukelt, wo doch nur wertlose Steine sind. Ob sein Sohn Martin nicht auch nur vom Teufel verblendet worden war? Wie anders sollte man sonst verstehen, warum er eine Zukunft einfach wegwarf, in der ein gut bezahlter Beruf, Erfolg, Ansehen, Frau und Kinder auf ihn warteten?

Hans Luther war nicht nur außer sich und wie vor den Kopf geschlagen, er war wütend und schrieb in dieser Stimmung einen bösen Brief an seinen Sohn, in dem er ihn wieder mit »du« anredete. Nie und nimmer wollte er sein Einverständnis zu diesem Schritt seines Sohnes geben. Falls Martin bei seiner Entscheidung blieb, dann wollte er nichts mehr mit ihm zu tun haben.

Hans Luther war machtlos. Das Kloster war ein Ort, wo der Sohn seinem Zugriff entzogen war. Vermutlich war das auch ein Grund, warum Martin gerade dorthin geflohen war, denn eine Flucht war es, das hat er später selbst eingestanden. Das Gelübde jedenfalls war nicht der alleinige Grund für Luthers spektakulären Schritt, auch nicht der ausschlaggebende. Tatsächlich war er von einem fürchterlichen Gewitter überrascht worden und hatte Todesängste ausgestanden und gelobt, Mönch zu werden, wenn er überleben sollte. Als er dann heil nach Erfurt gekommen war, hatte er sein Versprechen bereut, es aber dennoch gehalten. Er verkaufte seine juristischen Bücher und lud seine Freunde zu einem Abschiedsessen ein. Am nächsten Tag klopfte er an die Pforte des Augustinerklosters und wurde aufgenommen.

Das Gelübde war aus einer augenblicklichen Not entstanden und wohl etwas voreilig ausgesprochen. Nichtsdestoweniger war Luthers Todesangst in jenem Moment sehr real gewesen. Und mit dieser Angst hatte er in letzter Zeit seine Erfahrungen gemacht.

Im Jahr 1505 grassierte die Pest. Ein guter Freund von ihm,

mit dem zusammen er die Magisterprüfung abgelegt hatte, war von dieser Seuche dahingerafft worden, ebenso zwei Professoren der Universität. Luther selbst war verschont geblieben, aber er hatte sich bei einem Ausflug mit dem Degen, der zur Uniform der Studenten gehörte, den Schenkel verletzt und wäre fast verblutet, wenn nicht schnell ein Arzt zu Hilfe geholt worden wäre. Luther hatte einen Eindruck davon bekommen, wie schnell ein Leben zu Ende sein kann, von heute auf morgen, von einem Moment auf den anderen. Was er aber fürchtete, war nicht der Tod, sondern der Gedanke, dass schlagartig ein Leben endet, das noch gar nicht richtig begonnen hat.

Zweifellos lebte Luther in dem Bewusstsein, dass in seinem Leben etwas nicht stimmte. Sein bisheriges Leben war von den Vorstellungen und Plänen des Vaters diktiert gewesen. Aber er konnte sich immer weniger darüber hinwegtäuschen, dass dies eigentlich nicht seine Vorstellungen und Pläne waren. Wohin es ihn drängte, das wusste er allerdings selber nicht. Und dieser Zwiespalt machte ihm zu schaffen. Seine Schwermut hing wohl damit zusammen und dass in manchen Momenten eine starke Sehnsucht in ihm hochstieg.

So war es, als er einmal in der Bibliothek zufällig eine Bibel entdeckte. Er kannte viele biblische Geschichten aus Predigten und verschiedenen Schriften, aber eine vollständige Bibel hatte er noch nie in der Hand gehabt. Luther war von dem, was er las, begeistert, und er musste sich gestehen, dass er viel lieber Theologie studieren würde als Philosophie oder Jurisprudenz. Theologie – dabei dachte er weniger an die Wissenschaft als an die Möglichkeit, sich mit den großen Fragen des Lebens zu beschäftigen und vielleicht auch Antworten auf die eigenen inneren Probleme zu finden.

In diesem Zustand befand sich Martin Luther, als er vor dem Eintritt ins Kloster seinen letzten Besuch bei den Eltern machte. Wie dieser Besuch in Mansfeld abgelaufen ist, weiß man nicht. Es spricht aber vieles dafür, dass Luther bei dieser Gelegenheit erfahren hat, dass der Vater schon sehr konkrete Heiratspläne für ihn geschmiedet hatte. Martin hat es sicher nicht gewagt, seinem Vater zu widersprechen oder ihm die Zweifel an seinem Jurastudium zu gestehen, dafür war die Autorität des Vaters einfach zu groß. Als Luther dann wieder nach Erfurt zurückkehrte, muss er innerlich sehr aufgewühlt und verzweifelt gewesen sein. Vor ihm lag ein Lebensweg, den er nicht gehen wollte. Davon abzuweichen, schien unmöglich. Aber sich einfach in sein Schicksal zu fügen, das konnte er auch nicht.

Als dann die Blitze um ihn einschlugen und der Donner krachte, haben sich auch die Spannungen in Luthers Seele entladen. Angesichts des möglichen Todes wurde die Frage unausweichlich, wie er leben wollte, wenn das Leben doch weiterging. Offen gegen den Vater zu rebellieren, war undenkbar. Aber was jetzt aufblitzte, war die Möglichkeit, sich auf eine noch größere Autorität, als es der Vater war, zu berufen. Mit dem Gelübde vermied Martin Luther die direkte Konfrontation mit dem Vater. Er konnte nun behaupten, dass er sich einer höheren Instanz verpflichtet hatte, einer Instanz, die sogar sein Vater anerkennen musste. Auf diese Weise konnte er sich der Macht des Vaters entziehen, ohne selbst verantwortlich zu sein.

Als Martin Luther an die Pforte des Augustinerklosters klopfte, ließ er den zornigen Vater in Mansfeld hinter sich und lieferte sich nun ganz einem höherem Vater aus, der aber für ihn immer noch der »zornige Richter« war.

Im sogenannten »Schwarzen Kloster« in Erfurt wusste man bald, dass man es mit einem besonderen Bewerber zu tun hatte. Nicht nur war dieser zweiundzwanzigjährige junge Mann ein studierter Magister. Es hatte sich auch schnell herumgesprochen, wie es zu seinem plötzlichen Entschluss gekommen war und was er im Gewitter erlebt hatte. Martin Luther galt nun als vom Himmel geschickt. Gott hatte in sein Leben eingegriffen und es in eine neue, geistliche Bahn gelenkt.

Äußerlich war Luthers Leben völlig verändert. Er trug nun nicht mehr die Kleider eines Magisters, sondern die Kutte eines Novizen. Er lebte nicht mehr in einer Burse und saß nicht mehr in Vorlesungen, sondern bekam eine kleine, ungeheizte Zelle zugewiesen, sein einziges Buch war eine in rotes Leder gebundene Bibel und er musste sich an die strengen Regeln des klösterlichen Lebens halten.

Innerlich aber hatte sich Martin Luther nicht sehr verändert. Nach wie vor suchte er nach Anerkennung, und nach wie vor glaubte er, diese Anerkennung nur durch besondere Leistungen erlangen zu können. Als besondere Leistung sah er nun nicht mehr gute Noten und glänzend bestandene Prüfungen, sondern ein Leben ganz im Dienst Gottes. Luther war überzeugt davon, dass Gott ihn belohnt und ihn *willkommen* heißt, wenn er ihm ganz und gar dient. Und das bedeutete, mehr zu beten als die anderen, länger wach zu bleiben, weniger zu essen, intensiver in der Bibel zu lesen und öfter zu beichten. *Ist je ein Mensch in den Himmel gekommen durch Möncherei*, so erklärte Luther später, *so wollte ich auch hineingekommen sein.*

Die anderen Mönche im Kloster hielten den jungen Novizen für besonders fromm, auch wenn ihnen sein Übereifer manchmal nicht ganz geheuer war. Die Frage, ob er das Probejahr überstehen und dann das Gelübde ablegen würde, stellte sich erst gar nicht. Luther war von Anfang an ein Mustermönch. Mit der Zeit wurden auch die Oberen des Ordens auf diesen besonderen Mitbruder aufmerksam. Johann von Staupitz, der Leiter des Ordens, wurde sogar der väterliche Freund des jungen Mönches, der bald die Bibel in- und auswendig kannte und bei jedem Satz sagen konnte, wo er in der Heiligen Schrift zu finden war. Obwohl Staupitz Luthers Vertrauen gewann, blieb ihm doch manches an ihm fremd. So konnte er etwa nicht begreifen, warum Luther ständig beichten wollte, manchmal stundenlang. Wenn Luther wenigstens schwerwiegende Vergehen begangen hätte, wäre sein dauerndes schlechtes Gewissen noch zu verstehen gewesen. Die Vergehen jedoch, die Luther so bedrückten, waren für Staupitz nur »*Humpelwerk und Puppensünden*«.

Martin Luther war wie besessen von dem Bedürfnis, ganz *rein* zu sein. Anders, so glaubte er, könne er vor Gott nicht bestehen und nicht *willkommen* sein. Aber je weiter er in die Vergangenheit zurückging und je sorgfältiger er sein Gewissen erforschte, desto schuldiger fühlte er sich. *Je länger wir uns waschen*, so meinte er später, *je unreiner werden wir.* Dem Wunsch nach fleckenloser Reinheit entsprach auf der anderen Seite der Abscheu vor jedem Makel, jedem Fehler, und so auch der Abscheu vor sich selbst. Luther durchlebte dunkle Tage, in denen er sich völlig wertlos vorkam und jede Anstrengung zur Besserung ihm sinnlos erschien.

Man hat Luthers Schuldgefühl mit dem spätmittelalterlichen Zeitgeist zu erklären versucht. Psychologen wie der dänische Arzt Paul J. Reiter haben in Luthers Verhalten krankhafte Züge entdeckt und ihn zum schwer geschädigten »Patienten« erklärt. Vielleicht gilt aber auch für einen Menschen wie Luther, dass man die Wahrheit nur in ihren Extremen zu fassen bekommt. Dann kann man ihn sehen als einen hochbegabten und hochsensiblen jungen Mann, der Sehnsüchte und Ängste, die alle Menschen kennen, in extremer Weise erlebte.

In modernerer Form findet man diese Sehnsüchte und Ängste wieder bei einem anderen Sohn, bei Franz Kafka. In seinem *Brief an den Vater* erzählt dieser, warum er jedes Selbstvertrauen verloren und dafür ein *grenzenloses Schuldbewusstsein* eingetauscht habe. Auch Kafka sehnte sich nach Reinheit und glaubte in den Augen der anderen nichts anderes zu sein als ein ekelerregendes Ungeziefer. Kafka sprach nicht von Gott, aber in seinen Texten taucht immer wieder ein unsichtbares Gericht auf, und die Personen darin leben in dem Bewusstsein, verurteilt zu sein und dieses Urteil an sich selbst vollziehen zu müssen.

Eine Schuld, die schwer auf Martin Luther lastete, war, dass er gegen den Willen seiner Eltern gehandelt hatte. Viel lag ihm daran, sich mit seinem Vater auszusöhnen. Doch der blieb stur. Erst als ihn schwere Schicksalsschläge trafen, wurde er nachgiebiger. Zwei seiner Söhne starben an der Pest, und dann erreichte ihn die Nachricht, dass auch Martin im Kloster gestorben sei. Diese Meldung erwies sich als Irrtum. Aber nun versuchten Freunde und Verwandte, ihn davon zu überzeugen, dass der Tod seiner Kinder eine göttliche Strafe dafür sei, dass er sich geweigert hatte, seinen Erstgeborenen der Kirche zu überlassen. Wenn nicht noch mehr Unglück geschehen solle, müsse er ein Opfer bringen und endlich seine Zustimmung zu Martins Lebensweg geben. Eher zähneknirschend und widerwillig gab Hans Luther seinen Dickkopf auf. Doch von Herzen kam dieses Zugeständnis nicht.

Martin Luther war inzwischen zum Priester geweiht worden und das große Ereignis seiner ersten Messe stand bevor. Anfang 1507 schickte er einen Brief an seinen Vater, in dem er ihn einlud, bei dieser sogenannten Primiz dabei zu sein. Bei der Festlegung des Termins wollte sich Martin ganz nach dem Vater richten, damit der sich von seinen Verpflichtungen frei machen und kommen konnte. Man einigte sich auf den 2. Mai 1507.

An diesem Sonntag kamen Freunde, Verwandte und frühere Lehrer Martin Luthers in das Erfurter Augustinerkloster. Die Mönche staunten aber nicht schlecht, als ein Trupp von zwanzig Reitern vor dem Kloster eintraf. Es war Hans Luther samt Begleitern. Er wollte anscheinend den armen Mönchen zeigen, wie ein erfolgreicher Hüttenmeister auftritt. Der Klosterküche spendierte er auch gleich zwanzig Gulden. Das war eine Menge Geld und mehr als eine großzügige Geste. Hinter dem imponierenden Auftritt Hans Luthers konnte man auch noch seinen trotzigen Stolz spüren. Widerwillig hatte er sich damit abgefunden, dass sein Sohn ein Mönch war. Dennoch wollte er zeigen, dass er an seiner Vorstellung von Leben immer noch festhielt, und vielleicht wollte er Martin vor Augen führen, was er mit seiner Wahl alles versäumt hat: Reichtum, Macht, Erfolg und Einfluss.

Im Gegensatz zum strotzenden Selbstbewusstsein des Vaters war Martin sehr unsicher, vor allem als er zum ersten Mal eine Messe zelebrieren sollte. Man muss sich die Situation vorstellen: Hinter ihm in der Kirche saß sein Vater, wahrscheinlich skeptisch blickend. Vor ihm war der Altar mit Brot und Wein, die sich in das Fleisch und das Blut Christi verwandeln würden. Als Martin in einem Gebet Gott als wahren und ewigen »Vater« anreden sollte, wurde er plötzlich von panischer Angst erfasst. Er wollte vom Altar weglaufen, aber der Priester, der ihm assistierte und die Absicht Martins bemerkte, forderte ihn auf weiterzumachen. Martin hielt durch und von den Gästen hat wohl niemand etwas von dem Zwischenfall bemerkt.

Was Luther so erschreckt hatte, war die Vorstellung, nun als geweihter Priester direkt dem allmächtigen Gott gegenüberzustehen. Bisher war er es gewohnt, mit Gott aus sicherer Distanz zu verkehren, wobei der Zwischenraum mit Gebeten, Bußhandlungen, Beichten angefüllt war. Jetzt sollte er sozusagen »nackt«, ohne alle Beweise seiner frommen Anstrengungen, vor ihm stehen. Diese Nähe machte Luther panisch. Hatte er wieder den strengen Richter erwartet? War ihm wieder bewusst geworden, wie fehlerhaft und unwürdig er war? Hatte die Anwesenheit seines Vaters dieses Gefühl mit hervorgerufen oder verstärkt?

Nach der Messe wurde das Ereignis mit einem großen Festessen gefeiert. Luther war erschöpft, aber auch erleichtert, dass er diese Feuertaufe hinter sich hatte. Er setzte sich neben seinen Vater und wollte mit ihm ein freundliches, persönliches Gespräch führen, von Vater zu Sohn. Er dachte, dass nun alle Unstimmigkeiten zwischen ihnen beiden beseitigt seien, und fragte seinen Vater ganz offenherzig, warum er denn über seinen Eintritt ins Kloster so zornig gewesen sei. Das Leben, das er jetzt führe, sei doch *ein friedliches und gottseliges.*

Hans Luther hatte auf diesen Moment offenbar nur gewartet. Er war zur Primiz gekommen, weil seinem Sohn so sehr daran gelegen war, und er hatte dem Kloster eine Menge Geld geschenkt. Aber er war nicht bereit, um des lieben Friedens willen seine Meinung zu verleugnen. Mit lauter Stimme, sodass alle es hören konnten, meinte er: »Ihr Gelehrten, habt Ihr nie in der Bibel gelesen, dass man Vater und Mutter ehren soll?« Und an seinen Sohn gewandt fuhr er fort. »Ihr habt mich und Eure liebe Mutter in unserem Alter verlassen, da wir Trost und Hilfe von Euch erwarteten, weil ich so viel Geld für Eure Ausbildung ausgegeben hatte. Gegen unseren Willen seid Ihr ins Kloster gegangen.«

Martin war wie vor den Kopf geschlagen. Er und einige Gäste versuchten, den Vater zu beruhigen und erinnerten ihn daran, dass sein Sohn auch im Kloster viel für seine Eltern tun könne und dass Martin schließlich damals während des Gewitters Gott sein Versprechen gegeben habe. »Wolle Gott«, knurrte Hans Luther nur, »dass es kein Teufelsgespenst war.«

Martin Luther war wie erstarrt. Nie wieder, so bekannte er später, habe ihn ein Wort so im Innersten getroffen wie der

Vorwurf des Vaters, gegen ein göttliches Gebot verstoßen zu haben.

Die Versöhnung mit dem Vater war gescheitert. Luther musste weiter mit dem Vorwurf leben, seinen Vater und seine Mutter im Stich gelassen zu haben. Er nahm sich zwar vor, die Worte des Vaters nicht allzu ernst zu nehmen und sie als unbedachte Äußerung eines ungebildeten und noch dazu zornigen Bergmannes zu betrachten. Doch der Gedanke ließ ihn nicht los, dass der Vater doch recht haben könnte und Gott auf seiner Seite war.

Mit seinem Schuldgefühl ging Martin Luther um wie immer – er versuchte es durch Anpassung loszuwerden oder zumindest zu mildern. Anpassung war es, dass er die Pflichten eines Mönches genau, ja übergenau erfüllte. Anpassung war es auch, dass er ein Jahr nach seiner Primiz ein Studium der Theologie begann.

Luther hatte sich nicht darum beworben, im Gegenteil, er hatte sich dagegen gesträubt. Er wollte ein normaler Mönch bleiben. Aber nun gab es wieder jemanden, der seine Pläne mit ihm hatte. Es war sein Vorgesetzter und väterlicher Freund Johann von Staupitz. Staupitz hielt große Stücke auf Luther und wollte, dass er eine wissenschaftliche Karriere machte. Und Luther gehorchte nicht nur, er erfüllte wieder alle Erwartungen. Nach einem Wechsel an die Universität Wittenberg erlangte er in Rekordzeit seinen Doktortitel und wurde ein Professor mit vielfältigen Aufgaben.

Doch die Lehrtätigkeit, wie die Theologie überhaupt, befriedigte ihn nicht. Seitdem er die Schriften der Bibel kennengelernt hatte, war die christliche Botschaft für ihn nicht mehr nur eine Lehre, die man analysieren und dozieren musste, sondern in erster Linie eine Mitteilung, die das eigene Leben verändern konnte. Dementsprechend unterschiedlich war auch sein Umgang mit der Heiligen Schrift. In den Vorlesungen zergliederte er akribisch jeden Satz und lehrte dazu die verschiedenen Kommentare. Wenn er dagegen alleine in seinem Turmzimmer saß, legte er die akademische Distanz ab. Stundenlang konnte er über einem Wort grübeln und es, wie er sich ausdrückte, immer wieder kauen.

Er wollte den Bibelworten nicht mehr gewaltsam ihren Sinn entreißen und sie mit Kommentaren übertönen. Ihm ging es darum, sich zurückzunehmen, auf den Text zu hören, um sich von ihm bewegen zu lassen. In der Tat glaubte Luther, dass aus den Wörtern etwas sprach, das er immer noch nicht richtig hörte. Und es machte ihn schier wahnsinnig, dass hier vor seinen Augen offen eine Botschaft lag, die lebenswichtig war und die sich ihm dennoch nicht erschloss.

Irgendwann um das Jahr 1513 war es dann eines Tages so weit. Luther hörte. In seinem Turmzimmer in der Bibel lesend, verstand er plötzlich, was der Apostel Paulus in seinen Briefen mit »Gerechtigkeit« meinte: Die Liebe Gottes kann man sich nicht durch Taten erzwingen, sie ist ein Geschenk, sie ist Gnade. Durch diese Gnade wird jeder in seiner Existenz anerkannt, egal ob er klug oder dumm, fleißig oder faul, reich oder arm, schön oder hässlich, stark oder schwach, fromm oder sündig ist. Allein entscheidend ist, dass er diese Gnade annimmt. Das bedeutete es, zu glauben, und dieser Glaube öffnete für Luther nun die Pforten ins Paradies.

Zum zweiten Mal hatte sich sein Leben blitzartig verändert. Doch dieses Mal war es eine Veränderung, die aus ihm einen anderen Menschen machte. Die Einsicht, dass Gott kein strenger Richter ist, sondern ein liebender Vater, war gleichzeitig eine große persönliche Befreiung. Endlich war er seine Selbstzweifel los. Endlich war er erlöst von dem Zwang, etwas leisten zu müssen und *rein* zu sein, um anerkannt zu werden. Diese Freiheit machte aus dem braven, fleißigen und angepassten Mönch Martin Luther einen Rebellen, der sich gegen die größten Autoritäten seiner Zeit stellte, den Papst und den Kaiser.

Neben dem Papst und dem Kaiser gab es auch noch den Vater. Die Geschichte mit ihm war noch nicht zu Ende. Im Streit waren sie bei der Primiz auseinandergegangen. Aber damals war Luther noch ein anderer gewesen. Als freiwilliger Gefangener auf der Wartburg schrieb er nun an seinen Vater, um ihm verständlich zu machen, inwiefern er sich verändert hatte und wie er nun über die Vergangenheit dachte.

Ins Kloster war er damals aus Angst gegangen. Sein Vater hatte ihn wieder aus dem Kloster *herausreißen* wollen. Hätte das etwas geändert? Nein. Wirklich nötig wäre gewesen, Martin von seinen Ängsten zu befreien. Das hatte schließlich nicht der Vater geschafft, sondern der ganz andere Gott, dem Martin in seinem Turmerlebnis begegnet war. Ihm hatte er alles zu verdanken. *Mein Gewissen ist frei geworden, d. h. aufs Gründlichste frei*, schrieb Luther. Das war für ihn ein Grund zur Freude.

Und auch der Vater sollte sich freuen, und er sollte anerkennen, dass es Situationen im Leben gibt, in denen man den Eltern den Gehorsam verweigern und einer anderen Stimme folgen muss, der Stimme Gottes, die gleichzeitig die innere Stimme des eigenen Gewissens ist. Ihr zu gehorchen, ist für Luther ein Dienst, *vor dem sich die Autorität der Eltern beugen muss.* Gott allein fühlte er sich verpflichtet, er war für ihn *Herr, Vater und Lehrer.*

Es ist nicht bekannt, wie Hans Luther diesen Brief aufgenommen hat. Doch das Bild, das man sich von seinem Charakter machen kann, lässt vermuten, dass er mit der religiösen Bekehrung seines Sohnes wenig anfangen konnte. Die Hauptsache war für ihn, dass sich sein Wunsch doch noch erfüllt hatte und Martin dem Kloster entkommen war. Zu diesem Bild passt es auch, dass Hans Luther noch nicht zufrieden war. Er hielt an seinen alten Forderungen fest und erwartete nun von seinem Sohn, dass er auch sein mönchisches Leben aufgibt, sich eine Frau sucht und eine Familie gründet.

Martin nahm seinem Vater diese Wünsche nicht übel. Er hielt ihm auch nicht die begangenen Fehler vor. Im Gegenteil – Luther, der den Papst mit den übelsten Schimpfworten bewarf, äußerte kein böses Wort gegen den Vater. Nur Gutes sagte er über ihn, ja, er verhielt sich fast unterwürfig. War dieser Rebell, der sich mit dem Papst und dem Kaiser angelegt hatte, gegenüber dem Vater konfliktscheu? Verdrängte er die alten Verletzungen? Wollte er um jeden Preis ein harmonisches Verhältnis zu seinem Vater?

Martin Luthers Verhalten kann man nur verstehen, wenn man seine neu gewonnene Freiheit nachvollziehen kann. Diese Freiheit bestand in einem Widerspruch. Wer durch Glauben frei ist, so erklärt es Martin Luther einmal, der ist von nichts und niemandem mehr abhängig und gleichzeitig kann er sich allen Dingen und Menschen unterwerfen. Mit anderen Worten: Wer wirklich innerlich frei ist, der hat auch die Freiheit, sich wieder an die Welt zu binden. Er läuft nicht mehr Gefahr, vereinnahmt, ausgenutzt, verletzt, fremdbestimmt zu werden, weil der Kern seiner Persönlichkeit davon nicht berührt wird.

Luther erlebte und lebte diese Freiheit. Und sie bestimmte nun auch sein Verhältnis zum Vater. Ihm gegenüber war er nunmehr so frei, dass er ihn so nehmen konnte, wie er war. Gerade weil er nicht mehr vom Vater abhängig war, konnte er wieder auf ihn zugehen und sogar seine liebenswürdigen Seiten entdecken und Hans Luthers Sturkopf akzeptieren und seine ewige Besserwisserei.

In Martin Luthers religiöser Erfahrung steckte auch ein Stück Lebensklugheit. Er wusste, dass er sich nur selbst schadete, wenn er alle Brücken zu seiner Vergangenheit, zu der auch der Vater gehörte, abriss. Schließlich steckte etwas von seinem Vater in ihm, und so wäre der Hass auf den Vater unwillkürlich auch zum Selbsthass geworden. Und wie soll man Selbstachtung entwickeln können, wenn man diejenigen, die einen geformt und vielleicht auch verformt haben, nur verachtet?

Das heißt natürlich nicht, dass jede Kritik an den Erziehern verboten ist. Martin Luthers Brief zeigt auch, dass gerade der Respekt, den er seinem Vater entgegenbrachte, die Grundlage sein kann für eine ehrliche Auseinandersetzung. Das ist eine Haltung, die zeitübergreifend sein kann. Der Pädagoge Hartmut von Hentig hat sie im Jahre 2007 so formuliert: »Man kann frei gegenüber der Tradition sein und sie doch ehren, ihre Bedeutung, ihre Richtigkeit, ihre Funktion verstehen.«

Martin Luther verstand auch den Wunsch seines Vaters, den Sohn als Ehemann zu erleben. Martin heiratete am 13. Juni 1525 die entlaufene Nonne Katharina von Bora. Natürlich ging er diese Ehe nicht nur dem Vater zuliebe ein. Luther schätzte seine Käthe, er liebte sie. Und so war wohl eine Prise Ironie dabei, als er in der Einladung zur Hochzeitsfeier schrieb: *So habe ich mich nunmehr nach dem Begehren meines lieben Vaters verehelicht.* An der Feier nahmen selbstverständlich auch Hans und Margarete Luther teil. Dieses Mal gab es keinen Eklat und Hans Luther war zufrieden mit seiner Schwiegertochter.

Ein Jahr nach der Hochzeit wurde dem Paar das erste Kind geboren. Es war ein Junge und Martin Luther gab ihm den Namen seines Vaters: Johannes. In den folgenden Jahren brachte Katharina noch fünf Kinder zur Welt; zwei Mädchen starben früh.

Aus dem ehemaligen Mönch wurde ein erstaunlicher Vater. Er hielt nämlich nichts von jenen Männern, die zwar heiraten und Kinder haben, aber *frei* sein und ein *ruhiges Leben* führen wollen. Unangenehme Aufgaben wie *das Kind wiegen, die Windeln waschen, Bett machen, Gestank riechen, die Nächte durchwachen, auf sein Schreien achten* überlassen sie lieber ihren Frauen, um selbst *ohne Sorge* zu sein. Martin Luther dagegen wollte sich dem allen nicht entziehen. Er wusch Windeln, und es machte ihm nichts aus, wenn er deswegen als *Frauenmann* verspottet wurde.

Abgesehen von dieser bemerkenswerten Solidarität mit seiner Frau war Luther ein durchaus strenger Vater, hing aber mit zärtlichen Gefühlen an seinen Kindern. Er hielt sich an seinen Vorsatz, nie ihr Vertrauen zu verlieren. Sie störten ihn nie. Wenn er in seiner mit Büchern, Druckfahnen, Briefen und Traktaten überfüllten Studierstube saß, konnten ihn die Kinder besuchen und neben dem schreibenden Vater spielen. Nur wenn Hänschen ihm etwas zu laut etwas vorsingen wollte, musste er ihn zügeln: *Wenn ich sitze und schreibe*, so berichtete er in einem Brief, *so singt er mir ein Liedlein daher, und wenn ers zu laut will machen, so fahre ich ihn ein wenig an; so singet er gleichwohl fort, aber er machts heimlicher und mit etwas Sorgen und Scheu.*

Sogar als Luther auf Reisen und viel beschäftigt war, nahm er sich die Zeit, seinem *herzlieben Sohn Hänschen* einen Brief zu schreiben. Darin schildert er ihm einen Garten, in dem Kinder nach Herzenslust herumtoben, Äpfel und Birnen essen und auf Pferden reiten dürfen. Er habe, so schreibt Luther, den Besitzer des Gartens gefragt, ob denn sein Sohn Hänschen und dessen Freunde auch in den Garten kommen dürften, und der habe es erlaubt, weshalb er, sein Vater, ihm nun sofort schreibe.

Nur wenige Monate nach der Rückkehr von dieser Reise zur Veste Coburg erfuhr Luther, dass sein Vater schwer erkrankt war. Erst wollte er selbst nach Mansfeld, aber Freunde rieten ihm davon ab. Die Pest grassierte wieder und überdies war Luther immer noch geächtet und seines Lebens nicht sicher. Darum sandte er einen Neffen nach Mansfeld, um zu sehen, ob es möglich wäre, die Eltern nach Wittenberg zu bringen, wo sich dann Luther und seine Frau um sie kümmern wollten.

Der Brief, den er seinem Neffen mitgab, war auch ein Abschiedsbrief. Er rechnete damit, dass die Krankheit Hans Luthers doch zu schwer sei und sie sich nicht mehr sehen würden, und er sprach seinem Vater Mut und Trost zu: *Denn unser Glaube ist gewiß, und wir zweifeln nicht, dass wir uns bei Christo wiederumb sehen werden in kurzem, sintemal der Abschied von diesem Leben für Gott viel geringer ist, denn ob ich von Mansfeld hierher von Euch oder Ihr von Wittenberg gen Mansfeld von mir zöget. Das ist gewisslich wahr, es ist umb ein Stündlein Schlafs zu tun, so wird's anders werden.*

Hans Luther kam nicht mehr nach Wittenberg. Er starb am 29. Juni 1530. Martins Jugendfreund Hans Reinecke teilte ihm den Tod des Vaters mit. Luther war schwer erschüttert. Er schrieb: *Dieser Tod hat mich wahrlich in Trauer versetzt, nicht allein der Natur, sondern der überaus herzlichen Liebe gedenkend. (…) Und obwohl mich das tröstet, dass er schreibt, er sei stark im Glauben an Christus sanft entschlafen, so hat doch der Jammer und die Erinnerung an den überaus lieben Umgang mit ihm mein Innerstes erschüttert, so dass ich kaum je den Tod so verachtet habe. (…) Weil ich allzu betrübt bin, schreibe ich jetzt nicht mehr; denn es ist billig und gottgefällig, dass ich als Sohn einen solchen Vater betrauere, von dem mich der Vater der Barmherzigkeit empfangen und durch dessen Mühe er mich ernährt und ausgebildet hat, wie ich immer bin. Ich freue mich wirklich, dass er bis jetzt gelebt hat und das Licht der Wahrheit sehen konnte.*

Fünfzehn Jahre später war Luther selbst schwer krank. Trotzdem ließ er sich nicht davon abhalten, in seine Heimat zu reisen, um einen Streit der Mansfelder Fürsten zu schlichten. Seine drei Söhne begleiteten ihn: Hans, der älteste, inzwischen zwanzig Jahre alt, der fünfzehnjährige Martin und der dreizehnjährige Paul. Luther gelang es, dass die Streithähne in Mansfeld sich wieder vertrugen, jedenfalls vorläufig, aber den Rückweg nach Wittenberg überlebte er nicht mehr. Er starb am 18. Februar 1546 in seinem Geburtsort Eisleben.

War er nun ein besserer Vater gewesen als sein eigener Vater? Zumindest hatte er eine Eigenschaft, die ihn menschlicher machte als Hans Luther – er hielt sich für fehlbar. Auch in diesem Sinne sollte man die letzten Zeilen lesen, die man auf seinem Schreibtisch fand: *Wir sind Bettler. Das ist wahr.*

»Bis jetzt habe ich Pietro Bernardone
meinen Vater genannt«
Franz von Assisi | Pietro Bernardone

In der Oberkirche der Franziskusbasilika in Assisi befinden
sich die achtundzwanzig Fresken, die dem Maler Giotto und
seiner Schule zugeschrieben werden und auf denen das Leben
des heiligen Franziskus dargestellt wird. Das fünfte Bild von
vorne rechts, ziemlich in der Mitte der Kirche, zeigt einen
der berühmtesten Konflikte zwischen einem Vater und seinem Sohn. Zwei Parteien stehen sich da gegenüber, getrennt
durch einen tiefblauen Himmel und jeweils überragt von einem kirchlichen und einem profanen Gebäude. Rechts steht
Franziskus mit einer kleinen Gruppe Kleriker, gleich hinter
ihm der Bischof von Assisi. Franziskus hat alle seine Kleider
ausgezogen und hält seine Hände betend nach oben, wo aus
dem Himmel die segnende Hand Gottes ragt. Sein nackter
Körper ist notdürftig bedeckt von einem Mantel, den der Bischof ihm um die Hüften gelegt hat.

Franziskus gegenüber steht sein Vater, Pietro Bernardone,
mit einer größeren Gruppe Mitbürger. Über seinem linken
Arm hängen die Kleider seines Sohnes, sein rechter, nach hinten gestreckter Arm holt zum Schlag aus. Ein Begleiter hält
ihn zurück. Pietro Bernardones Gesicht ist gezeichnet von
Wut und Enttäuschung.

Franz von Assisi, Fresko von Giotto, um 1300:
Der endgültige Bruch mit seinem Vater

So oder so ähnlich dürfte sich diese Szene tatsächlich um das Jahr 1206 zugetragen haben. Ort des Geschehens war vermutlich der Platz vor dem Haus des Bischofs Guido, nahe der ehemaligen Kathedrale Maria Maggiore. Pietro Bernardone hatte seinen Sohn bei den Behörden der Stadt angezeigt, weil er sich von ihm betrogen und beraubt fühlte. Auf Vermittlung des Bischofs kam es dann zu jenem Treffen von Vater und Sohn.

Doch statt mit der erhofften Versöhnung endete die Begegnung mit dem endgültigen Bruch zwischen den beiden. Franziskus wollte nichts mehr behalten, was ihn mit seinem Vater verband. Zuletzt gab er ihm auch seine Kleider zurück. Er verkündete sogar öffentlich, dass Pietro Bernardone nicht mehr sein Vater sei. Das war ein unerhörter Vorgang, und viele, die Zeugen dieser Auseinandersetzung waren, werden Francesco Bernardone, wie er mit richtigem Namen hieß, verurteilt haben, weil sie nicht damit einverstanden waren, dass ein Sohn seinem Vater so etwas antun konnte. Denn schließlich wusste jeder in Assisi, dass Pietro Bernardone immer alles für seinen Erstgeborenen getan und ihm selbst noch die ausgefallensten Wünsche erfüllt hatte.

Freunde von Francesco haben später beteuert, wie »überaus zärtlich« er von seinem Vater geliebt worden war. Und alles, was man aus der Zeit vor dem großen Streit weiß, lässt darauf schließen, dass Francesco seinen Vater ebenso verehrt und geliebt hat. Wie konnte es dann aber kommen, dass sich die beiden Schritt für Schritt voneinander entfremdeten und der Konflikt zum Schluss mit einer unversöhnlichen Trennung endete?

Siebenhundertsechzig Jahre nach diesem Ereignis in Assisi, im Sommer 1967, versammelten sich in der kalifornischen Stadt San Francisco an die hunderttausend junge Leute, die mit den Werten ihrer Eltern nichts mehr anzufangen wussten und nach Vorbildern wie dem heiligen Franziskus leben wollten. Sie nannten sich Hippies, trugen lange, zottige Haare, in die sie sich Blumen flochten, hatten bunte Kleider an und gingen barfuß. Viele von ihnen kamen, wie Francesco, aus einem reichen Elternhaus, aus dem sie geflohen waren, weil sie ein Leben, in dem nur Wohlstand und Erfolg zählten, nicht mehr ausgehalten hatten.

In den Polizeirevieren sammelten sich die Suchfotos jugendlicher Ausreißer, die allerdings ihr Aussehen inzwischen erheblich verändert hatten. Sie verbrachten ihre Tage nun damit, zu tanzen, Musik zu hören, sich zu lieben und Marihuana-Zigaretten zu rauchen. Dieses leichte, sorglose Leben verstanden sie als Protest gegen die moderne Zivilisation, gegen die Gier nach immer mehr materiellen Gütern, gegen die Gewalt, mit der Besitz und politische Interessen verteidigt wurden, gegen die geistige Verarmung und gegen die Vereinsamung in der Massengesellschaft.

Von ihrer bürgerlichen Umgebung wurden die Hippies mit Skepsis und Unverständnis wahrgenommen. Für die meisten waren sie einfach nur versponnene Weltverbesserer oder arbeitsscheue Gammler. Es gab aber auch Leute, die in den Hippies eine ganz neue, vielversprechende Bewegung sahen.

Der Brite Arnold Toynbee, einer der bedeutendsten Geschichtsphilosophen des zwanzigsten Jahrhunderts, hielt die Hippies für geradezu prophetische Gestalten, die den Weg in eine lichtvolle Zukunft weisen. Und der Historiker Lynn White bezeichnete die Hippies als »die wahren Revolutionäre«, weil sie eine neue Beziehung zwischen Mensch und Natur lehrten. Für White war die moderne Gesellschaft mit ihrem »blinden Glauben an einen kontinuierlichen Fortschritt« und der rücksichtslosen Ausbeutung der Natur in eine Sackgasse geraten, aus der auch noch mehr Technik und Wissenschaft nicht mehr herausführen könnten.

Als geistige Triebfeder dieser Entwicklung sah White das Christentum, das die Beherrschung der Natur durch den Menschen zum göttlichen Auftrag erklärte. Um diese fatale Einstellung zu überwinden, bedurfte es nach White einer anderen Haltung zur Natur wie zur Schöpfung insgesamt. Und als »Schutzpatron« dieser neuen ökologischen Bewegung empfahl Lynn White Franz von Assisi, den »größten geistigen Revolutionär in der abendländischen Geschichte«, wie er ihn nannte. »Der Schlüssel zum Verstehen Franz von Assisis«, so heißt es bei White, »ist sein Glaube an die wirksame Kraft der Demut – nicht nur für den Einzelnen, sondern für die Menschheit als Ganzes. Francesco von Assisi versuchte, die Herrschaft des Menschen über die Schöpfung zu beenden und eine Demokratie aller Geschöpfe Gottes zu errichten.«

Diese Worte klingen in heutigen Ohren schon ein wenig verstaubt, nach der pathetischen Rhetorik der frühen Umweltbewegung, die gepaart war mit einer holzschnittartigen Gesellschafts- und Kapitalismuskritik. Doch auch heute noch, zu Anfang des einundzwanzigsten Jahrhunderts, wird immer wieder auf Franz von Assisi verwiesen, wenn es darum geht, nach Alternativen zu suchen zu unserer krisengeschüttelten politischen und wirtschaftlichen Ordnung. Ein 2008 erschienenes Buch entdeckt Franz von Assisi als »Zeitgenosse für eine andere Politik«. Zeitgenosse insofern, weil die Autoren den weiten Bogen vom Mittelalter zur Neuzeit schlagen und nachweisen wollen, wie die Figur des Heiligen in die heutige Zeit übersetzt werden kann. Möglich sei das, weil Franz im »Frühlicht des bürgerlichen Zeitalters« gelebt habe und auf Widersprüche und Wahrheiten gestoßen sei, die in ihrem vollen Ausmaß erst heute deutlich spürbar werden.

All jene Versuche, Franz von Assisi zu aktualisieren, sehen ihn als radikalen Reformer. Der Bruch mit dem Vater war gleichzeitig der Bruch mit einer Lebensform. Das verbindet Francesco mit vielen Revolutionären nach ihm, auch mit der sogenannten 68er-Bewegung Mitte des letzten Jahrhunderts. Auch diese Revolte war ein Generationenkonflikt und eine Suche nach alternativen Formen des politischen und sozialen Zusammenlebens. Wie jede revolutionäre Bewegung hatte sie zwei Seiten, eine verneinende und eine bejahende.

Die Unzufriedenheit mit der Gegenwart führt zur Ablehnung all jener Werte und Ideale, die von der Vätergeneration vertreten werden. Der Protest richtet sich gegen alles, woran und worunter man leidet, und das Gebot der Stunde ist, das Alte zu bekämpfen. Doch irgendwann stellt sich zwangsläufig die Frage, was man an die Stelle des Alten setzen soll. Neue Ideen und Lebensentwürfe sind gefragt.

Die Gefahr dabei ist, dass man mit den neuen Lösungen an die alten Verhältnisse gebunden bleibt oder sie schlimmstenfalls sogar wiederholt. Entweder weil man nicht merkt, dass sich hinter den neuen Lebensformen die alten Muster verstecken. Oder weil sich der Protest im Widerspruch erschöpft. Wer nur das Gegenteil tut von dem, was er ablehnt, bleibt ein Gefangener der Vergangenheit und setzt nur fort, was er für falsch hält. Oder mit anderen Worten: Wer meint, seinen Vater hinter sich gelassen zu haben, weil er in allem das Gegenteil tut und denkt, der schleppt ihn unbewusst mit sich und arbeitet sich ein Leben lang an ihm ab.

Das Bild in der Basilika in Assisi hält den Moment des Bruchs fest und damit auch den Punkt, an dem sich entscheidet, welchen Verlauf die Revolte des Francesco Bernardone nehmen wird.

Franz ist nackt. Er hat alles abgelegt, was ihn mit dem Vater verband. Er hat alles abgeworfen, was zu seinem früheren Leben gehörte. Er steht an einem Neuanfang, zwischen dem, was war, und dem, was sein wird. Er hat sich losgesagt. Aber noch ist völlig offen, wie es weitergehen soll. Wird Franz sich Ersatzvätern zuwenden, wie das Bild es nahelegt? Dem Bischof, dem Papst, der Kirche? Erschöpft sich Franz' Aufstand darin, gegen den »Alten« und gegen das Alte zu kämpfen und trotzig das Gegenteil zu tun? Reicht seine Kraft nicht aus, etwas Neues, Eigenes zu finden? Wogegen wendet sich Francesco eigentlich? Und wie sieht nach dem Protest seine konstruktive Revolte aus?

In seinem Buch über Franz von Assisi weist der französische Historiker Jacques Le Goff darauf hin, dass Franz schon zu Lebzeiten ein Kritiker der beginnenden Moderne war und diese Kritik sich insbesondere auch gegen die Veränderungen im wirtschaftlichen Leben richtete.

»Im Jahrhundert der Prägung der ersten Dukaten, Fiorini und Goldscudi«, so Le Goff, »predigte er den Hass gegen das Geld.«

In der Tat: Wenn wir heute von »Girokonto« oder von »Saldo« reden, dann erinnern wir unbewusst daran, dass die Anfänge unserer Geldwirtschaft im Italien des beginnenden dreizehnten Jahrhunderts liegen.

Damals änderten sich die wirtschaftlichen Verhältnisse grundlegend. Die Bedeutung der Landwirtschaft ging zurück, und neben den alten Handwerkerläden gab es nun Betriebe, in denen dank neuer Methoden die Waren in großer Zahl produziert werden konnten. Auf den Märkten wurden diese Waren nicht mehr gegen andere Waren eingetauscht, sondern Geld wurde das universale Tauschmittel. In den Stadtrepubliken Norditaliens entstanden Banken, bei denen man sein Geld sicher verwahren, vermehren oder, gegen Zinsen, ausleihen konnte.

Mit dieser Geldwirtschaft entstand eine neue Bevölkerungsgruppe, die Bürger. Diese Kaufleute, Handwerker oder Bankiers hatten zwar keine Sonderrechte wie die Adligen und auch keine geistliche Autorität wie die Kleriker, aber sie hatten Geld und damit Macht. So viel Geld und so viel Macht, dass sie oftmals Adlige und Kirchenmänner von sich abhängig machen konnten. So entwickelten sie ein eigenes Selbstbewusstsein, das sich mit besonderen Werten verband, als da waren: planvolles Handeln, Disziplin, Entsagung, beruflicher Erfolg, Sicherung des eigenen Wohlstands, Vermehrung des Reichtums, unternehmerischer Ehrgeiz, Erfindungsreichtum, wirtschaftliches Denken. Mit anderen Worten – damals wurden die Voraussetzungen für jene Welt geschaffen, in der wir heute noch leben.

Die umbrische Stadt Assisi hatte gegen Ende des zwölften Jahrhunderts etwa dreizehntausend Einwohner. Die Oberschicht bestand nicht mehr nur aus Adligen. Es gab zahlreiche Aufsteiger aus unteren Schichten, die nun ein starkes Bürgertum bildeten und sich in Zünften organisierten. Es gab Bäcker, Schuhmacher, Metzger, Müller, Baumeister und Ärzte. Aber die wohlhabendste und einflussreichste Zunft war die der Kaufleute.

Pietro Bernardone war einer von ihnen. Er war ein reicher Tuchhändler, mit geschäftlichen Verbindungen bis ins Ausland. Von Zeit zu Zeit reiste er in das südliche Frankreich, um wertvolle Stoffe zu kaufen. Es kann sein, dass er seine junge Frau auch auf einer dieser Geschäftsreisen kennengelernt hatte. Sie sprach jedenfalls Französisch und in Assisi nannten sie alle nur mit dem ungewöhnlichen Namen Pica.

Pica war schwanger, als ihr Mann wieder einmal nach Frankreich aufbrach. Als er nach Assisi zurückkam, im Jahr 1182, hatte sie ihr erstes Kind schon zur Welt gebracht. Es war ein Junge, und weil Pica mit der Namensgebung nicht auf ihren Mann warten wollte, hatte sie ihn auf den Namen Giovanni taufen lassen. Pietro Bernardone war damit gar nicht einverstanden, und er entschied, dass der Junge nicht Giovanni, sondern Francesco heißen sollte, was nichts anderes bedeutete als »Franzose«.

Offenbar stand Pietro Bernardone noch unter dem Eindruck seiner Reise und wollte mit diesem Vornamen etwas von seiner Liebe zu Frankreich an seinen Sohn weitergeben.

Sicher dachte er dabei auch an die guten Geschäfte, die er dort immer machte. Und vielleicht stellte er sich vor, wie er eines Tages seinen Sohn Francesco mitnehmen würde nach Frankreich, ihm das Land zeigen und ihm alles beibringen würde, was ein guter Tuchhändler können und wissen muss.

Pica brachte noch einen zweiten Sohn zur Welt, der Angelus hieß. Aber als Erstgeborener hatte Francesco natürlich ein Vorrecht. Er war bestimmt dazu, von klein auf im väterlichen Geschäft mitzuarbeiten, um es später weiterführen. An Bildung brauchte er dazu nicht viel. Es genügte, dass er die Schule in der kleinen Kirche San Giorgio besuchte, die biblischen Texte auf Lateinisch auswendig hersagen konnte und so lesen und schreiben lernte. Eine große Leuchte scheint Francesco nicht gewesen zu sein. Er schrieb nur ungern, und wenn er es doch versuchte, wimmelte es in seinen Briefen von Fehlern.

Für seinen zukünftigen Beruf musste er kein Gelehrter sein. Hier zählten andere Fähigkeiten. Und es zeigte sich früh, dass Francesco alle Anlagen hatte, ein guter Tuchhändler zu werden. Er konnte gut mit Menschen umgehen und war ein geschickter Verkäufer. Sein Vater brachte ihm alles bei, was er wissen musste, und er wird mit Stolz und Zufriedenheit verfolgt haben, wie sich sein Sohn zu einem guten Kaufmann entwickelte.

Francesco hat seinen Vater, der auch sein Lehrherr war, sicher verehrt und auch geliebt. Pietro Bernardone erfüllte das Ideal eines Vaters, wie es der Psychoanalytiker Alexander Mitscherlich im zwanzigsten Jahrhundert aufstellte. Dazu gehört vor allem ein »Sachbezug«, das heißt, der Vater weist den Sohn in die praktische Bewältigung des Lebens ein. Er bringt ihm ein Handwerk oder eine Wissenschaft bei und der Sohn nimmt begierig das Wissen auf und ahmt die Handgriffe und Kunstfertigkeiten des Vaters nach.

Diese praktische Beziehung zwischen Vater und Sohn ist, nebenbei bemerkt, für Mitscherlich im Laufe der Zeit mehr und mehr abhanden gekommen. Ein Grund dafür ist, dass die modernen Berufe seit dem zwanzigsten Jahrhundert so hochspezialisiert und abstrakt geworden sind, dass sie den Kindern nicht mehr vermittelbar sind. Der Vater kann seiner Rolle nicht mehr gerecht werden. Auch darum spricht Mitscherlich von der »vaterlosen Gesellschaft«.

Für Francesco stand der Vater noch im Mittelpunkt der Gesellschaft und im Zentrum seines Lebens. Und sein Ehrgeiz war es, so zu werden wie der reiche und angesehene Kaufmann Pietro Bernardone. Schon mit dreizehn oder vierzehn galt Francesco als vollwertiger Geschäftsmann, der selbstständig Waren einkaufen durfte und im Laden mit den Kunden verhandelte.

Spätestens zu dieser Zeit wird Pietro Bernardone seinen Sohn auf eine seiner Reisen nach Frankreich mitgenommen haben. Hier sah Francesco Dinge und Menschen, die er aus Assisi nicht kannte. Etwa die Gaukler und Troubadoure, die singend und tanzend durchs Land zogen. Oder die armseligen Gestalten, die sich Katharer nannten und ein christliches Leben ohne Besitz und Gewalt führen wollten.

Bei den Handwerkern und Kaufleuten waren diese asketischen Prediger beliebt. Ihrem Aufruf zur Armut wollten oder konnten sie zwar nicht folgen, aber es gefiel ihnen, dass diese Katharer die Kirche infrage stellten und behaupteten, jeder könne auch ohne Priester und Gebote zu Gott finden. Das entsprach dem Bedürfnis der Bürger, sich von der Bevormundung durch den Klerus zu befreien, einem Klerus, der durch seine Doppelmoral immer unglaubwürdiger wurde. Denn einerseits häufte die Kirche Reichtümer an und andererseits verurteilte sie das Streben nach Profit und die Verzinsung von Geld als Sünde.

Wie selbstbewusst die bürgerlichen Kaufleute und Handwerker in Assisi waren und wie sehr sie sich danach sehnten, endlich von der Unterdrückung durch Adel und Kirche befreit zu werden, erlebte Francesco, als er sechzehn Jahre alt war. Seit zwei Jahrzehnten herrschte über das Herzogtum Spoleto, zu dem auch Assisi gehörte, der deutsche Kaiser Heinrich VI. Sein Stellvertreter, Konrad von Lutzen, residierte in der Festung über der Stadt. Als Heinrich VI. im Jahr 1197 starb, wollte der neue Papst Innozenz dieses Gebiet wieder unter seine Gewalt bringen. Konrad von Lutzen musste sich ihm beugen. Und noch während er im nahe gelegenen Narni mit dem Papst verhandelte, stürmten die Bewohner Assisis mit Brechstangen, Hämmern und Spitzhaken seine Burg, um sie zu zerstören.

Die Zerstörung der Burg war ein Fest, das sich über Wochen hinzog. Es wurde gesungen und getanzt und der Wein floss in Strömen. Francesco hat es sich bestimmt nicht entgehen lassen, bei diesem Spektakel dabei zu sein. Man kann es sich gut vorstellen, wie er mit seinen Freunden Mauern niederriss oder Möbel aus den Fenstern warf und dabei Spottlieder gegen den ausländischen Herzog sang, den man nun vertrieben hatte.

Francesco war in Assisi bekannt dafür, dass er immer dabei war, wenn in der Stadt etwas los war. In den großen Städten Italiens, in Florenz und Rom, feierten nun die einfachen Leute wie früher die Ritter auf ihren Burgen. Es gab Spiele, Turniere und Volksfeste. In den kleineren Städten wie Assisi waren es die jungen Leute, die für Abwechslung und Spaß sorgten. Fast jeden Abend war Francesco mit seinen Freunden zusammen. Sie veranstalteten wilde Partys, bei denen viel gegessen und getrunken wurde. Danach, spät in der Nacht oder schon in den Morgenstunden, zogen sie mit Weinflaschen und Gitarren durch die Gassen Assisis, sangen oder grölten auf Plätzen und brachten die ehrbaren Bürger um ihre Nachtruhe.

Am nächsten Tag stand Francesco wieder im Laden seines Vaters und verkaufte wertvolle Stoffe an wohlhabende Kunden. Er war und blieb ein Geschäftsmann. Allerdings war er doch sehr verschieden von seinem Vater. Pietro Bernardone war ein ernster Mann, dem der Erfolg seines Unternehmens über alles ging. Ein leichtsinniges Leben und Verschwendung waren ihm eigentlich ein Graus. Dennoch versorgte er seinen Sohn immer mit genügend Geld für seine Feste und seine Eskapaden. Oft ermahnte er ihn, das Geld nicht mit beiden Händen zum Fenster hinauszuwerfen, und manchmal kam es zum Streit, wenn Francesco es zu bunt getrieben hatte.

Nie aber dachte Pietro Bernardone daran, seinem Sohn das kostspielige Luxusleben ein für allemal zu verbieten. Er verteidigte ihn sogar, wenn die Nachbarn über den verwöhnten Kaufmannssohn die Köpfe schüttelten. Offenbar war er insgeheim doch stolz auf seinen Sohn, der so freigiebig war, der das

Leben so ausgelassen genießen konnte und bei allen so beliebt war. Francesco war der Beweis dafür, dass die Bernardones keine kleinkarierten Krämer waren, sondern sich etwas leisten konnten und ebenso gut zu leben wussten wie die großen adligen Herren.

Das Bild, das man sich von Pietro Bernardone machen kann, zeigt hier doch einen bedenklichen Makel. Nach Mitscherlich gehört im Verhältnis vom Vater zum Sohn neben dem »Sachbezug« notwendig auch ein »Gefühlsbezug«. Was diese emotionale Zuwendung betraf, scheinen die Fähigkeiten des alten Bernardone recht beschränkt gewesen zu sein. Dafür war eine andere Eigenschaft bei ihm umso ausgeprägter – er konnte seinen Sohn grenzenlos verwöhnen. Das ist ein väterliches Verhalten, das sich über die Jahrhunderte erhalten hat. Nur sind es heute nicht mehr Pferde oder Waffen, mit denen Söhne verwöhnt werden, sondern PS-starke Autos oder teure Sportgeräte.

Für die Adligen in und um Assisi war die Lage nach der Vertreibung der deutschen Besatzer noch schwieriger geworden. Die nun noch selbstbewussteren Bürger Assisis weigerten sich, weiterhin Zölle zu zahlen, wenn sie die Gebiete der adligen Familien durchquerten. Eine dieser Familien, die Sassorossos, kehrte Assisi den Rücken und verbündete sich mit der verfeindeten Nachbarstadt Perugia. Andere Familien folgten diesem Beispiel, und es kam zu einer Allianz zwischen den geflüchteten Adligen und den Bewohnern Perugias, das Assisi nun den Krieg erklärte.

An einem Herbsttag des Jahres 1202 läuteten alle Glocken

in Assisi. Die kleine Armee der Stadt war auf dem Platz vor der Kathedrale versammelt. Nach dem feierlichen Gottesdienst und der Segnung der Krieger brach die Streitmacht auf. Vorneweg die Fußsoldaten, dahinter die Bogenschützen und zuletzt, auf Pferden, die Männer aus den reichen bürgerlichen und den noch übrig gebliebenen adligen Familien. Francesco Bernardone gehörte natürlich zu den berittenen Edelleuten. Sein Vater hatte keine Kosten gescheut, ihn mit allem auszustatten, was ein vornehmer Ritter brauchte.

In der Ebene, nahe dem Fluss Tiber, trafen die Männer aus Assisi auf die Feinde aus Perugia. Der Kampf war bald entschieden. Der Gegner erwies sich als übermächtig und Francesco und seine Kampfgefährten ritten oder rannten ums Überleben. Am Abend saß der blutende und verdreckte Francesco in den Kerkern unter der Burg von Perugia. Dass er noch am Leben war, hatte er seinem edlen Auftreten zu verdanken. Berittene Soldaten tötete man wenn möglich nicht, sondern nahm sie gefangen, um Lösegeld zu verlangen.

Ein Jahr lang saß Francesco in dem dunklen, feuchten Loch, bis es seinem Vater endlich gelang, ihn freizukaufen. Krank und abgemagert kam er nach Assisi zurück. Von seiner Mutter wurde er gepflegt und war bald wieder der Alte. Die Erfahrungen in der Schlacht, die Zeit im Gefängnis, die schwere Krankheit – all das hatte ihn nicht verändert. Francesco Bernardone behielt sein bürgerliches Ich. Und zu diesem bürgerlichen Ich gehörte, dass er wieder ein gehorsamer Sohn war und im väterlichen Geschäft arbeitete. Dazu gehörte aber auch, dass er es sich nach getaner Arbeit gut gehen ließ und alle Freuden genoss, die mit Geld zu haben waren.

Zu diesem bürgerlichen Ich gehörte es auch, dass er alles verabscheute, was mit Armut, Elend und Tod zu tun hatte. Einen fast krankhaften Ekel hatte Francesco vor den zerlumpten Gestalten, denen man außerhalb von Assisi begegnen konnte. Es waren Aussätzige, die in einem zerfallenen Gebäude vor der Stadt hausten. Durch die Krankheit war ihr Körper mit Geschwüren übersät, ihr Gesicht war von eitrigen Beulen entstellt, Finger und Zehen waren zerfressen und sie verbreiteten einen bestialischen Gestank. Sie mussten eine Glocke oder eine Ratsche bei sich tragen, um alle Gesunden vor sich zu warnen. Bei Francesco war das nicht nötig. Thomas von Celano, später ein Mitbruder Francescos und sein erster Biograf, berichtet, dass Francesco so empfindlich war, dass er einen solchen armen Teufel schon von Weitem riechen konnte und sich die Nase zuhielt. Lief er doch einmal einem Aussätzigen über dem Weg, konnte er nicht anders als seinen Blick abwenden, so stark war sein Widerwille.

So abstoßend er die Aussätzigen empfand, so fasziniert war er von Männern, die Erfolg, Ruhm und Ehre erlangt hatten. Schon als Kind war es sein größter Wunsch gewesen, einmal Ritter zu werden. Im Krieg gegen Perugia war dieser Traum fast wahr geworden, wäre Francesco nicht im Kerker gelandet. Aber er bekam noch eine zweite Chance. Ein gewisser Graf Gentile aus Assisi wollte sich dem Heer anschließen, das sich in Apulien zu einem weiteren Kreuzzug ins Heilige Land sammelte. Francesco wollte sich diesem Adligen unbedingt anschließen. Offenbar stellte er sich vor, wie er aus dem Kampf gegen die gottlosen Heiden als strahlender Held hervorgehen und zum Ritter geschlagen würde. Er träumte sogar von einem Palast, der voll von Waffen und prächtigen Rüstungen war, die alle ihm und seinen Gefährten gehörten.

Pietro Bernardone versuchte nicht, seinen Sohn von dieser verrückten Idee abzubringen. Im Gegenteil, er gab ein kleines Vermögen aus, um für Francesco eine Rüstung anfertigen zu lassen. Nach der schmählichen Niederlage gegen Perugia war das eine Gelegenheit, den Ruf Assisis wieder aufzupolieren, und vom Glanz eines Kreuzritters fiel auch etwas ab auf die Familie und auf die Firma Bernardone.

So zog Francesco also eines Tages mit seinem adligen Begleiter los, ausstaffiert wie ein Ritter. Schon nach wenigen Tagen kam er wieder zurück, in normalen Kleidern. Die Rüstung hatte er verschenkt. Was passiert war, lässt sich nicht genau rekonstruieren. Die Legende berichtet, dass Francesco im Traum eine göttliche Stimme gehört hat, die ihn zur Umkehr aufforderte. Vielleicht ist er aber auch krank geworden oder es hat ihn der Mut verlassen.

Jedenfalls war Francesco wieder zu Hause. Seine Mutter war sicher heilfroh, dass er sich nicht auf dieses gefährliche Abenteuer eingelassen hatte. Was die Leute nun von diesem verhinderten Kreuzritter dachten, war ihr vermutlich egal. Und der Vater musste sich damit abfinden, ganz umsonst so viel Geld für die Rüstung ausgegeben zu haben. Wahrscheinlich wollte die Familie Francescos missglückten Ausflug schnell vergessen und ins normale Leben zurückkehren. Er arbeitete zwar wieder wie vorher in der Firma und war in seiner Freizeit wie eh und je der Spaßmacher und Alleinunterhalter. Doch irgendwie hatte er sich verändert. Er benahm sich oft merkwürdig und wirkte abwesend.

So zum Beispiel, als er mit seinen Freunden wie in alten Zeiten ein großes Fest veranstaltete. Francesco wurde zum König des Abends gewählt und man drückte ihm ein Zepter in die Hand. Zu später Stunde zog dann die betrunkene Gesellschaft wie gewohnt singend durch die Straßen. Plötzlich blieb er stehen, während die anderen weitergingen. Als seine Freunde merkten, dass er zurückgeblieben war, kehrten sie um, um zu sehen, was mit ihm los sei. Er stand da, als würde er mit offenen Augen träumen.

»He, Francesco«, redeten sie ihn an, »an was denkst du? Träumst du vielleicht von einer schönen Frau, die du heiraten willst?«

»Ja«, sagte Francesco erschrocken, als ob er gerade aufwachen würde, »ich dachte wirklich an eine Frau, die reicher und schöner ist als alle anderen.«

Die Freunde lachten und zogen ihn mit sich fort. Das Fest ging weiter. Aber es war etwas mit ihm geschehen. Später soll er gesagt haben, dass ihn in diesem Augenblick eine »überwältigende Süße« durchströmt habe, sodass er sich nicht mehr von der Stelle bewegen konnte. Was diese »Süße« sei, das konnte er nicht beschreiben, dafür fehlten ihm die Worte. Aber eines wusste er sicher: Er wollte dieses Gefühl unbedingt wieder erleben. Aber wie?

Zuerst versuchte er es damit, dass er sich an einsame Orte zurückzog. Das half nicht viel. Weiter brachte ihn erst ein Traum, in dem er aufgefordert wurde, »Bitteres« für »Süßes« zu nehmen. Francesco ahnte, was mit dem »Bitteren« gemeint war. Es waren all jene Dinge, die ihm gegen den Strich gingen, die ihm widerwärtig waren und vor denen er Angst hatte. Sollte er sich ihnen stellen und würde dann sein Abscheu verwandelt werden?

Francesco machte den Versuch. Bei einem Aufenthalt in Rom tauschte er mit einem Bettler die Kleider und setzte sich in die Vorhalle der Petrus-Kirche. Das Experiment scheint geklappt zu haben. Er wurde wieder von diesem unbeschreiblichen Glücksgefühl erfüllt.

Der richtige Durchbruch ereignete sich aber erst später. Es war ein Ereignis, das ihm so wichtig war, dass er es in seinem Testament erwähnte. Er war mit dem Pferd unterwegs in der Nähe von Assisi, als er auf einen Aussätzigen traf. Dieses Mal hielt er sich nicht die Nase zu und suchte nicht das Weite. Er stieg vom Pferd, ging auf den Mann zu, umarmte ihn und küsste ihn. Das kostete ihn Überwindung. Als er aber die Ekelschwelle überwunden hatte, kehrten sich alle Gefühle und Werte um, und was ihm vorher widerwärtig gewesen war, kam ihm nun süß vor. Er empfand eine große Liebe zum Leben, und gerade zu jenen Lebewesen, die arm, krank und schwach waren. Es war ein überwältigendes Gefühl der Befreiung.

Diese Befreiung war eine religiöse Erfahrung, aber sie war auch eine radikale soziale Umkehr. Francesco hatte sein bürgerliches Ich abgelegt. Alles, was ihm vorher erstrebenswert und »süß« vorkam, fand er nun erbärmlich, unmenschlich und abstoßend. Und umgekehrt. Mit allem, was die Welt seines Vaters ausmachte, hatte er gebrochen. Und der Konflikt mit seinem Vater war nun unausweichlich.

Als Pietro Bernardone von seinen Angestellten erfuhr, was Francesco getan hatte, war er stocksauer. Sein Sohn hatte mehrere wertvolle Tuchballen aus dem Geschäft mitgenommen, hatte sie verkauft und wollte das Geld dem Priester von San Damiano schenken, damit der seine heruntergekommene Kirche wieder herrichtet. Christus selbst habe ihm das aufgetragen, soll Francesco behauptet haben. Der Pfarrer von San Damiano wollte Scherereien mit dem Kaufmann Bernardone vermeiden und hat das Geld darum nicht annehmen wollen. Schließlich hat Francesco den Beutel mit dem Geld verächtlich in eine Ecke geschmissen.

Pietro Bernardone war außer sich vor Wut. Sein Sohn musste verrückt geworden sein. Hätte er beim Glücksspiel Schulden gemacht – er, sein Vater, hätte alles beglichen. Wäre er wieder in den Krieg gezogen – er hätte ihn wieder ausgerüstet. Aber dass er nun hart verdientes Geld einem alten Pfarrer für dessen halb verfallene Kirche hinterherwarf, das ging zu weit. Pietro Bernardone musste Francesco finden, bevor er noch weitere Dummheiten anstellte. Er alarmierte Nachbarn und Freunde, um gemeinsam nach dem Sohn zu suchen und ihn nach Hause zu bringen. Doch Francesco war nicht zu finden. Er hatte sich in einer Höhle nahe der Kirche San Damiano versteckt. Er war glücklich und er hatte Angst vor seinem Vater.

Nach mehreren Wochen verließ Francesco sein Versteck und ging nach Assisi hinauf. Nach der langen Zeit in seinem Versteck sah er ziemlich verwahrlost aus. Seine Kleider waren verdreckt, seine Haare verfilzt und ein Bart war ihm gewachsen. Kaum hatte er das Stadttor durchschritten, waren Kinder hinter ihm her. »Pazzo! Pazzo!«, schrien sie – du Narr, du Verrückter. Immer mehr Leute wurden auf ihn aufmerksam.

Manche zeigten mit den Fingern auf ihn und lachten. Einige warfen sogar Dreck und Abfall nach ihm.

Pietro Bernardone war in seinem Laden, als er von draußen das Geschrei hörte. Inmitten des Lärmes fiel immer wieder der Name seines Sohnes. Mit einem unguten Gefühl ging er auf die Straße und folgte den Schreien und dem Gelächter, bis er die Menschenmenge sah, die sich um jemanden drängte. Er bahnte sich einen Weg durch die Leute und stand vor seinem Sohn. Blind vor Wut schlug Pietro Bernardone ein paar Mal auf ihn ein, packte ihn am Kragen und zerrte ihn dann davon, vorbei an den gaffenden Leuten. Wie ein Spießrutenlauf war der Weg bis zu seinem Haus. Francesco machte ihn zum Gespött der Leute. Zu Hause sperrte der Vater ihn in eine dunkle Kammer.

Pietro Bernardone brauchte lange, um sich wieder zu beruhigen. Dann ging er zu Francesco in die Kammer. Er wollte mit ihm sprechen und hatte sich vorgenommen, ganz ruhig zu beiben. Es musste doch möglich sein, ihn wieder zur Vernunft zu bringen. Doch mit Francesco konnte man anscheinend nicht mehr reden. Er blieb stur und sagte immer nur, er habe erkannt, dass sein altes Leben falsch gewesen sei, und er wolle von nun an ein ganz anderes Leben führen, arm und besitzlos. Solche Worte brachten Pietro Bernardone dermaßen in Rage, dass er gegen alle seine Vorsätze auf Francesco einschlug, als wollte er den Teufel aus ihm herausprügeln.

Pica, die Mutter, jammerte und weinte. Sie konnte es nicht ertragen, dass ihr Sohn im Elternhaus wie ein Verbrecher eingesperrt war, und sie hatte Angst. Ihr Mann war zu allem fähig, wenn er zornig war. Als Pietro Bernardone Geschäfte erledigen musste, öffnete Pica die Tür der Kammer und Francesco schlich sich aus dem Haus.

Pietro Bernadone musste sich damit abfinden, dass sein Sohn für ihn verloren war. Doch so einfach wollte er ihn nicht davonkommen lassen. Er zeigte ihn bei den Behörden der Stadt wegen Diebstahls an, und er wollte, dass er auf sein Erbe verzichtete. Doch Francesco weigerte sich, vor den Behörden zu erscheinen. Schließlich schaltete sich der Bischof Guido von Assisi in den Konflikt ein. Er vermittelte ein Treffen zwischen Vater und Sohn. Und so kam es, dass sich Pietro und Francesco Bernardone vor dem Haus des Bischofs zu einem entscheidenden Treffen gegenüberstanden. Der Sohn gab dem Vater nicht nur das Geld zurück und verzichtete auf sein Erbe, er zog sogar seine Kleider aus und verkündete, keinen anderen Vater mehr zu haben als seinen Vater im Himmel.

Wir sind wieder an jenem Punkt angelangt, den das Bild in der Franziskusbasilika zeigt: die Trennung von Vater und Sohn. Von diesem Punkt aus sind viele Wege möglich. Ein Weg ist der, dem Vater und allem, was er repräsentiert, den Kampf anzusagen. Diesen Fall haben wir bereits kennengelernt in der Geschichte von Bernward Vesper. Für ihn war der Vater nicht nur eine private Person. Er war der *Agent* eines faschistischen Systems, und hinter ihm tauchten noch andere Mächte auf – der Kapitalismus, der alles wirkliche Leben zerstört, die *Fabriken*, in denen Menschen zu seelenlosen Robotern werden; die imperialistischen Staaten wie die USA, die für ihre Interessen *schmutzige* Kriege führen.

Dies alles gehörte für Vesper zur Welt des Vaters. Der war

wie eine Gaswolke, die sich überallhin ausbreitet und noch in die feinsten Ritzen des gesellschaftlichen und privaten Lebens eindringt. Dieser Welt galt Vespers Hass. Das Fatale ist nur, dass er sich selber als ein Teil dieser Welt entdecken musste. Er war auch infiziert. Also musste er seinen Hass auf sich selber lenken. Zugleich klammerte er sich an die Hoffnung, in sich einen Raum zu finden, der noch nicht vom Vater vergiftet war, der vor der allgemeinen Vernichtung verschont blieb. In diesem Wettlauf zwischen Hass und Hoffnung war die Hoffnung chancenlos. Die Idee vom eigentlichen Leben erwies sich als Fata Morgana, die sich auflöst, sobald man meint, sie erreicht zu haben. Das Opfer dabei wurde Bernward Vesper selbst. Sein Hass und seine kritische Kompetenz waren größer als seine Fähigkeit, etwas zu finden, wofür es sich zu leben lohnte. Letztlich konnte ihn auch die Liebe zu seinem Sohn Felix nicht mehr retten.

Und wie sah der Weg des Francesco Bernardone aus? Auch bei ihm ist der Vater die Person, an dem sich sein Aufstand entzündet. Auch Pietro Bernardone ist mehr als der Erzeuger und das Familienoberhaupt. Er steht für eine Lebensform, die durch Handel, Geld und Nützlichkeitsdenken gekennzeichnet ist. Die Absage an diese Welt hat bei Franz von Assisi jedoch nicht Hass und Kampf zur Folge. Im Gegenteil: Er weiß, dass er den Werten des Vaters verbunden bliebe, wenn er gegen ihn kämpfen würde.

Er steigt aus einer Logik aus, die den, der anders ist, zum Feind und Gegner macht und ihn klein halten, unterdrücken oder vernichten will. Und er weigert sich, jenen Leuten zu glauben, die wie Will Vesper behaupten, dass das Gute kämpfen muss, wenn das Schlechte nicht siegen soll. Für Franz ist das Gute, das kämpft, schon längst auf der Seite des Bösen.

Bezeichnend ist, was über Francescos Verhalten nach der Trennung vom Vater berichtet wird. Er zog viele Gleichgesinnte an und lebte mit ihnen in der Nähe von Assisi. Er kam noch öfter in seine Heimatstadt und lief dabei manchmal auch Pietro Bernardone über den Weg. Der überschüttete ihn jedes Mal mit Schimpfwörtern und Verwünschungen. Francesco bat daraufhin einen Mann von der Straße, sein Ersatzvater zu sein und ihn jedes Mal zu segnen, wenn Pietro Bernardone ihn verfluchte.

Franz von Assisi setzte dem Hass auf den missratenen Sohn die Freude entgegen, dass es so einen Sohn gab. Das war keine billige Friedenssehnsucht. Er verhinderte gleich im Keim, dass ein Gegeneinander entstand und sich mit tödlicher Konsequenz die Spirale von Abwehr, Rache und Feindschaft zu drehen begann. Der Zorn des Vaters läuft ins Leere, weil Francesco nicht so darauf reagiert, wie man es eigentlich erwartet, mit enttäuschten Gefühlen, mit dem Bedürfnis nach Vergeltung, mit dem Verlangen, es einem heimzuzahlen. Mit einem Wort: Er spielt das Spiel nicht mit, bei dem das Verhältnis zueinander Konkurrenz bedeutet, wo es ein Oben und Unten, ein Besser und Schlechter, ein Richtig und Falsch gibt.

So wie sich Franz von Assisi gegenüber dem Vater verhielt, verhielt er sich gegen alle Andersdenkenden. Als er im Jahr 1219 in das Heilige Land reiste, trat er dort nicht auf wie die Kreuzritter und auch nicht wie ein Missionar, der im alleinigen Besitz der Wahrheit ist. Waffenlos ließ er sich zum Sultan Melek el-Kamil führen und redete mit den islamischen Gelehrten. In den Lebensregeln, die er seinem Orden später gab, wies er seine Mitbrüder an, zu den Ungläubigen zu gehen, nicht um eine Auseinandersetzung zu beginnen, sondern *um allen Menschen untertan zu sein.*

Diese Einstellung meinte Francesco, wenn er von *Armut* sprach. Natürlich bedeutet Armut auch den Verzicht auf materiellen Besitz, aber mehr noch bedeutet sie die Freiheit von einer Besitz-Haltung. Auch mit Wissen kann man wie mit einem Besitz umgehen. Auch der Glaube kann benutzt werden, um sich Vorteile zu verschaffen und andere auf die falsche Seite zu stellen. Alle diese Formen von Besitz lehnte Francesco ab. Denn er war überzeugt, dass diese Haltung unweigerlich zu Streit und Krieg führt.

Auf diesen Zusammenhang hat Francesco einmal mit ganz einfachen Worten hingewiesen, als der Bischof von Assisi ihm gegenüber die Beschwerlichkeiten einer besitzlosen Lebensweise beklagte. *Mein Herr,* so antwortete Franz, *wenn wir Eigentum hätten, so wären uns Waffen nötig zu unserem Schutz. Denn aus ihm erwachsen Rechtsstreit und Händel, und hierdurch pflegt die Liebe Gottes und des Nächsten vielfältigen Abbruch zu leiden. Darum wollen wir in dieser Welt durchaus kein zeitliches Eigentum haben.*

Dass Besitz und Liebe einander ausschließen, ist die zentrale Botschaft des Francesco von Assisi. Über sie zu reden, ist allerdings sehr viel leichter, als nach ihr zu leben. Francesco und seine Gefährten haben aber gezeigt, dass es möglich ist. In den Anfängen der Bewegung scheint dies weitgehend gelungen zu sein. Und der Gewinn waren eine große Lebensfreude und eine ungeheure Offenheit.

Die »Minderbrüder«, wie sie sich nannten, sanken freiwillig so tief, dass sie niemandem mehr überlegen waren, auch nicht der Natur, nicht einmal mehr den Dingen, mit denen sie alltäglich umgingen. Indem sie nichts und niemanden mehr ausgrenzten und alles bejahten, kamen sie zu einer tiefen Solidarität mit allem Lebendigen und mit der Natur. So konnte Francesco von der *Schwester Sonne* sprechen und vom *Bruder Feuer*. Von dieser Naturverbundenheit erhalten haben sich bis auf unsere Tage die Bilder und Geschichten vom heiligen Franziskus, der mit den Vögeln spricht oder den wilden Wolf von Gubbio zähmt.

Solche Geschichten kippen leicht ins Kitschige und Erbauliche. Deshalb muss man immer daran erinnern, dass die Voraussetzung für diese Haltung eine radikale innere Umkehr ist, die dem normalen modernen Bewusstsein diametral entgegensteht und ohne die jede Veränderung nur oberflächlich, modisch, kurzfristig bleibt.

Francesco Bernardone, den heute alle Welt als Franz von Assisi kennt, hat es nicht verhindern können, dass seine Botschaft verzerrt, ja verfälscht wurde. Aus der anfänglichen Bewegung von Minderbrüdern wurde ein mächtiger und einflussreicher Orden. Und dass seine Heiligsprechung und der Bau einer ihm geweihten riesigen Kirchenanlage im Sinne des ›poverello‹, des kleinen Armen, waren, darf man ruhig bezweifeln.

Es gehört jedoch zu den Widersprüchen der Geschichte, dass gerade diese Verfälschungen und Vereinnahmungen das Weiterleben des Franz von Assisi ermöglicht haben. Ohne die Geschichten, Bilder und Kirchen würden die Menschen heute nichts mehr von diesem seltsamen Heiligen wissen. Es gilt aber, immer wieder hinter die fragwürdige Überlieferung zu schauen und die ursprüngliche Idee des Mannes aus Assisi zu entdecken.

Zu dieser Idee gehört auch der Konflikt zwischen einem Vater und einem Sohn, der auf seinem Höhepunkt eine unerhörte Wendung nahm. Der nackte Sohn steht seinem Vater gegenüber, der nun dessen Kleider an sich genommen hat. Die Geste will sagen: Wenn du mich nur akzeptieren und lieben kannst, falls ich so werde, wie du willst, dann nimm alles von mir, bis auf den letzten Fetzen.

Ablegen will ich aber auch den Drang, dich nach meinen Vorstellungen ändern zu wollen oder dich gar als Feind zu bekämpfen. Denn es ist mir wichtiger, so zu leben, wie ich es für gut und richtig halte, als den zu bekämpfen, der mich daran hindert.

Diese Geste weist aber über den Vater hinaus. Sie wird zu einer Einstellung, die sich auf alle Bereiche des Lebens ausweiten lässt und auf sanfte Weise zu den größten Veränderungen führen kann. Die Demut des Franz von Assisi sei, so heißt es in einem Buch über den »Zeitgenossen« Franz von Assisi, alles andere als »falsche Bescheidenheit oder Unterwürfigkeit«. Sie sei ein »Angebot an alle Menschen, mit einer solchen Haltung die sozialen, ökonomischen, geistigen und politischen Hierarchien zu entwerten, ohne sie klassenkämpferisch-aufgeregt zu bekämpfen.«

In die gleiche Richtung gehen auch die Appelle, die Künstler und Philosophen auf der Weltklimakonferenz 2009 in Kopenhagen an die Politiker richteten. Der Philosoph Peter Sloterdijk forderte sogar »ein Umdenken, das weitergeht als die Reformationen des sechzehnten Jahrhunderts«.

Die Nacktheit ist zum Kennzeichen des Francesco von Assisi geworden. Sie ist Ausdruck seiner Bedürfnislosigkeit und seiner Demut. Es war daher mehr als eine symbolische Handlung, dass er nackt auf dem Boden liegend sterben wollte. So geschah es auch am Abend des 3. Oktober 1226.

Ob sein Vater, was wahrscheinlich ist, noch gelebt hat und wie er auf die Nachricht vom Tod seines Sohnes reagiert hat, das weiß man nicht.

»Mein Vater war ein Meister des Wunderns«
Michael Ende | Edgar Ende

Michael Ende ist einer der erfolgreichsten und einfluss-
reichsten Jugendbuchautoren der Literaturgeschichte.
Seine Bücher wie *Momo* oder *Die unendliche Geschichte* sind
ewige Bestseller und gelten als Meilensteine der fantastischen
Literatur. Weniger bekannt ist, dass Michael Ende der Sohn
des Malers Edgar Ende war, der in den Zwanzigerjahren des
letzten Jahrhunderts mit seinen surrealistischen Bildern neue
Maßstäbe setzte, aber nie die Anerkennung fand, die er sich
erhofft hatte.

Sein erfolgreicher Sohn Michael hat immer wieder betont,
wie stark ihn die Bilder des Vaters und die Welt, in der er gelebt hat, geprägt haben. *Je älter ich werde*, so gestand er in einem
Gespräch, *desto mehr werde ich mir bewusst, wie viel ich im Grunde
in meiner ganzen künstlerischen Konzeption meinem Vater verdanke
oder von meinem Vater geerbt habe.*

Was Michael Ende von seinem Vater geerbt hat, war eine
Vorstellung von Fantasie, die nichts mit Willkür oder Wirk-
lichkeitsflucht zu tun hat. Vater wie Sohn waren mit ihren
Gemälden und Büchern Kritik und Missverständnissen ausgesetzt, hielten aber an ihrer Überzeugung fest, dass Fantasie und Wirklichkeit zusammengehören. Für Roman Hocke,

Michael Ende mit seinem Vater Edgar Ende, 1950

dem Michael Ende ein väterlicher Freund war, sind Edgar und Michael Ende zwei Ausnahmeerscheinungen, die man nur gemeinsam wirklich begreifen könne. Das Verhältnis zwischen beiden sei wie bei einem Spiegel, der sich wieder in einem Spiegel spiegelt. »Niemand«, so Hocke, »kann wirklich erkennen, welcher Spiegel sich da in welchem widerspiegelt.«

Die unendliche Geschichte, das weltberühmte Buch von Michael Ende, beginnt damit, dass bei strömendem Regen ein kleiner Junge namens Bastian Balthasar Bux in eine Buchhandlung stürmt. Er ist auf der Flucht vor Kindern aus seiner Klasse. Die haben ihm vor der Schule aufgelauert, um ihn zu ärgern und zu schikanieren. Auf Bastian haben es alle abgesehen, er ist der geborene Verlierer. Er ist dick, in der Schule eine Null und völlig unsportlich. Auch bei sich zu Hause hat Bastian wenig Grund zur Freude. Seine Mutter ist gestorben und sein Vater ist seit dem Tod seiner Frau wie abwesend. Er spricht kaum noch und ihm ist alles gleichgültig, auch die Sorgen seines Sohnes. Bastian hat eine Leidenschaft und das sind Bücher. Glücklich ist er nur, wenn er sich in die Welt ihrer Geschichten verlieren kann.

Im Buchladen lernt Bastian den Besitzer, Herrn Koreander kennen. Der liest gerade in einem seltsamen Buch. Und als er im Nebenzimmer ans Telefon geht, kann Bastian der Versuchung nicht widerstehen. Er nimmt das Buch und läuft damit davon. Auf dem Dachboden der Schule versteckt er sich und beginnt, in dem gestohlenen Buch zu lesen: vom Land Phantásien, das vom Nichts bedroht wird, von der Kindlichen Kaiserin, die krank ist und nur gerettet werden kann, wenn ein

Mensch nach Phantásien kommt und ihr einen neuen Namen gibt. Bastian wird dieser Retter und er wird zurückkehren zu seinem Vater und mit ihm ein ganz neues Leben anfangen.

Michael Endes eigene Geschichte könnte man ganz ähnlich beginnen lassen: Jedoch nicht mit einem Jungen, sondern mit einem jungen Mann von siebenundzwanzig Jahren, der im Frühjahr 1928 in der oberbayerischen Stadt Garmisch-Partenkirchen auf der Straße steht, die zum Bahnhof führt. Der groß gewachsene Mann heißt Edgar Ende und kommt eigentlich aus Hamburg. Dort hat er als Malergeselle gearbeitet, nebenbei eine Kunstgewerbeschule besucht und angefangen, seine eigenen Bilder zu malen. Seltsame Bilder, die aussahen wie Traumszenen.

Edgar wollte Künstler werden, was den Eltern große Sorgen bereitete. Der Vater, Gustav Ende, hatte in seinem Leben viele verschiedene Berufe ausgeübt, vom Vertreter für künstliche Zähne bis zum Nachtportier und Trambahnschaffner, und er hatte nie viel Geld nach Hause gebracht. Der Sohn sollte nun einen ordentlichen Beruf ergreifen, um sich eine sichere Existenz aufzubauen. Dazu hatte Edgar weder Lust noch Begabung. Um den dauernden Vorwürfen zu entgehen und von zu Hause ausziehen zu können, heiratete er, kaum dass er volljährig war. Die Ehe hielt nicht lange, nur vier Jahre.

Edgar Ende war ein attraktiver Mann und die Frauenherzen flogen ihm zu. Er verliebte sich in ein junges jüdisches Mädchen. Die Eltern des Mädchens wollten ihre Tochter jedoch vor einem mittellosen Künstler und Frauenhelden beschützen und schickten sie weit weg, in ein Internat nahe

Garmisch-Partenkirchen. Sie hatten aber nicht mit Edgar Endes Hartnäckigkeit gerechnet. Er reiste seiner großen Liebe im Zug hinterher und nahm sich in Garmisch ein Zimmer in der Pension »Nirwana«. Ob Edgar Ende seine Traumfrau wiedergefunden hat, weiß man nicht. Jedenfalls blieb er noch in Garmisch und stand eines Tages in der Bahnhofstraße, als es zu regnen anfing.

Der Regen wurde immer stärker und Ende flüchtete kurzentschlossen in ein Geschäft. Es war keine Buchhandlung, sondern ein Laden für Spitzen, Miederwaren und Halbedelsteine. Und der Besitzer war kein Mann, sondern eine kleine, zierliche Frau, die allerdings auch einen ungewöhnlichen Namen hatte, nämlich Lise Bartholomä. Ende hatte kein Geld, um etwas zu kaufen. Also stöberte er im Laden herum, warf einen verstohlenen Blick auf die hauchdünnen Damennachthemden und sah sich die Bergkristalle und Amethyste an.

Die Ladenbesitzerin, Frau Bartholomä, hatte vom ersten Moment an eine Abneigung gegen diesen Kunden. Sie mochte keine großen, gut aussehenden Männer, schon gar nicht, wenn sie so arrogant auftraten wie dieser. Als der Ladenschluss nahte und sie das Geschäft zusperren wollte, machte Ende immer noch keine Anstalten zu gehen. Und als ihn Lise Bartholomä dazu aufforderte, weigerte er sich einfach. Draußen regnete es immer noch in Strömen, und Ende hatte keine Lust, bis auf die Knochen nass zu werden. Gegen so viel Sturheit war Lise Bartholomä machtlos, und sie schlug ihrem hartnäckigen Kunden vor, zusammen einen Tee zu trinken und zu warten, bis der Regen vorbei war.

So saßen die beiden in der Wohnung Lise Bartholomäs

über dem Laden, tranken Tee und unterhielten sich. Die acht Jahre ältere Lise erfuhr, dass Edgar Ende ein Kunstmaler war, der großformatige Bilder malte, die in seiner Fantasie entstanden. Sie war beindruckt. Sie bewunderte Künstler, vor allem wenn sie allem Geistigen gegenüber so aufgeschlossen waren wie dieser Edgar Ende. Mit ihm konnte sie endlos über Religion, Philosophie, Literatur und Musik reden.

Ende erfuhr, dass Lise Bartholomä schon sehr früh ihre Eltern verloren hatte und im Waisenhaus aufgewachsen war. Sie hatte einige Jahre in Palästina verbracht und war dann als Geschäftsfrau nach Deutschland, ins Rheinland zurückgekehrt. Nach Garmisch hatte sie auch eine Liebe verschlagen, wenn auch eine platonische. Sie war eine glühende Verehrerin des berühmten Lebensphilosophen Johannes Müller, eines christlichen Freigeistes. Müller hatte im nahe gelegenen Schloss Elmau einen Ort geschaffen, wo sich Künstler, Wissenschaftler, Querdenker und Gottsucher trafen, um mit Vorträgen, Wanderungen und Tanzabenden eine Gemeinschaft zu pflegen, die frei sein sollte von engstirnigen Dogmen. Die gläubige Lise Bartholomä wollte ihrem verehrten Lehrer und seinem Kreis nahe sein, und so war sie nach Garmisch gezogen und hatte hier ihren Laden eröffnet.

Edgar Ende vergaß seine große Liebe, derentwegen er die lange Reise in den Süden gemacht hatte. Dennoch blieb er in Garmisch-Partenkirchen. Er ging nun immer öfter zum Teetrinken in die Wohnung über dem Laden in der Bahnhofstraße. Nach wenigen Monaten verlobten sich Edgar Ende und Lise Bartholomä und im Februar des folgenden Jahres wurde geheiratet. Edgar richtete sich in Lises Wohnung ein kleines Atelier ein, das bald von Bildern so voll war, dass man sich kaum umdrehen konnte. Neun Monate nach der Hochzeit, am 12. November 1929, brachte Lise, die nun Lise Ende hieß, im Gemeinde-Krankenhaus Garmisch ihr erstes Kind zur Welt. Es war ein Junge, und die Eltern gaben ihm den Namen Michael Andreas Helmut.

Die Kosten für die schwierige Geburt hätten Edgar und Lise Ende fast ruiniert. Sie hatten kaum Geld und die Zeiten waren schlecht. In New York waren am Schwarzen Freitag im Oktober die Börsenkurse eingebrochen und die weltweite Wirtschaftskrise war nun auch in Deutschland zu spüren. Lises Laden warf nicht viel ab und es wurde immer weniger. Edgar konnte zum Einkommen der Familie so gut wie nichts beitragen. Er war als Maler unbekannt und seine Bilder waren nicht gerade von der Art, wie man sie sich ins Wohnzimmer hängte. Nur höchst selten konnte er eines verkaufen. Immerhin hatte ein Bekannter von Lise dafür gesorgt, dass ein Bild Edgar Endes in einer Münchner Galerie ausgestellt wurde. Das Bild erregte so viel Aufsehen, dass es vor dem Schaufenster der Galerie in der Brienner Straße zu einem Menschenauflauf und einem Verkehrsstau kam und die Polizei eingreifen musste.

Daraufhin begann sich ein Kunstkritiker aus München für Edgar Ende zu interessieren. Er kam nach Garmisch und schaute sich die Bilder an. Er war beeindruckt, gab Ende aber auch zu verstehen, dass es für seine Karriere nicht gerade förderlich sei, wenn er sich weiterhin in diesem abgelegenen Gebirgsort vergrabe. Die Endes hatten sowieso vor, Garmisch zu verlassen. Die Mietverträge für den Laden und die Wohnung wurden nicht verlängert und sie mussten in Zukunft irgendwie zu Geld kommen.

Edgar Ende schaute sich in München nach einer neuen Wohnung für seine Familie um. Und er wurde fündig. Am nordöstlichen Stadtrand, in Obermenzing, auf einem verwilderten Gelände mit einem kleinen Wäldchen, entdeckte er eine alte Villa, die der Familie des verstorbenen Bildhauers Joseph Floßmann gehörte. Das Erdgeschoss war zu vermieten. Die Wohnung war klein, aber das dazugehörige Atelier war so schön und geräumig, wie es sich Edgar Ende immer erträumt hatte.

Zwei Jahre nach Michaels Geburt zogen die Endes in die Floßmann-Villa. Edgar Ende widmete sich nun ganz seiner Malerei. Daneben war er ein begeisterter Vater. Er badete seinen Sohn, erzählte ihm Geschichten oder bastelte für ihn Spielsachen. Michaels Leben beschränkte sich aber nicht auf das Haus. Bald entdeckte er, dass in der Umgebung sehr interessante Leute wohnten. Da war das kleine blonde Mädchen, dessen Vater ein Flieger war, der mit seinem Doppeldecker über der Siedlung seine Schleifen drehte und verwegene Kunststücke zeigte. Und da war vor allem Frau Buchner mit ihren vier Kindern, drei Mädchen und einem Jungen. Bei ihnen ging Michael Ende ein und aus, und mit Hartmut, dem Sohn, machte er die Gegend unsicher. Einmal brachten sie fast eine Straßenbahn zum Entgleisen, weil sie Steine auf die Schienen gelegt hatten.

In der alten, ziemlich heruntergekommenen Villa der Buchners waren alle Wände und Decken bunt bemalt mit Pferden, Tänzerinnen oder fremden Landschaften. Die Bilder stammten von einem Mann, der auch im Haus der Buchners wohnte. Er hieß Fanti und war mit seinen langen Haaren, den schweren Stiefeln, dem roten Halstuch und der Sonnenbrille eine ungewöhnliche Erscheinung. Fanti konnte nicht nur gut malen, er konnte auch wunderbar Geschichten erzählen. Die Kinder drängten sich um ihn, wenn er anfing, seine Fantasie schweifen zu lassen, und dazu kleine Zeichnungen auf Kalenderblättern machte. Fanti, der Märchenerzähler, das verwilderte Gelände, das eine riesige Spielwiese war, auf der manchmal ein Zirkus sein Zelte aufbaute, die Buchners mit ihrem ausgemalten Haus – das alles war für Michael Ende eine Welt voller Wunder, Abenteuer und Fantasie.

Und zu Hause fand diese Welt eine Fortsetzung. Oft kamen nachmittags Freunde des Vaters aus der Stadt zu Kaffee und Kuchen, und spät in der Nacht saßen alle immer noch zusammen, weil sie über den Gesprächen die Zeit vergessen hatten. Es wurde gefeiert, wenn Edgar Ende wieder eines seiner Bilder fertig hatte. Diese Bilder waren eigentlich nicht fantastisch. Es waren Menschen darauf zu sehen, Bäume und Häuser. Aber alles war unwirklich oder, besser gesagt, überwirklich. Menschliche Gestalten flogen in einer Schale durch eine Winterlandschaft, krochen aus Röhren oder runden Erdlöchern oder ihre nackten Körper steckten zur Hälfte in einer Mauer. Der Horizont auf diesen großen Gemälden schien unendlich und der Raum kalt und leer wie der Weltraum. Geheimnisvoll und manchmal beängstigend wie Träume waren diese Bilder.

Edgar Ende mochte es nicht, wenn jemand allzu schnell etwas dazu sagte. Man sollte sie auf sich wirken lassen. Überhaupt war er der Meinung, dass man diese Bilder zerstöre, wenn man sie begreifen und deuten wolle. Für ihn waren sie Ausdruck einer anderen Realität, einer geistigen Realität, die mit Verstehen und Begreifen nichts zu tun hat.

Und so entstanden diese Bilder auch. Wenn Edgar Ende sagte: »Ich gehe jetzt Skizzen malen«, dann wussten Michael und seine Mutter, dass sie ihn die nächsten Stunden nicht sehen würden und ihn auf keinen Fall stören durften. Edgar Ende zog sich zurück in einen abgedunkelten Raum, und dort wartete er, bis er »leer« wurde, das heißt, bis er von allen Gedanken frei war. Er schlief nicht, dämmerte auch nicht vor sich hin. Im Gegenteil, er war hellwach, aber »leer«. Erst wenn er diesen Zustand erreicht hatte, begannen Bilder vor seinem inneren Auge vorbeizuziehen.

Edgar Ende hatte sich einen besonderen Bleistift gebastelt, mit einer kleinen Lampe daran. Wenn er das Gefühl hatte, dass eines jener inneren Bilder etwas taugte, dann knipste er seinen Lampenbleistift an und machte sich eine Skizze. Diese postkartengroßen Skizzen sammelte er in einem Schuhkarton. Später holte er die eine oder andere heraus und sie wurde die Vorlage für eine größere Zeichnung. Und erst wenn er mit dieser Zeichnung zufrieden war, konnte ein Gemälde daraus entstehen.

Seine Gemälde wurden immer begehrter und der Name Edgar Ende wurde immer bekannter. Er bekam Einladungen zu Ausstellungen, und eines Tages meldete sich sogar das weltweit berühmte Carnegie-Institut in Amerika und wollte Bilder von ihm haben. Edgar Ende war auf dem Weg, ein großer Maler zu werden.

Die Floßmann-Villa in Obermenzing mit dem wildromantischen Park und ihren skurrilen Bewohnern war eine Insel der Kunst, der Fantasie, der Freiheit und Freundschaft geworden. Doch diese Insel war umgeben von einer Welt, in der ganz andere Dinge zählten und wo es nicht um Bilder und Geschichten ging. Nur wenige Kilometer entfernt, im Stadtzentrum Münchens, hatte im November 1923 eine kleine radikale Gruppe einen Putschversuch unternommen, der kläglich gescheitert war. Vor der Feldherrnhalle war der Marsch der Revolutionäre im Kugelhagel der Polizei zu Ende gegangen. Der Anführer der Putschisten, der Obergefreite des Ersten Weltkriegs Adolf Hitler, war im Gefängnis in Landsberg gelandet. Als er freikam, sammelte er seine alten Kampfgefährten wieder um sich. Aus der kleinen Partei wurde eine große Bewegung und der Obergefreite Adolf Hitler wurde am 30. Januar 1933 zum Reichskanzler ernannt.

In den Gesprächen in der Floßmann-Villa tauchte immer öfter der Name Hitler auf. Edgar Ende war kein politischer Mensch, aber er verfolgte die Karriere dieses Mannes mit zunehmender Sorge. Seine Ängste flossen auch in seine Bilder ein. Auf einem Ölgemälde von 1931 drängen sich nackte Menschen auf einer riesigen schwebenden Scheibe. Einige klammern sich ängstlich aneinander, andere strecken Hilfe suchend ihre Arme nach oben und einer hält sich verzweifelt die Hände vors Gesicht. Von einem fernen Punkt am Horizont aus ragen strahlenförmig Rohre in den Himmel wie riesige Trompeten auf den apokalyptischen Bildern eines Weltuntergangs. Ende gab dem Bild den Titel »Die Gefahr«.

Er ahnte die Gefahr, die auf ihn zukam, wohl mehr, als

dass er sie klar erkannte. Er dachte vermutlich, dass die Kunst auch bei einem Machtwechsel immer unangetastet bleiben würde. Das war eine Täuschung. Die nationalsozialistische Bewegung wollte alle Bereiche des Lebens unter ihre Kontrolle bringen, auch die Kunst. Und der Führer Adolf Hitler, der in seiner Jugend auch gerne Künstler geworden wäre, hatte genaue Vorstellungen davon, welche Kunst wahr und welche »entartet« sei.

Edgar Endes Bilder passten nicht zu den Vorstellungen einer volksnahen Blut-und-Boden-Kunst. Was für ihn Symbole elementarer geistiger Kräfte waren, das waren für die Nazis nur Ausgeburten einer kranken Fantasie. In der Partei-Zeitung *Völkischer Beobachter* schrieb im Februar 1935 ein Kultur-Funktionär, Ende gehöre zu den »Entbehrlichen«. Das schien ein noch harmloses Urteil. Aber Ende sollte bald merken, dass hier ein Stein ins Rollen gebracht worden war. Seine Bilder verkauften sich plötzlich nicht mehr, die Einladungen zu Ausstellungen gingen zurück.

Edgar Ende war nun sozusagen gebrandmarkt. Er war ein sehr sanfter Mensch, und immer, wenn er sich nicht ganz und gar seiner Arbeit widmen konnte, wurde er unglücklich, ja so niedergeschlagen, dass er unfähig war, irgendetwas zu tun, und tagelang in seinem Atelier auf dem Sofa lag. In dieser heiklen Situation war es nun Lise Ende, die die Initiative übernahm. Sie begann eine Ausbildung als Heilgymnastin und Masseuse. Bis sie Geld verdienen konnte, war es für die Familie eine harte Durststrecke. Die Miete konnte nicht mehr bezahlt werden und man musste sich nach einer neuen, günstigeren Bleibe umsehen. Der fünfjährige Michael musste

Abschied nehmen von seinem Obermenzinger Paradies. Ein Zwischenfall machte es ihm leichter. Er und Hartmut hatten aus Dachpappe Fackeln gemacht und damit das Wäldchen in Flammen gesetzt. Das war kein Kinderspaß mehr. Und sogar der geliebte Fanti konnte das den Buben nicht einfach verzeihen.

Edgar, Lise und Michael Ende zogen in die Stadtmitte Münchens, nach Schwabing. In der Kaulbachstraße 90 im vierten Stock, unter dem Dach, lag ihre neue Wohnung. Eigentlich war es ein großer Speicherraum, den Edgar Ende bewohnbar machte, indem er ihn durch Trennwände einteilte. Es gab eine winzige Küche und eine enge Kammer, wo Lise und Michael schliefen. Der Rest war ein Raum mit großen schrägen Dachfenstern, der als Atelier, als Schlafzimmer für Edgar und als Wohnzimmer diente. Das Klo, das man mit den Mitbewohnern teilte, lag auf dem Gang. Und auch das Wasser musste man mit einem Eimer von außerhalb der Wohnung holen.

Lise hatte nun ihre Prüfung als Heilgymnastin abgelegt. Frühmorgens brach sie auf zu ihren Patienten. Die paar Mark, die sie dafür bekam, reichten, um im Laden gegenüber Milch, Brot und Kaffee zu kaufen. Für die Miete reichte es meistens nicht. Ohne die Hilfe von Freunden hätten die Endes aus ihrer schäbigen Wohnung gleich wieder ausziehen müssen. Eine befreundete Bildhauerin bewahrte sie davor und übernahm es, monatelang die 40 Mark Miete zu bezahlen.

Edgar Ende war zur Untätigkeit verdammt. Nachdem er für »entbehrlich« erklärt worden war, folgte 1936 das Malverbot. Er bekam keine Bezugsscheine mehr, um Farben zu kaufen.

Andere Künstler dagegen entsprachen dem Kunstgeschmack der neuen Machthaber und konnten sich vor Aufträgen schier nicht mehr retten. Edgar Ende ließ sich von einigen anstellen, um ihnen bei ihren Produktionen zu helfen und so ein paar Mark für die Familie zu verdienen. Eigene Bilder durfte er nicht mehr malen. Das war sehr erniedrigend. Und sein Sohn Michael musste nun erleben, dass sein Vater, der doch nur für seine Malerei gelebt hatte, ein Ausgestoßener war, vor dessen »entarteten« Bildern man die Menschen schützen musste. Dabei war er täglich von diesen Bildern umgeben. Sie standen im Atelier, das gleichzeitig Wohnzimmer war, und manch einem hatte Michael einen Namen gegeben, weil dem Vater nichts eingefallen war oder es ihm egal war, ob seine Bilder einen Titel hatten oder nicht.

Die fröhlichen Feste, die gefeiert worden waren, wenn ein neues Bild fertig war, gab es nun nicht mehr. Unverändert geblieben waren in der Familie der geistige Hunger, die unersättliche Neugier und die endlosen Gespräche. Edgar Ende war zwar offiziell ein Volksschädling, aber er hatte in Kunstkreisen einen Namen und galt als Geheimtipp. Immer wieder stiegen Freunde und Bekannte die Treppen hoch zu der Dachwohnung, um dann stundenlang die Bilder anzuschauen und sich über Gott und die Welt zu unterhalten.

Der Schriftsteller Friedhelm Kemp erinnerte sich noch Jahrzehnte später lebhaft daran, wie er als junger Student im Atelier Edgar Endes saß und beide bis tief in die Nacht redeten und dabei Pfeife rauchten und türkischen Kaffee und Obstwasser tranken. Die Enge der Wohnung brachte es mit sich, dass Michael diese nächtlichen Besuche mitbekam. Manchmal konnte er nicht schlafen und saß auch mit auf dem Diwan des Vaters und hörte zu, wenn über die Malerei der Expressionisten, über die Mythologie alter Völker, über Psychoanalyse oder über Rilkes Gedichte gesprochen wurde.

Es zeigte sich früh, dass Michael vom Vater die Fantasie und die Lust am Gespräch geerbt hatte. Leider teilte er auch eine andere Eigenschaft mit seinem Vater – er war ein schlechter Schüler. Für Edgar Ende war die Schulzeit in Hamburg eine »Leidenszeit« gewesen. Für Michael war es eine Qual, dass er seit Ostern 1936 in die Wilhelmschule gehen musste. Was er dort lernen sollte, wollte einfach nicht in seinen Kopf hinein. Diese Art von Wissen blieb ihm fremd. Michael lebe in einer anderen Welt, soll ein Lehrer gesagt haben. Das stimmte. Es war die Welt des Vaters, zu der Träume und Visionen gehörten und wo mit einem unstillbaren Wissensdurst die Fragen nach dem Leben und der Kunst gestellt wurden.

Immerhin hatte die Schule den Vorteil, dass Michael neue Freunde kennenlernte. Den kleinen, dicken Wille, mit dem er durch die Straßen Schwabings zog und der schon bald an einer Lungenentzündung starb. Oder der Arztsohn Peter, mit dem er die Leidenschaft für Tiere teilte. Katzen, Eidechsen, Mäuse fingen sie ein oder kauften sie im Geschäft und schleppten sie nach Hause. Mit Peter verbrachte er sogar Ferientage auf dem Land. Aber auch gegenüber seinem besten Freund hatte Michael Ende Geheimnisse, bedrückende Geheimnisse. Niemandem erzählte er, dass es zu Hause manchmal sehr schwierig war und die Eltern oft stritten.

Lag es an der wirtschaftlichen Not, die kein Ende nehmen wollte? Lag es an der Tatsache, dass Lise Ende sich aufopferte und Edgar in seinem künstlerischen Eigensinn das hinnahm, ohne große Dankbarkeit zu zeigen? Oder hing es zusammen mit Lises schwerer Kindheit im Waisenhaus und ihrer tief sitzenden Angst, wieder verlassen zu werden? Jedenfalls kam es in der Dachgeschosswohnung zu unschönen Szenen. Und wenn sich Lise und Edgar nach einem Wortgefecht stumm in verschiedene Winkel der Wohnung zurückzogen, bekam Michael zu hören, wie der Vater mit düsterer Miene sagte: »Wir hätten kein Kind haben dürfen.«

Nach solchen Streits rannte Michael zwischen Vater und Mutter hin und her, um beide wieder miteinander zu versöhnen, was ihm meistens auch gelang. Dann gab es wieder die schönen Abende, an denen der Vater ihm Gedichte vorlas und die Mutter dabeisaß und Engel oder Krippenfiguren bastelte, um sie auf dem Weihnachtsmarkt zu verkaufen. Michael aber lebte in dem Gefühl, dass die Eltern nur seinetwegen zusammenblieben und er dafür verantwortlich war, dass es nicht zum Schlimmsten kam. Und er wuchs auf in dem Wissen, dass dem Vater Unrecht geschah, dass man ihm verbot, zu tun, was ihm das Wichtigste war, und dass alles, woran Edgar Ende glaubte, im normalen Leben draußen für schädlich und gefährlich gehalten wurde.

Nur wenige Hundert Meter entfernt von der Wohnung in der Kaulbachstraße, im »Haus der Kunst«, waren die Kunstwerke ausgestellt, die nach den nun herrschenden Maßstäben gut und wertvoll waren. Zur Eröffnung der »Großen Deutschen Kunstausstellung« im Juli 1937 kam auch der Führer Adolf Hitler in die Hauptstadt der Bewegung, nach München. Unter den dicht gedrängten Schaulustigen standen auch Michael und sein Vater. Edgar Ende hatte für seinen Sohn einen Stab mit einem Spiegel daran gebastelt, damit Michael über die Köpfe der Menschen auch etwas sehen konnte. Im Spiegel sah Michael dann den Mann mit dem Oberlippenbärtchen, wie er aus einer schwarzen Limousine stieg. Er kam ihm vor wie eine Wachspuppe. Die Leute streckten ihre Arme zum Hitler-Gruß und schrien laut »Sieg Heil!«. Der Empfang war ein großes Spektakel mit Fahnen und Marschmusik.

Michael bekam eine Ahnung davon, warum die Menschen bei den Massenveranstaltungen der Nazis so fanatisch waren. Es war ein perfekt inszeniertes Theater, mit Ritualen, Musik, Fackeln und aufpeitschenden Reden. Es gab, das lernte er bei solchen Gelegenheiten, auch eine andere Fantasie, eine »schwarze« Magie, mit der man die Menschen in eine Hölle locken konnte.

Am 30. August 1939 gab Hitler den Befehl zum Angriff auf Polen. Am nächsten Morgen griffen deutsche Flugzeuge polnische Städte an der Grenze an. Drei Tage später erklärten England und Frankreich Deutschland den Krieg. Das war der Auftakt zum Zweiten Weltkrieg. Der rasche Sieg über Polen löste in der deutschen Bevölkerung große Begeisterung aus. Die Endes in München jedoch lebten in Angst. Ein hoher Nazi-Richter hatte Edgar Ende mit »Freiheitsentzug« gedroht. Was das bedeutete, konnte sich jeder ausmalen. Man kannte Fälle, wo missliebige Personen in einem der Konzentrationslager verschwunden waren und nie wieder gesehen wurden.

Edgar Ende kam nicht in ein KZ. Er wurde deutscher Soldat. Weihnachten 1939 bekam er den Stellungsbefehl, und schon am ersten Tag des neuen Jahres musste er bei der Flak-

Artillerie in Bonn einrücken. Für ihn begann, wie er später sagte, die »schlimmste Zeit seines Lebens«. Er, der immer nur in der Welt seiner Bilder und Träume gelebt hatte, musste sich nun als normaler Rekrut von brutalen Vorgesetzten herumkommandieren und anschreien lassen. Wann immer es ging, zog er sich zurück, um heimlich kleine Porträtzeichnungen zu machen. Diese Minuten und Stunden waren seine Rettung im sonst geisttötenden Alltag der militärischen Grundausbildung.

Sein Sohn Michael in München hatte derweilen ähnliche Schwierigkeiten mit seiner schulischen Ausbildung. Seit Ostern 1940 war er am humanistischen Maximilians-Gymnasium. Dass er den Übergang an diese altehrwürdige Schule geschafft hatte, war schon ein kleines Wunder. Wer allerdings gedacht hatte, dass es nun mit Michael Ende aufwärts ging, hatte sich getäuscht. Schon in der ersten Klasse fiel er durch. Mit einem Zeugnis voller Sechser traute er sich nicht mehr nach Hause und wollte in die Isar springen, weil er sich als totaler Versager fühlte und sich vor seinen Eltern schämte. Zum Sprung ins Wasser fehlte ihm dann doch der Mut. Sein Vater, der inzwischen in Köln als Obergefreiter feindliche Flugzeuge mit dem Flakscheinwerfer erspähen musste, nahm die Nachricht von der schulischen Pleite seines Sohnes gelassen hin. Er erinnerte sich wohl an seine eigene Schulzeit, und er wusste, was es heißt, in ein Leben gezwungen zu sein, für das man keine Begabung hat.

Wie sein Vater war Michael Ende weder für die Schule noch für das soldatische Leben geschaffen. Er war zu jung, um Soldat zu werden, aber im Deutschland jener Zeit wurden auch schon die Kinder zu kleinen Soldaten erzogen. Michael musste wie alle in seinem Alter zur Hitler-Jugend. Am Marschieren in Reih und Glied, an den Spielen im Gelände und am Singen von markigen Liedern am Lagerfeuer fand er wie erwartet keinen Gefallen. Er ließ sich in die Reitschule in der Königinstraße versetzen. Dort lernte er reiten und wie man mit Pferden umgeht. Manchmal musste er auch bei den Tieren im Stall übernachten. Wenn sie unruhig wurden, wussten die Jungen, dass feindliche Flieger im Anflug waren. Sobald die Sirenen heulten, mussten die Pferde ins Freie geführt werden.

Der Krieg kam nun nach Deutschland zurück. Die Sirenen und das bange Warten in den Luftschutzkellern gehörten zum Alltag. Michael Ende erlebte den ganzen Schrecken des Krieges. Als er im Sommer 1943 seinen Onkel Helmut, den Bruder seines Vaters, in Hamburg besuchte, starteten englische und amerikanische Flieger die »Operation Gomorrha«. Über zehn Tage hinweg wurde die Stadt bombardiert. Von ihr übrig blieb ein rauchender Trümmerhaufen. Es gab Zehntausende von Toten. Michael Ende überlebte, aber der Anblick der zusammengeschmorten Leichen und der verstört herumirrenden Menschen verfolgte ihn sein Leben lang in seinen Träumen.

Kurz vorher, im Juni, war Köln, wo Edgar Ende stationiert war, zerstört worden. In den Wochen und Monaten davor hatte er in seiner Freizeit noch die Kirchen und Museen der Stadt besucht. Er hatte vieles bewundert, was kurze Zeit später verbrannt und vernichtet war.

Auch München wurde nicht von Bombenangriffen ver-

schont. Im April 1944 wurde das Haus der Endes in der Kaulbachstraße getroffen. Das Atelier brannte aus. Zu dieser Zeit
war Michael in seinem Geburtsort Garmisch-Partenkirchen.
Die Schüler des Maximilians-Gymnasiums waren aufs Land
in Sicherheit gebracht worden. Noch vom fernen Garmisch
aus konnten sie den roten Himmel über der Hauptstadt sehen,
wenn wieder ein Bombenhagel auf sie niederging. Von dem
Volltreffer auf ihre Wohnung erfuhr Michael Ende durch eine
Postkarte mit der kurzen Nachricht: »Atelier abgebrannt. Bin
gesund, Mama.«

Lise Ende hatte die Schreckensnacht unverletzt überstan-
den. Aber nahezu der ganze Hausrat und viele Bilder Edgar
Endes waren vernichtet worden. Fast dreihundert Ölgemälde
waren ein Raub der Flammen geworden. Von einem Gemälde Edgar Endes hatte Michael ein Foto mit nach Garmisch
genommen, als Erinnerung an den Vater. Es lag neben seinem
Bett. Darauf war, am linken Rand, ein Hügel aus zerbro-
chenen Engelsgestalten zu sehen, und auf einer unendlichen
Ebene kamen Elefanten auf den Betrachter zu.

Für den Soldaten Edgar Ende ging es ums nackte Überleben. Im Kriegsverlauf war er nach Polen an die Front verschlagen worden. Die Rote Armee kam immer näher, und
Edgar Ende humpelte mit gebrochenen Rippen seiner Truppe
hinterher, um nicht in sowjetische Gefangenschaft zu geraten. In Österreich schwammen die fliehenden deutschen Soldaten durch den eiskalten Fluss Enns, um die amerikanische
Zone zu erreichen. Viele ertranken. Edgar Ende erreichte das
andere Ufer, nackt und völlig erschöpft. Er wurde von den
Amerikanern in ein Lager nach Salzburg gebracht, wo die

Kriegsgefangenen dicht gedrängt und fast ohne Verpflegung stehend festgehalten wurden. Nach sechs Wochen kam der abgerissene und abgemagerte Edgar Ende frei und wurde im Lastwagen nach München transportiert.

Er fand seine Frau und seinen Sohn wieder im südwestlichen Stadtteil Solln. Lise hatte hier in einer Villa ein Notquartier gefunden. Aus der zerstörten Wohnung in der Kaulbachstraße hatte sie nur wenige Möbel retten können. Immerhin auch den Schrank, den Edgar mit Bildern bemalt und seinem Sohn zum zehnten Geburtstag geschenkt hatte.

An Kunst war jetzt nicht zu denken. Der erste Winter nach Kriegsende brachte eisige Temperaturen und die Versorgungslage war katastrophal. Um nicht zu erfrieren oder zu verhungern, musste Heizmaterial und Essbares beschafft werden. Michael war mittlerweile sechzehn Jahre alt und konnte dem Vater tatkräftig helfen. Auf der Wiese eines Schäfers fingen beide einen Hammel, der dann zu Hause im Keller geschlachtet wurde. Und an manchen Tagen erhielten sie von den Behörden die Erlaubnis, in den Wäldern außerhalb der Stadt mit einem Beil Bäume zu fällen und nach Hause zu schleppen. Einmal wollten Vater und Sohn auf dem Schwarzmarkt eine wertvolle Armbanduhr verkaufen. Doch für die abgezockten Dealer waren die beiden viel zu blauäugig und unerfahren. Plötzlich war eine geladene Pistole auf sie gerichtet, und sie kamen nach Hause ohne Uhr und ohne Geld.

Für Edgar Ende war die Uhr kein großer Verlust. Viel wichtiger war es ihm, endlich wieder malen zu können. Ohne seine Bilder war er unglücklich und antriebslos. Farben und andere Malutensilien waren in diesen Notzeiten schwer zu bekommen und in der Mansardenwohnung in Solln war viel zu wenig Platz für ein Atelier.

Die Erlösung kam durch Zufall. Die Endes hatten Kontakt zu der »Christusgemeinde«, einem religiösen Kreis, der sich auf die anthroposophischen Lehren Rudolf Steiners berief. Zu diesem Kreis gehörte auch der Maler Richard Ferdinand Schmitz. Der machte nun Edgar Ende den Vorschlag, mit Lise und Michael in die große Wohnung des Ehepaars Schmitz in Schwabing zu ziehen. Edgar Ende nahm dankend an.

Die Atelierwohnung in der Leopoldstraße war unzerstört und geräumig. Michael bekam ein eigenes kleines Zimmer mit Fenster zum Innenhof. Und Edgar Ende teilte sich nun mit Ferdinand Schmitz das große Atelier, das vollgestopft war mit alten Möbeln und Teppichen. Schmitz malte Landschaften und Szenen aus dem bäuerlichen Leben. Und Edgar Ende malte wieder seine Traumbilder.

Wenn Michael den Vater besuchte, um ihm beim Malen zuzuschauen, setzte er sich auf das riesige Bett, das im Atelier stand. Seit einiger Zeit machte er Gedichte und manche dieser Gedichte entstanden nach den Bildern des Vaters. Edgar Ende nahm regen Anteil an den poetischen Versuchen seines Sohnes. Er war stolz auf ihn und las Michaels Verse vor, wenn Freunde zu Besuch waren.

Die Eltern wollten Michael auch musikalisch fördern. Im Wohnzimmer der Schmitz'schen Wohnung stand ein Klavier und Michael sollte Unterricht bekommen. Eine junge Frau fand sich dazu bereit. Sie hieß Wiltrud, war einige Jahre älter als ihr Schüler und Tochter eines Mathematiklehrers. Es zeigte sich, dass Michael Ende kein besonderes Talent zum

Klavierspielen hatte. Über die einfachsten Stücke kam er nicht hinaus, was auch daran lag, dass er sich in seine Lehrerin verliebt hatte. Die beiden wurden ein Paar, sie waren rund um die Uhr zusammen, sangen im selben Chor und machten gemeinsame Reisen.

Nun wiederholte sich etwas, das Edgar Ende so ähnlich schon einmal erlebt hatte und das nun auch sein Sohn durchleiden musste. Wiltruds Eltern hatten einen Ehemann für ihre Tochter gefunden, der älter war als Michael Ende und bessere Zukunftsaussichten hatte. Sie drängten darauf, dass Michael seine Beziehung zu Wiltrud beendet. Michael weigerte sich. Die Reaktion der Eltern war nun nicht, dass sie ihre Tochter weit wegschickten. Sie hatten eine andere, elegantere Lösung. Wenn Michael bereit wäre, auf die Waldorfschule in Stuttgart zu wechseln, wollten sie ihm die Ausbildung dort bezahlen. Michael Ende willigte schließlich ein. Vielleicht war er über Wiltruds Verhalten so enttäuscht, dass er nur noch wegwollte.

Was ihm den Abschied von München leichter machte, war, dass er nun endlich dem ungeliebten Max-Gymnasium, in das er nach Kriegsende wieder gehen musste, den Rücken kehren konnte. Dass er dort jahrelang dazu verurteilt war, lateinische und griechische Vokabeln zu pauken, war ihm unerträglich geworden. Zudem war er es leid, dass ständig Witze über seinen Namen gemacht wurden. Wenn er wieder einmal eine Klassenarbeit verpatzt hatte, kam vom Lehrer unvermeidlich die Bemerkung: »Das ist der Anfang vom Ende.« Und wenn er wider Erwarten doch eine Klasse geschafft hatte, gab es immer jemanden, der sich den Kommentar nicht verkneifen konnte: »Ende gut, alles gut.«

Im April 1947 kam Michael Ende nach Stuttgart. Er wohnte bei einer schwäbischen Hausfrau und fuhr jeden Morgen mit der Straßenbahn zur Waldorfschule in den Osten der Stadt. Das Klima in der Schule gefiel ihm von Anfang an. Es gab keinen Zwang, und es gab keine Lehrer, die ihm das Leben schwer machten. Umgekehrt allerdings gab der neue Schüler Anlass zur Sorge. Nach kurzer Zeit nämlich machten schon Gerüchte um seine Frauengeschichten die Runde. Michael Ende war mit seinen nunmehr achtzehn Jahren ein gut aussehender junger Mann. Und er hatte etwas an sich, das die Frauen wie magisch anzog. Er nutzte diese Ausstrahlung reichlich aus und ließ viele gebrochene Herzen zurück.

In Stuttgart entdeckte Michael Ende noch ein anderes Talent an sich. In der Bibliothek der amerikanischen Besatzer gab es Bücher von Autoren, die unter den Nazis verboten gewesen waren. Michael las sich nicht nur gierig durch die Werke von Thomas Mann, Bertolt Brecht, Ernest Hemingway oder William Faulkner. Er fand nun Freunde, mit denen er gemeinsam die gelesenen Theaterstücke aufführen wollte.

Die Leiterin der »American Library« stellte einen Raum zur Verfügung und schon bald inszenierte die junge Truppe ihr erstes Stück auf einer improvisierten Bühne. Michael Ende wurde ein begeisterter Schauspieler. Er schrieb aber auch selbst ein Theaterstück, das allerdings nicht aufgeführt wurde. Sein Vater hob die maschinengeschriebenen Seiten sorgfältig auf. Er band sie in blauen Karton und schrieb darauf: »Ein Drama von Michael Ende«.

Edgar Ende war wohl überzeugt davon, dass in seinem Sohn ein Schriftsteller steckte und er diesen Weg auch weiterverfolgen würde. Umso überraschter war er, als Michael ihm nach seinem Abitur und seiner Rückkehr nach München eröffnete, dass er Theaterschauspieler werden wolle. »Nicht noch ein Hungerleider in der Familie«, soll seine erste Reaktion gewesen sein. In diesen Worten schwang sicher etwas von der Enttäuschung über die eigene Situation mit.

Edgar Ende hatte gehofft, dass er nach dem Verbot in der Nazi-Zeit wieder an seine Erfolge in den Zwanzigerjahren anknüpfen könnte und ihm jetzt endlich der richtige Durchbruch gelänge. Aber nun redeten plötzlich alle nur noch von der abstrakten Kunst. Es war wieder nicht die Zeit für die Bilder eines Edgar Ende. In Fachkreisen hatte er zwar einen Namen. Seine Bilder wurden auf Ausstellungen im In- und Ausland gezeigt, ihm wurden Ehrenämter übertragen und er wurde sogar zum Präsidenten des Münchner »Hauses der Kunst« gewählt. Doch die erhoffte Stelle eines Professors an der Akademie und damit eine sichere Lebensgrundlage blieben ihm versagt. Und während sein Ateliernachbar Ferdinand Schmitz seine Landschaftsbilder dutzendweise verkaufte, blieb Edgar Ende meistens auf seinen Traumbildern sitzen.

Sein Sohn Michael und andere Freunde bedrängten ihn, er solle doch seinen Malstil ändern, um etwas »verkäuflicher« zu werden. Edgar Ende war guten Willens. Er bemühte sich, seine Bilder etwas farbiger zu machen. Aber wenn er etwas malen sollte, was dem Kunstmarkt mehr entsprach, fiel ihm nichts mehr ein. Die Bilder entstanden nur in seinem Kopf, wenn er im dunklen Zimmer saß. Und er konnte sie nicht anders malen.

Edgar Ende gleicht dem blinden Bergmann Yor in der *Un-*

endlichen Geschichte, der Tag für Tag hinunter in sein Bergwerk steigt und von dort gläserne, rätselhafte Bilder zutage fördert. Diese Bilder sind, wie er erklärt, die vergessenen Träume der Menschen. Und wenn Bastian das Wasser des Lebens finden will, muss er auch einen vergessenen Traum wiederfinden. Bastian steigt schließlich selbst hinab in den Schacht. Er lernt, im Dunkeln zu sehen, und entdeckt endlich ein Bild, das ihn augenblicklich berührt. Es zeigt einen Mann, der ganz und gar in einen Eisblock eingefroren ist. Ohne es auszusprechen, weiß Bastian, dass dies sein Vater ist, und er spürt, dass der Mann die Hilfe seines Sohnes braucht, um sich aus diesem Eis zu befreien. Bastian nimmt das Bild mit sich. Dieses Bild wird ihn wieder aus Phantásien in seine Welt zurückführen. Das Wasser des Lebens wird ihn fragen, wen er liebt. Und lieben kann man nicht allgemein und einfach so, sondern lieben kann man nur jemand Bestimmten. Bastian weiß jetzt, wie er auf diese Frage antworten wird.

Michael Ende bestand tatsächlich die Aufnahmeprüfung in der berühmten Otto-Falckenberg-Schule in München. Im Mai 1949 begann seine Ausbildung, und er lernte, wie man sich auf der Bühne bewegt und richtig spricht. Doch schon Anfang des nächsten Jahres bekam er einen Brief des Schulleiters, in dem ihm mitgeteilt wurde, dass seine Leistungen zu wünschen übrig ließen und das Lehrerkollegium überlege, ob man ihn noch länger an der Schule behalten solle. Michael Ende war alles andere als ein fleißiger Schüler. Lieber trieb er sich in Kneipen herum, diskutierte nächtelang, betrank sich häufig und seine Affären mit Frauen waren im Freundes- und

Kollegenkreis schon legendär. *In jedem Mann steckt ein Gockel, der will manchmal auf den Mist steigen und krähen,* so verteidigte er später seine erotischen Eskapaden.

Trotz seiner anhaltenden Faulheit behielt man Michael Ende an der Schauspielschule. Es blieben jedoch Zweifel, auch bei ihm selber, ob dieser Beruf der richtige für ihn war. Sein chaotisches Leben war nur äußerer Ausdruck dafür, dass er auf der Suche war. Diese Unzufriedenheit belastete zunehmend das Zusammenleben mit seinen Eltern, besonders mit seinem Vater. Bisher hatte er wie selbstverständlich dessen Ansichten über Kunst und Leben geteilt. Jetzt endeten die Gespräche häufiger im Streit. Michael machte es Spaß, seinem Vater zu widersprechen. Nicht, weil er von seinen neuen Ideen so überzeugt war, sondern weil er einen gewissen Reiz dabei empfand, den Vater zu verunsichern, ihn mit seinen Argumenten in die Enge zu treiben und ihn infrage zu stellen. Für Edgar Ende war das bitterer Ernst. Die Angriffe seines Sohnes waren ihm unerträglich. Für ihn war sein Sohn in das Lager seiner Feinde gewechselt.

Zu dieser Zeit hatte Michael eines Nachts einen Traum, der ihn lange beschäftigte. Er schrieb ihn auf und gab den Text seinem Vater zu lesen. Daraufhin malte Edgar Ende ein Porträt seines Sohnes, in dem er auch dessen Traum darstellte. Darauf sieht man den jungen Michael mit blauer Hose und Jacke. Der Blick geht in die Ferne, entschlossen und melancholisch zugleich. Hinter ihm, unter einem schwarzen Himmel, die Fassade eines Hauses mit schwarzen Fensterlöchern. Links von ihm ragt der Kopf eines schwarzen Wolfes ins Bild. Zwischen seinen Beinen steht ein Fuchs, eine tote Ratte im

Maul. Michael hält mit der linken Hand eine Kugel, vielleicht eine Erdkugel, auf seinem Schoß. Darauf sind rote, altgriechische Buchstaben geschrieben. In der rechten hat er einen roten Stift.

Im März 1951 schloss Michael Ende die Falckenberg-Schule erfolgreich ab. Er war nun ein voll ausgebildeter Schauspieler, mit besonderer Eignung für die Rolle des »romantischen Liebhabers«. Es dauerte allerdings noch Monate, bis ihn ein Theater engagierte. Es war das Schleswig-Holsteinische Landestheater und er musste nun in den hohen Norden, nach Rendsburg, umziehen.

Der Wechsel vom Schwabinger Bohemeleben in die norddeutsche Kleinstadt fiel Michael Ende sehr schwer. Hier gab es keine wilden Faschingsfeste und keine diskussionsfreudigen Künstlerzirkel. Abends war der Ort wie ausgestorben, und man konnte den jungen Schauspieler aus München meistens in der Kneipe nebenan finden, wo er Bier und Korn in sich hineinschüttete. Die Rolle des romantischen Liebhabers spielte er nur im Privatleben. Die Geliebte hieß Hannelore. Auf der Bühne bekam er nur Nebenrollen und seine Truppe tingelte zeitweise übers Land und trat in irgendwelchen Provinztheatern auf. Michael Ende war nicht traurig, als sein Vertrag nach einer Spielzeit nicht mehr verlängert wurde.

Er kehrte zurück nach München. In der Tasche ein Theaterstück, das er in Rendsburg geschrieben hatte. Zu Hause in der Leopoldstraße lud er Freunde und Bekannte aus der Kunstszene ein, um ihnen sein Stück vorzulesen. Es war eine Komödie und handelte von einem Sultan, der sich von einem Puppenmacher zwei Doppelgänger machen lässt und am Ende nicht mehr weiß, welcher von den dreien er selber ist. Alle hörten aufmerksam zu, und als Michael fertig war, unterhielten sie sich weiter wie zuvor und keiner verlor ein Wort über das Stück. Es war sozusagen stillschweigend durchgefallen.

Der Künstlerhaushalt der Familien Ende und Schmitz war immer noch ein Treffpunkt der unbürgerlichen Kreise. Freunde gingen aus und ein, saßen in der großen Küche oder übernachteten auf dem Bett im Atelier. In Michaels Abwesenheit hatten sich jedoch die Spannungen zwischen Edgar und Lise verstärkt. Es kam jetzt öfter ein junges Mädchen, eine Kunststudentin, in die Wohnung, die Edgar bei einem Faschingsfest im ›Haus der Kunst‹ kennengelernt hatte und der er stundenlang im Atelier seine Bilder erklärte.

Eines Tages im Jahr 1953 geschah, wovor Michael Ende schon seit Kindertagen Angst hatte. Der Vater zog in die Studentenbude seiner neuen Freundin, die über dreißig Jahre jünger war als er. Anfangs arbeitete Edgar Ende weiter in seinem Atelier. Aber nach einem letzten großen Krach nahm er auch seine Bilder und sein Malerwerkzeug mit in die enge Wohnung seiner neuen Lebensgefährtin.

Michael Ende hat später eingeräumt, dass der Vater die ständigen Meinungsverschiedenheiten mit seinem Sohn nicht mehr ausgehalten und auch deswegen die Familie verlassen habe. Michael war nun kein kleines Kind mehr und konnte diesen Schritt des Vaters verkraften. Das Problem war die Mutter. Lise Ende, inzwischen fast sechzig Jahre alt, war völlig verzweifelt. Als Michael eines Abends nach Hause kam, fand er sie bewusstlos vor. Der eilig herbeigerufene Arzt konnte sie retten. Sie hatte eine Überdosis Schlaftabletten geschluckt.

Michael wagte es jetzt nicht mehr, sie allein zu lassen, aus Angst, dass sie sich nochmals etwas antun könnte. Auf den Vater war er schlecht zu sprechen. Ihm gab er die Schuld an dieser Katastrophe, die nun auch er, der Sohn, mit auszubaden hatte.

Dabei war Michael gerade dabei, ein eigenes Leben aufzubauen. Auf einer Silvesterparty hatte er eine Frau kennengelernt, von deren Schönheit, Klugheit und erotischer Ausstrahlung er augenblicklich hingerissen war. Ingeborg Hoffmann, so war ihr Name, war eine bekannte Schauspielerin und acht Jahre älter als Michael Ende. Das war aber nun keines seiner zahlreichen amourösen Abenteuer mehr. Das war etwas anderes.

Ingeborg Hoffmann und Michael Ende wurden ein Paar. Die gefeierte, aber auch sehr eigensinnige Schauspielerin konnte ihrem Freund durch ihre vielen Verbindungen auch Arbeit verschaffen. Er schrieb nun Filmkritiken für den Bayerischen Rundfunk und Nummern für das Kabarett. Viel Geld brachte ihm das nicht ein. Mit seiner Mutter wohnte er nach wie vor in der Wohnung der Familie Schmitz in der Leopoldstraße und wusste manchmal nicht, wie er die Miete bezahlen sollte. Zeitweise hatte er so wenig Geld, dass er sich nur von Milch und Semmeln ernährte. Ingeborg Hoffmann ermunterte ihn, längere Texte zu schreiben, Theaterstücke oder Romane. Doch mit seinen Versuchen war er unzufrieden. Zu sehr schielte er noch nach Vorbildern wie den berühmten Dramatiker Bertold Brecht oder war verstrickt in theoretische Überlegungen.

Welche Art von Büchern er eigentlich schreiben wollte, das

ging ihm blitzartig auf, als er für den Rundfunk eine Italienreise machte. In Palermo, in einem Park, sah und hörte er einen Mann, der, umringt von Zuhörern, eine Geschichte erzählte. Es war, wie sich herausstellte, eine Erzählung des französischen Dichters Alexandre Dumas, die der Sizilianer von seinem Großvater gelernt hatte. Michael Ende war begeistert. Genau solche Bücher wollte er auch schreiben, Geschichten, die man auch nach langer Zeit noch vorlesen kann und denen die Menschen, ob alt oder jung, ob gebildet oder unbelesen, gebannt lauschen.

In München kehrte er in sein altes Leben zurück, schrieb Rundfunkbeiträge und Filmkritiken. Um die Mutter musste er sich weniger Sorgen machen. Sie hatte angefangen, selbst kleine Bilder auf Sperrholzplatten zu malen, und darin einen gewissen Rückhalt gefunden. Mit dem Vater redete er nun wieder. Der Abstand hatte beiden gut getan. Was blieb, war die finanzielle Not. Michael Ende griff nach jedem Strohhalm, um Geld zu verdienen. Auf der Leopoldstraße traf er einen alten Schulfreund, der jetzt Grafiker war. Er schlug Michael vor, doch gemeinsam ein Bilderbuch zu machen. Der war einverstanden. Zu Hause setzte er sich gleich hin und tippte den ersten Satz in die Schreibmaschine: *Das Land, in dem Lukas der Lokomotivführer wohnte, war nur sehr klein.* Wie es weitergehen sollte, wusste er selber nicht. Aber es machte ihm ungeheuren Spaß, seiner Fantasie freien Lauf zu lassen und ins Blaue hinein zu schreiben. Die Ideen flossen nur so aus ihm heraus, und einige Monate später war aus dem ersten Satz eine lange Geschichte geworden: von der Insel Lummerland, von Lukas dem Lokomotivführer, seinem Freund Jim Knopf, von der abenteuerlichen Reise nach China, auf die sich beide begeben, und ihrem Kampf mit der Bande der Wilden Dreizehn.

Das fertige Manuskript wollte niemand haben. Alle Verlage schickten es zurück. Michael Ende wollte schon aufgeben, als sich der Thienemann-Verlag in Stuttgart bereit erklärte, es zu drucken.

Als das Buch 1960 erschien, steckte Michael Ende in großen Schwierigkeiten. Seit Monaten hatte er die Miete nicht bezahlt und es drohte ihm eine Klage. In dieser prekären Situation klingelte das Telefon, und eine fremde Stimme teilte ihm mit, dass ihm für sein Buch der Deutsche Jugendliteraturpreis zuerkannt worden sei – zusammen mit einem Preisgeld von fünftausend Mark. So viel Geld hatte Michael Ende noch nie gehabt. Und es wurde noch mehr, als das Buch von Jim Knopf und Lukas, dem Lokomotivführer zum Bestseller avancierte.

Michael Ende war auf einen Schlag berühmt geworden und von allen Geldsorgen befreit. Das war ein Gefühl, das er bisher nicht gekannt hatte. Edgar Endes Befürchtung, dass auch sein Sohn ein Hungerleider bleiben würde, sollte sich also doch nicht bewahrheiten. Michael Endes Vater blieb der große Erfolg verwehrt, obwohl auch er Ehrungen erfuhr. 1962 erhielt er als erster Künstler den neu geschaffenen Seerosenpreis der Stadt München. Mit dem Preisgeld wollten er und seine Lebensgefährtin die enge Stadtwohnung endlich verlassen und ein Haus auf dem Lande kaufen. Sie fanden ein altes Schulhaus in Netterndorf, einem kleinen Ort vierzig Kilometer südöstlich von München.

Die Vorbereitungen für den Umzug waren für Edgar Ende zu anstrengend. Er erlitt einen Herzinfarkt und musste lange in der Klinik bleiben. Nach seiner Entlassung bezog er das neu erworbene Haus auf dem Land. Er war nun weit entfernt von seinen Freunden und Künstlerkollegen. Die Arbeit im Garten und die schöne Landschaft waren kein Ersatz für die gewohnten Gespräche und Anregungen. Er fühlte sich zunehmend im Abseits. Ab und zu besuchte ihn sein Sohn Michael. Vater und Sohn waren wieder versöhnt. Auch kurz nach Weihnachten 1965, am 26. Dezember, war Michael zu Besuch im alten Schulhaus in Netterndorf. Abends fuhr er nach München zurück. Am nächsten Tag erreichte ihn die Nachricht, dass sein Vater in der Nacht einen zweiten Herzinfarkt erlitten hatte und daran gestorben war. Edgar Ende wurde auf dem kleinen Friedhof in Antholling beerdigt. Dort befindet sich sein Grab noch heute.

Edgar Ende hatte alles, was er besaß, seiner Lebensgefährtin vermacht. Sein Sohn Michael musste lange darum kämpfen, dass seiner Mutter wenigstens der Pflichtanteil zuerkannt wurde. Das Erbe, das Michael von seinem Vater mitbekam, war ein anderes. Erst nach dessen Tod wurde ihm richtig bewusst, wie sehr er von ihm beeinflusst worden war und wie sehr sich ihrer beider Vorstellungen von Kunst und Leben glichen. Zwanzig Jahre nach Edgar Endes Tod schrieb Michael ein Gedicht auf seinen Vater. Darin heißt es:

Mein Vater wohnte
an einer arkadischen Küste,
an welche die Wellen

des Eismeers spülten.
Dort regierte er als geduldiger König
sein menschenleeres Reich.

(…)

In seinem Auge sitzend
ließ er sich hinab
in die Tiefen von Grund zu Ungrund.
In der Finsternis schaltete er
sein Augen-Licht ein und schaute.

Und was er fand im Jenseits der Gründe,
das zeichnete er getreulich auf
in seiner Enzyklopädie
des wortlosen Staunens.
Beides wuchs mit den Jahren.
So wurde das Wunderkind
zum Meister des Staunens.[8]

(…)

Edgar Ende wurde als surrealistischer Maler bezeichnet, Michael galt als Kinderbuchautor, der fantastische Geschichten schrieb. Eigentlich waren sie beide Bewohner Phantásiens. Beiden gelang der Zugang zu einer Innenwelt, aus der sie Bilder und Worte bezogen, mit denen sie menschliche Ängste und Sehnsüchte darstellten. Und beide stießen mit ihrer Vorstellung von Fantasie auf Kritik und Ablehnung. Edgar Endes Bilder waren missverstanden, unterschätzt und sogar verboten worden, weil man sie für unrealistisch hielt. Und Michael Ende erging es nun ähnlich.

Mitte der Sechzigerjahre, im Zuge der sogenannten Studentenbewegung, wurde von Büchern, gerade von Kinderbüchern verlangt, dass sie die Wirklichkeit, vor allem die politische Realität, beschreiben und bei den Lesern ein »kritisches Bewusstsein« erzeugen. Michael Ende warf man vor, dass er mit Büchern wie *Jim Knopf* die Leser verführe, aus der Wirklichkeit auszusteigen und in Traumwelten zu flüchten. Ein Kritiker hielt ihm sogar vor, dass das China, das er in *Jim Knopf* schildert, nichts mit dem historischen China und seinen politischen Problemen zu tun habe.

Für Michael Ende waren diese Vorwürfe absurd. Fantasie war für ihn nicht der Weg, der aus der Wirklichkeit hinausführt, sondern in sie hinein, um das alltägliche Leben besser verstehen und bewältigen zu können. *Ich bin der Meinung,* so schrieb er in einem Brief, *dass ein Kinderbuch, gerade wegen des vielen Drecks, der Lieblosigkeit, der Hässlichkeit (…) seinen Lesern etwas bieten soll, was sie schön finden und was sie lieben können. Nichts anderes ist wichtig, denn von dort her werden sie sich die Welt erobern und einverleiben können. Ob das, was sie lieben und schön finden, auch im Sinne der Erwachsenen wirklich ist, ist ganz unwichtig, denn auch die Puppe und das Bärchen, mit denen Kinder spielen, sind ja in Wirklichkeit nichts als ein paar Hände Sägemehl und ein bisschen Stoff (…).*[9]

Nichts lag Michael Ende ferner, als mit seinen Büchern die Leser erziehen zu wollen oder eine bestimmte Absicht zu verfolgen. Was ihn einzig und allein beim Schreiben antrieb, war die kindliche Lust am Spiel. Auch darin zeigt er sich als Schüler seines Vaters. Für Edgar Ende war Malen ein absichtsloses Spiel mit Farben und Formen. Und er wurde dadurch zwangsläufig zum Gegner und Feind einer Weltanschauung, die in Mittel-Zweck-Kategorien denkt, die nach möglichst großer Nützlichkeit verlangt, die Ziele verfolgt und diese Ziele wenn nötig auch mit Zerstörung, Gewalt und Krieg erreichen will. Edgar und Michael Ende sind Vertreter des lustvollen Spiels und entziehen sich als solche allen Forderungen nach Realismus, nach eindeutigen Erklärungen und pädagogischen Botschaften. In einem Vortrag meinte Michael Ende: *Ich gestehe es also ohne Scham: Die wahre, eigentliche Triebfeder, die mich beim Schreiben bewegt, ist die Lust am freien und absichtslosen Spiel der Phantasie. Für mich ist die Arbeit an einem Buch immer von neuem eine Reise, deren Ziel ich nicht kenne, ein Abenteuer, das mich vor Schwierigkeiten stellt, die ich vorher nicht kannte, durch das Erlebnisse, Gedanken, Einfälle in mir hervorgerufen werden, von denen ich nichts wusste – ein Abenteuer, an dessen Ende ich selbst ein anderer geworden bin als der, der ich zu Anfang war.*[10]

Die verständnislose und zum Teil verletzende Einstellung vieler Kritiker war auch ein Grund dafür, warum Michael Ende und Ingeborg Hoffmann 1970 Deutschland verließen. In der Nähe von Rom, wo sie sechs Jahre vorher geheiratet hatten, fanden sie ein Haus mit großem Garten. In dieser Casa Liocorno, der Villa Eichhorn, lebten sie nun zusammen mit Hunden, Katzen und Schildkröten. Für Ingeborg Hoffmann war der Umzug nach Italien wie ein Nach-Hause-Kommen. Und Michael Ende hatte das Gefühl, in diesem Land, wo Kunst, Leben und Fantasie so selbstverständlich zusammengehörten, endlich wieder frei atmen zu können.

Ähnlich wie sein Vater war Michael Ende angewiesen auf die richtige Stimmung, um schreiben zu können. Er zog sich zwar nicht zurück in einen abgedunkelten Raum. Aber er musste in einem gewissen Sinne auch »leer« werden, damit die Ideen in ihm aufstiegen. Auf Zetteln notierte er sich alles, was ihm merkwürdig oder interessant vorkam: ein Satz auf einem Werbeplakat, ein Bild in einer Zeitschrift, ein seltsamer Gegenstand. Diese Notizen konnten dann etwas auslösen, es entstand eine Geschichte – oder sie verschwanden wieder im Zettelkasten. Für Michael Ende war das so, wie wenn man einen Faden in Zuckerwasser hängt und dann beim Abkühlen daran der kristallisierte Zucker hängen bleibt.

So war es auch, als ihm ein Bekannter eine völlig wertlose Uhr schenkte, eine Uhr ohne Zeiger. Das war der Anstoß, ein Buch zu schreiben über die Zeit. Und was dabei herauskam, war die Geschichte von dem Mädchen Momo, das in einem alten Amphitheater lebt und das seine Zeit am liebsten seinen Freunden schenkt. Gerade das Gegenteil machen die sogenannten grauen Herren. Sie stehlen den Menschen die Zeit, sodass sie für nichts und niemanden mehr Zeit haben. Momo gelingt es, zusammen mit Meister Hora, dem Verwalter der Zeit, die grauen Herren zu überlisten. Sie befreit die gestohlene Zeit aus den Zeitsparkassen und die Stundenblumen können wieder zurück zu den Menschen.

Fast sechs Jahre lang schrieb Michael Ende an diesem Buch und machte die Zeichnungen dazu selbst. *Momo* wurde ein großer Erfolg und wurde sogar verfilmt, ebenso wie *Die Unendliche Geschichte*. Aber über die Verfilmung der *Unendlichen Geschichte* war Ende entsetzt. Als er merkte, was aus seinem Roman gemacht werden sollte, wollte er den Film mit allen Mitteln verhindern. Er erkannte sein Buch nicht wieder, man habe daraus, so beklagte er, *ein gigantisches Melodram aus Kitsch, Kommerz, Plüsch* gemacht, eine *Mischung aus E.T. und The Day After.* Die Fantasy dieses Films war nicht die Fantasie eines Edgar und Michael Ende. Dieses Filmdrehbuch war eine Aneinanderreihung von aufregenden Szenen. Hier ging es nur um Handlung, um Action und Spannung. Im Roman dagegen hatte jede Figur, jede Handlung und jedes Ereignis einen tieferen Sinn, der sich im spielerischen Fortgang der Geschichte entwickelte. Alles, was Bastian an Abenteuern erlebte, war das Abbild einer inneren Entwicklung, die ihren eigenen Gesetzen folgen musste. Diese geistige Logik war im Drehbuch für Michel Ende völlig verloren gegangen.

Michael Ende verlor den Prozess. Der Film wurde gedreht. Als er auch in einem Kino in der Nähe ihres Wohnortes gezeigt wurde, sah ihn sich Ingeborg Hoffmann mit einer Freundin an. Am Abend desselben Tages musste sie ins Krankenhaus eingeliefert werden. Sie war schon lange krank. Der Kampf gegen die Verfilmung und die Aufregung über den fertigen Film haben ihre Kräfte endgültig aufgebraucht. Nach sieben Tagen im Krankenhaus starb Ingeborg Hoffmann Ende März 1985.

Der Tod seiner Frau traf Michael Ende hart. Er wollte nicht mehr alleine in der Casa Liocorno bleiben und kehrte zurück nach München. Obwohl die Literaturkritik ihn kaum beachtete, wurde er mit Preisen überhäuft und es erschienen von ihm Theaterstücke, Gedichte und Bilderbücher wie *Filemon Faltenreich, Ophelias Schattentheater* oder die schöne Geschichte vom Lindwurm und dem Schmetterling, die ihre Namen ändern, weil doch ein Drache nicht lind sein darf und ein zarter

Falter nun wirklich nichts Schmetterndes an sich hat. Und sie beschließen deshalb, sich von nun an Lindling und Schmetterwurm zu nennen.

Viele dieser Geschichten wurden vertont und als Theaterstücke aufgeführt. Allmählich erkannte man auch, dass Michael Endes Bücher nicht nur realitätsferne Fantasien sind, sondern darin sehr genau die Schattenseiten unserer Zivilisation gezeigt werden. Für Leute, die an Friedensdemonstrationen teilnahmen oder gegen Atomkraft und Umweltzerstörung protestierten, wurden *Die Unendliche Geschichte* und *Momo* zu Kultbüchern.

Noch deutlicher politisch war ein weiteres Buch von Ende mit dem unaussprechlichen Titel *Der satanarchäolügenialkohöllische Wunschpunsch.* Darin sind der Zauberer Beelzebub Irrwitzer und die punkige Geldhexe Tyrannja Vamperl täglich damit beschäftigt, Flüsse zu verseuchen oder die Luft zu verpesten. Weil sie mit ihrem Pensum an Missetaten im Rückstand sind, brauen sie am Silvesterabend einen Wunschpunsch, der alle guten Wünsche fürs neue Jahr in böse verwandeln soll. Dem gerissenen Raben Jakob Krakel und dem gefräßigen Kater Maurizio di Mauro gelingt es, diesen teuflischen Plan zu vereiteln. Im letzten Moment werfen sie den in Eis gefrorenen Glockenton des Mitternachtsläutens in den Punsch und verwandeln so alle bösen Wünsche in ihr Gegenteil. Die Erde bekommt wieder eine Chance.

Schuld an der drohenden Zerstörung der Erde durch Krieg oder Umweltverschmutzung war für Ende eine lieblose und geistlose Vorstellung von der Natur. Eine solche entzauberte Natur hielt er für nicht bewohnbar, nicht für Erwachsene und schon gar nicht für Kinder. Die fortschreitende Bedrohung der äußeren Welt war für Michael Ende die Folge einer anderen Entwicklung, die er für nicht weniger gefährlich hielt als die Umweltzerstörung, nämlich die *Innenweltzerstörung*. Sie besteht darin, dass sich eine Haltung immer mehr ausweitet, die alles nur noch nach Nützlichkeit und Verwertbarkeit bemisst und den Sinn für das nutzlose Schöne verliert. Deshalb sah Michael Ende seine Aufgabe als Schriftsteller darin, wieder eine Welt zu zeigen, die voll ist von Wundern und Geheimnissen, in der sich die Träume und Sehnsüchte der Menschen in der Natur widerspiegeln und umgekehrt.

Dies ist das zentrale Anliegen, das Vater und Sohn Ende miteinander verbindet. Darum war Michael Ende nach dem Tod seines Vaters darum bemüht, dessen Werke wieder bekannt zu machen und ihm den Platz zu verschaffen, der ihm seiner Meinung nach zustand. Michael Ende organisierte Ausstellungen mit Bildern von Edgar Ende und versuchte in Gesprächen, dessen Vorstellung von Kunst und seine besondere Bildsprache verständlich zu machen. Seine große Verbundenheit mit dem Vater zeigte er mit einem Buch, das 1983 erschien und das Edgar Ende gewidmet ist. Das Buch mit dem Titel *Der Spiegel im Spiegel* enthält achtzehn Abbildungen von Werken Edgar Endes und dreißig Kurzgeschichten Michael Endes. Es sind Erzählungen, mit denen Michael Ende versuchte, das, was sein Vater mit Bildern ausdrücken wollte, in Worte zu übersetzen. Darin enthalten ist die Geschichte vom Niemandssohn, die in einer ersten Fassung die Vorlage gewesen war für das von Edgar Ende gemalte Porträt seines Sohnes mit Wolf und Fuchs. Dieses Bild hat Michael wiederum dazu inspiriert, seine Erzählung um- und weiterzuschreiben. So haben sich Vater und Sohn gegenseitig angeregt. Wie ein Spiegel, der sich in einem Spiegel spiegelt ...

Damit die Welt ihren Zauber behält, muss es immer wieder Menschen wie Bastian Balthasar Bux geben, die den Weg nach Phantásien finden. Phantásien geht unter, wenn keine Menschen mehr hineinkommen und der Kindlichen Kaiserin einen neuen Namen geben. Es wird verschluckt vom Nichts. Bastian gibt der Kindlichen Kaiserin den Namen »Mondenkind« und rettet sie damit. Aber er darf nicht in Phantásien bleiben, er muss zurück in seine Welt. Er darf nicht in der Traumwelt hängen bleiben, sondern muss mit dem Wissen, das er in ihr erworben hat, die reale Welt gesund machen. Als er das Tor, das aus Phantásien hinausführt, durchschreitet, stürzt er ins Leere und ruft nach seinem Vater.

Bastian findet sich wieder im Speicher seiner Schule. Er macht sich sofort auf den Weg nach Hause, wo der Vater schon auf ihn wartet. Bastian erzählt ihm alles, was er erlebt hat. Das klingt alles sehr fantastisch. Doch der Vater zweifelt keinen Moment an Bastians Geschichten. Er braucht keine Beweise, denn er sieht, dass Bastian ein anderer geworden ist. Nichts konnte Bastian mitnehmen aus Phantásien, außer den Veränderungen, die dort mit ihm geschehen sind. Bastian hat die Fähigkeit zu lieben erworben. Und damit erlöst er nun seinen Vater aus seiner Gefühlskälte und seiner Starre. Auch der Vater wird verändert. *Von jetzt an,* so sagt er zu Bastian, *wird alles anders werden mit uns, meinst du nicht?*

Michael Ende, der keine Lügengeschichten erfinden, sondern den Weg nach Phantásien zeigen wollte, starb am 28. August 1995. Das Geld, das er mit seinen Büchern verdient hatte, war schon vorher verloren gegangen. Sein Steuerberater hatte es mit gewagten Spekulationen durchgebracht und ihm noch dazu einen gewaltigen Schuldenberg hinterlassen. Michael Ende war doch wieder ein Habenichts geworden. Seine Möbel und einige Bilder seines Vaters wurden ihm gepfändet.

Das Grab von Michael Ende liegt auf dem Waldfriedhof in München. Es ist gestaltet als aufgeschlagenes Buch, aus dem eine Schildkröte und andere Geschöpfe aus seinen Büchern herauskriechen.

Epilog

Am 4. Januar 1960 verunglückte der französische Schriftsteller und Philosoph Albert Camus bei einem Autounfall südlich von Paris tödlich. Er wurde nur sechsundvierzig Jahre alt. Im demolierten Unfallwagen wurde eine Mappe mit einem Manuskript gefunden. Die über einhundertvierzig Seiten waren mit der Hand und offenbar in großer Eile geschrieben. Camus schildert darin seine Kindheit und Jugend, aber vor allem war das geplante Buch eine Suche nach dem Vater. Den Anstoß dazu erhielt Camus, als er sechs Jahre vor seinem Unfalltod das Grab seines Vaters besuchte. Lucien Camus war als Soldat gleich zu Beginn des Ersten Weltkrieges ums Leben gekommen. Ein Granatsplitter hatte ihm den Kopf aufgerissen und an den schweren Verletzungen war er kurz darauf im Lazarett gestorben. Sein Sohn Albert war damals nicht einmal ein Jahr alt gewesen, hatte also keine Erinnerungen an seinen Vater.

Als Albert Camus am Grab seines Vaters stand und die Jahreszahlen studierte, wurde ihm schockartig bewusst, dass der hier begrabene Mann erst neunundzwanzig Jahre alt gewesen war, während er, der Sohn, schon vierzig Jahre zählte. Der Sohn war also um vieles älter als der Vater. Er hätte, vom Alter her betrachtet, der Vater sein können und der Vater der Sohn. Und in der Tat hatte Albert Camus nun diesem jungen Toten gegenüber ein schmerzliches und zärtliches Gefühl, als ob hier sein ermordetes Kind begraben liegen würde.

Sein Vater war für ihn bisher ein Unbekannter gewesen, eine dunkle Gestalt in der Vergangenheit. Nun, am Grab, wurde er zu einem lebendigen Menschen, der seine eigene Geschichte hatte, die in Vergessenheit geraten war, die der Sohn aber nun festhalten wollte. Mehr noch: Albert Camus hatte sein Leben lang den Drang, mehr zu wissen über die Menschen, was sie antreibt, was ihr Leben wertvoll macht und was sinnlos. Er hatte gehofft, das alles aus Büchern zu erfahren. Nun kam es ihm vor, als ob er viel zu weit weg gesucht hatte, und das Geheimnis, das er ergründen wollte, ganz nahe gewesen war, nämlich in der Lebensgeschichte seines Vaters. Nach ihm sehnte er sich jetzt. In seinem Buch schrieb er: *Ich habe versucht, von Anfang an, schon als Kind, selbst herauszufinden, was gut und böse ist – da niemand in meiner Umgebung es mir sagen konnte. Und jetzt, wo mir alles abhanden kommt, wo ich das Bedürfnis habe, dass jemand mir den Weg weist, mich tadelt und lobt, nicht aufgrund von Macht, sondern von Autorität, brauche ich meinen Vater.*

Albert Camus' Erfahrungen werfen ein sehr erhellendes Licht auf die Vater-Sohn-Beziehung. Sie bestätigen die Behauptung, dass der Vater eine unverzichtbare Rolle in der Entwicklung eines Kindes spielt, egal ob er nun da ist oder nicht. Ist er anwesend, wird er oft gefürchtet, weil er die kindlichen Wünsche und Träume mit seinen Verboten und Erwartungen einschränkt. Ist er abwesend, wird er vermisst. Was in beiden Fällen fehlt, ist jemand, der Orientierung gibt, der, wie Camus sagt, *tadelt und lobt* und zwar *nicht aufgrund von Macht, sondern von Autorität.*

Was Camus hier mit »Autorität« meint, ist verschieden zu dem, was normalerweise damit verbunden wird. Sagen wir von jemandem, er sei autoritär, so meinen wir damit, dass er

Zwang ausübt oder sogar vor Gewalt nicht zurückschreckt, um seine Vorstellungen durchzusetzen. Das ist aber gerade eine Haltung, die Camus ablehnt. Franz Kafka hat diese Art der Autorität an seinem Vater erlebt und in seinem Brief an ihn auch beschrieben.

Als Machtmensch stellte Hermann Kafka Verbote auf, ohne sich selbst daran zu halten. Und er kritisierte alles und jeden, sodass man glauben konnte, dass er allein immer alles richtig macht und richtig beurteilt. Das Recht dazu glaubte er zu haben, weil er das Familienoberhaupt war, weil er hart arbeitete und das Geld verdiente, das der Familie einen gewissen Wohlstand und den Kindern ein sorgloses Leben sicherte. Für den Sohn Franz war der Vater unberechenbar. Der Sohn konnte einfach nicht verstehen, warum der Vater manchmal so und manchmal anders urteilte und warum Kritik und Widerspruch schlichtweg verboten waren. Der Vater bekam, so schrieb Franz Kafka, *das Rätselhafte, das alle Tyrannen haben, deren Recht auf ihrer Person, nicht auf dem Denken begründet ist.*

Hermann Kafka war, so könnte man sagen, im schlechten Sinne autoritär. Aber wie sähe dann eine Autorität im guten Sinne aus, eine Autorität, die keinen Zwang ausübt, die nicht auf Macht beruht? Die jüdische Philosophin Hannah Arendt hat sich darüber viele Gedanken gemacht. Sie hielt an einer Vorstellung von Autorität fest, die frei ist von Zwang und Macht. Wahre Autorität besteht für sie darin, gegenüber den Kindern die Verantwortung für die Welt zu übernehmen. Das heißt: Ein Erwachsener hat die Aufgabe, das Kind mit einer Welt bekannt zu machen, die für es völlig neu und unbegreiflich ist. Der Erzieher muss dafür sorgen, dass das Kind sich in der Welt zurechtfindet. Er darf das Kind nicht sich selbst überlassen. Er muss eingreifen, er muss »loben und tadeln« als jemand, der Erfahrung hat und sich in der Welt auskennt.

Das geht natürlich nur, wenn der Erwachsene die Verhältnisse, in denen er lebt, nicht ablehnt oder gar bekämpft. Wer nicht bereit ist, die Verantwortung für die Welt zu übernehmen, sollte nach Hannah Arendts Meinung auch keine Kinder zeugen, und es sollte ihm auch nicht erlaubt werden, Kinder zu erziehen. Solche Leute kamen Hannah Arendt vor, als würden sie den Kindern täglich sagen: »In dieser Welt sind auch wir nicht sehr verlässlich zu Hause, und wie man sich in ihr bewegen soll, was man dazu wissen und können muss, ist auch uns nicht bekannt. Ihr müsst sehen, wie ihr durchkommt; uns jedenfalls sollt ihr nicht zur Verantwortung ziehen können. Wir waschen unsere Hände in Unschuld.«

Es sind Väter wie Will Vesper, die mit ihrem Verhalten eine ähnliche Sprache sprechen. Vesper war nach 1945 der Feind seiner Zeit. Er lebte in einer Welt von gestern, die er krampfhaft aufrechterhalten wollte und nach deren fragwürdigen Grundsätzen er seinen Sohn erzog. Kein Wunder, dass der junge Mann Bernward Vesper, als er seine Heimat Triangel verließ, völlig weltfremd war. Er musste sich quasi selbst erziehen. Und wie unendlich schwer fiel es ihm, eigene Gefühle und Gedanken zu entwickeln, die im Widerspruch standen zum Vater. Und wie ähnlich blieb der Sohn doch dem Vater, trotz allen Hasses gegen ihn. Auch Bernward war ein Feind seiner Zeit, wenn auch unter anderen Voraussetzungen. Er wünschte sich nicht zurück in eine Vergangenheit. Er hatte den Traum von einer Zukunft, die glücklicher und gerechter sein sollte. Über diesen Traum ging ihm aber die Realität verloren und damit auch sein eigener Sohn Felix.

Das Beispiel Bernward Vesper zeigt auch, dass zur wahren Autorität noch eine zweite Seite gehört. Nicht nur geht es darum, das Kind vertraut zu machen mit der Welt, in die es hineingeboren wird. Genauso wichtig, wenn nicht noch wichtiger ist es, das Neue und Eigene, das jedes Kind mit sich bringt, wahrzunehmen und zu fördern. Bernward Vesper lernte auf Triangel zwar, wie man einen Bauernhof bewirtschaftet, aber sobald er den Vorstellungen seiner Eltern nicht entsprach, wurde er mit Nichtbeachtung bestraft. Franz von Assisi wurde von seinem Vater beigebracht, wie man wertvolle Stoffe kauft und wieder verkauft, aber sobald er etwas tat, was nicht in diese Geschäftswelt passte, war es mit der Vaterliebe vorbei. Thomas Mann erhoffte sich von seinem Sohn die *Fortsetzung meinerselbst*, und er reagierte mit Kälte, als Klaus Eigenschaften zeigte, die er an sich selbst nicht zuließ. Hermann Hesse hielt an seinem *Eigensinn* fest und wurde von seinem Vater fallen gelassen und für verrückt erklärt. Martin Luther musste ins Kloster fliehen, um von den Erwartungen seines Vaters nicht erdrückt zu werden. Und Franz Kafka fühlte sich wie ein ekliges Insekt, weil er nicht so war, wie der Vater sich einen Sohn und Nachfolger wünschte, weil er in dessen Augen ein »schlechter Sohn« war.

Alle diese Söhne waren anders als ihre Väter. Weil sie anders waren, waren sie diesen Vätern fremd. Mit jener Fremdheit konnten so geschäftstüchtige und scheinbar lebenserfahrene Männer wie Hans Luther oder Hermann Kafka nicht umgehen. Sie wollten diese fremden Seiten an ihren Söhnen nicht zulassen und unterdrückten sie. Bezeichnenderweise war ein wenig realistischer und erfolgloser Vater wie Edgar Ende noch am ehesten in der Lage, die Selbstsuche seines Sohnes mit Geduld und Verständnis zu verfolgen. Aber auch Vater und Sohn Ende blieb der Konflikt nicht erspart.

Dieser Konflikt ist der ewige Kampf zwischen den Generationen, zwischen Jung und Alt, zwischen dem Neuen und der Tradition. Dieser Kampf kann und soll auch gar nicht abgeschafft werden. Er gehört, wie der Psychoanalytiker Alexander Mitscherlich meinte, zum »Wesen unserer Tradition«. Darum warnte er vor einer »vaterlosen Gesellschaft«, in der die Jugend sich nicht mehr an den Vätern reiben kann und Gefahr läuft, seelisch zu verwahrlosen. Die Söhne müssen gegen die Väter aufbegehren, das gehört zu jener »*same old story*«, die Cat Stevens besungen hat. Und der Vater, so könnte man ergänzen, muss die Tradition vertreten. Aber wenn er sie richtig vertritt, wenn er mit einer Autorität handelt, wie sie sich Albert Camus gewünscht und wie sie Hannah Arendt beschrieben hat, dann gibt er dem Kind die Hilfestellung, die es braucht. Diese Autorität ist bewahrend und revolutionär. Sie kennt Respekt und Liebe. Sie unterstützt und tritt zurück, wo etwas Neues, Fremdes sich entwickelt. Sie hilft und weiß, wann und wo sie nicht helfen kann. In der Erziehung entscheide sich, so beschreibt es Hannah Arendt, *ob wir unsere Kinder genug lieben, um sie weder aus unserer Welt auszustoßen und sich selbst zu überlassen, noch ihnen die Chance, etwas Neues, von uns nicht Erwartetes zu unternehmen, aus der Hand zu schlagen, sondern sie für ihre Aufgabe der Erneuerung einer gemeinsamen Welt vorzubereiten.*

Bibliografie (eine Auswahl)

Vorbemerkung

Sigmund Freud: Totem und Tabu, Frankfurt am Main: Fischer 1983

Alexander Mitscherlich: Auf dem Weg zur vaterlosen Gesellschaft. Ideen zur Sozialpsychologie, Weinheim: Beltz 2003

Dieter Thomä: Väter. Eine moderne Heldengeschichte, München: Hanser 2008

Michael Winterhoff: Warum unsere Kinder Tyrannen werden oder: die Abschaffung der Kindheit, Gütersloh: Gütersloher Verlagshaus 2008

Bernward Vesper – Will Vesper

Uwe Day: Hohepriester des Hitlerkults und literarischer Inquisitor. Über Will Vesper. In: Griffel. Magazin für Literatur und Kritik, Band 9/2000, S. 61–73

Gudrun Ensslin – Bernward Vesper:»Notstandsgesetze von Deiner Hand«. Briefe 1968/69, Frankfurt am Main: Suhrkamp 2009

Michael Kapellen: Bernward Vesper und Gudrun Ensslin. Die Tübinger Jahre, Tübingen: Klöpfer und Meyer 2005

Gerd Koenen: Vesper, Ensslin, Baader. Urszenen des deutschen Terrorismus, Köln: Kiepenheuer Witsch 2003

Bernward Vesper: Die Reise, Frankfurt am Main: März bei Zweitausendeins 1977

Henner Voss: Vor der Reise. Erinnerungen an Bernward Vesper, Hamburg: Lutz Schulenburg 2004

Michael Schneider: Über die Außen- und Innenansicht eines Selbstmörders. Notwendige Ergänzungen zu Bernward Vespers *Die Reise*, in: Michael Schneider, Den Kopf verkehrt aufgesetzt oder Die melancholische Linke. Aspekte des Kulturzerfalls in den siebziger Jahren, Darmstadt und Neuwied: Luchterhand 1981, S. 65–79

ders.. Väter und Söhne, posthum. Das beschädigte Verhältnis zweier Generationen, in: Michael Schneider. Den Kopf verkehrt aufgesetzt, s. o., S. 8–64

Hermann Hesse – Johannes Hesse

Hermann Hesse: Sämtliche Werke, 20 Bände, hrsg. von Volker Michels, Frankfurt am Main: Suhrkamp 2001–2007

darin: Julius Abereggs erste und zweite Kindheit, Band 1, Jugendschriften, S. 550–575

darin: Rückblick, Band 10, Die Gedichte, S. 347–351

darin: Traum (1917), Band 11, Autobiografische Notizen 1, S. 473 f.

darin.: Zum Gedächtnis (unseres Vaters), Band 12, Autobiographische Schriften 2, S. 297–307

Hermann Hesse: Kinderseele, Frankfurt am Main: Suhrkamp 1985

ders.: Heimkehr, in: Politik des Gewissens. Die politischen Schriften, hrsg. von Volker Michels. Erster Band: 1914–1932, Frankfurt am Main: Suhrkamp 1977, S. 323–341

ders.: Gesammelte Briefe, 4 Bände, hrsg. von Ursula und Volker Michels, Frankfurt am Main: Suhrkamp 1973–1986

ders.: »Die dunkle und die wilde Seite der Seele«. Briefwechsel mit seinem Psychoanalytiker Josef Bernhard Lang. 1916-1944, hrsg. von Thomas Feitknecht, Frankfurt am Main: Suhrkamp 2006

ders.: »Liebes Herz!« Briefwechsel mit seiner zweiten Frau Ruth, hrsg. von Ursula und Volker Michels, Frankfurt am Main: Suhrkamp 2005

Ninon Hesse (Hrsg.): Kindheit und Jugend vor Neunzehnhundert, Hermann Hesse in Briefen und Lebenszeugnissen. Erster Band: 1887–1895, zweiter Band: 1895–1900, Frankfurt am Main: Suhrkamp 1966 und 1978

Bruno, Heiner und Martin Hesse: Erinnerungen an unseren Vater Hermann Hesse, hrsg. von Uli Rothfuss, Sparkasse Pforzheim Calw 2007

Ralph Freedman: Hermann Hesse, Autor der Krisis, Frankfurt am Main: Suhrkamp 1982

Alois Prinz: Und jedem Anfang wohnt ein Zauber inne. Die Lebensgeschichte des Hermann Hesse, Weinheim: Beltz & Gelberg 2000

Klaus Mann – Thomas Mann

Klaus Harpprecht: Thomas Mann, Reinbek bei Hamburg: Rowohlt 1995

Klaus Mann: Kind dieser Zeit, Reinbek bei Hamburg: Rowohlt 2000

ders.: Wendepunkt, Reinbek bei Hamburg: Rowohlt 2006

ders.: Briefe, hrsg. von Friedrich Albrecht, Berlin u. a.: Aufbau 1988

ders.: Tagebücher, 6 Bände, 1931–1949, München: Edition Spangenberg
1989–1991

ders.: Kindernovelle, Berlin: Fischer 1999

ders.: Die neuen Eltern. Aufsätze, Reden, Kritiken, Reinbek bei Hamburg:
Rowohlt 1992 (darin auch: Mein Vater. Zu seinem 50. Geburtstag)

Thomas Mann: Tagebücher, 8 Bände, 1933–1950, Berlin: Fischer 1977–1991

ders.: Briefe, 1889–1955, Berlin: Fischer 1979

ders.: Unordnung und frühes Leid. Erzählungen 1919–1930, Frankfurt am
Main: Fischer 1991

Uwe Naumann: Klaus Mann, Reinbek bei Hamburg: Rowohlt 1996

Uwe Naumann:»Ruhe gibt es nicht, bis zum Schluss«. Klaus Mann (1906–
1949). Bilder und Dokumente, Reinbek bei Hamburg: Rowohlt 1999

Armin Strohmeier: Klaus Mann, München: dtv 2000

Väter und Söhne: Will Quadflieg & Christian Quadflieg lesen aus Briefen,
Tagebüchern und Erinnerungen von Thomas Mann & Klaus Mann,
2 CDs, Hamburg: Polygram 1995

Franz Kafka – Hermann Kafka

Peter-André Alt: Franz Kafka. Der ewige Sohn. Eine Biographie, München:
Beck 2005

Alice Miller: Du sollst nicht merken, Frankfurt am Main: Suhrkamp 1981

Alois Prinz: Auf der Schwelle zum Glück. Die Lebensgeschichte des Franz
Kafka, Weinheim: Beltz & Gelberg 2005

Reiner Stach: Kafka. Die Jahre der Entscheidungen, Frankfurt am Main:
Fischer 2002

ders.: Kafka. Die Jahre der Erkenntnis, Frankfurt am Main: Fischer 2008

Franz Kafka: Gesammelte Werke in zwölf Bänden, nach der Kritischen Aus-
gabe hrsg. von Hans-Gerd Koch, Frankfurt am Main: Fischer 1994

ders.: Tagebücher, 3 Bände, Band 9–11 der Gesammelten Werke, s. o.,
Frankfurt am Main: Fischer 2003 f.

ders.: Brief an den Vater, Gesammelte Werke, Band 7, S. 10–66

ders.: Briefe 1902–1924, Frankfurt am Main: Fischer 1990

ders.: Briefe an die Eltern aus den Jahren 1922–1924, hrsg. von Josef Cermák und Martin Svatos, Berlin: Fischer 1990

Briefe an Felice und andere Korrespondenz aus der Verlobungszeit, hrsg. von Erich Heller und Jürgen Born, Frankfurt a. Main: Fischer 1975 ff.

ders.: Briefe an Ottla und die Familie, hrsg. von Hartmut Binder und Klaus Wagenbach, Frankfurt am Main: Fischer 1994

Martin Luther – Hans Luther

Erik H. Erikson: Der junge Mann Luther. Eine psychoanalytische und historische Studie, München: Szczesny 1964

Roland H. Bainton: Luther und sein Vater: Psychiatrie und Biografie, in: Zeitenwende Nr. 44/1973, S. 393–403

Heinrich Bornkamm: Luther und sein Vater. Bemerkungen zu Erik H. Erikson, Young Man Luther. A study in Psychoanalysis and History, in: Zeitschrift für Theologie und Kirche, Nr. 66/1969, S. 38–61

Martin Brecht: Martin Luther. Sein Weg zur Reformation 1483–1521, Stuttgart: Calwer Verlag 1983

Heinrich Fausel: D. Martin Luther. Leben und Werk 1483 bis 1521, Stuttgart: Calwer Verlag 1983

Fundsache Luther: Archäologen auf den Spuren des Reformators. Katalog zur Ausstellung im Landesmuseum für Vor- und Frühgeschichte in Halle vom 31. Oktober 2008 bis 26. April 2009, hrsg. von Harald Meller, Theiss-Verlag 2008

Luther Deutsch. Die Werke Martin Luthers in neuer Auswahl für die Gegenwart, hrsg. von Kurt Aland, 10 Bände, Stuttgart: Klotz/Göttingen: Vandenhoeck & Ruprecht 1983 f.

darin: Brief an seinen Vater vom 21. November 1521, Band 2, S. 323–329

darin: Vom ehelichen Leben, Band 7, S. 284–307, bes. S. 298

darin: Brief an seinen Sohn Hänschen vom 19. Juni 1530, Band 10, S. 205 f.

Pietro Bernardone – Franz von Assisi

Helmut Feld: Franziskus von Assisi und seine Bewegung, Darmstadt: Wissenschaftliche Buchgesellschaft 1994

Die Schriften des Heiligen Franziskus von Assisi, Werl: Dietrich-Coelde 1972

Die Dreifährtenlegende des Heiligen Franziskus, Werl: Dietrich-Coelde 1972

Fioretti: Gebete. Ordensregeln. Testament. Briefe von Franz von Assisi,
Zürich: Diogenes 2004

Jacques Le Goff: Franz von Assisi, Stuttgart: Klett-Cotta 2006

Gobry, Ivan: Franz von Assisi. Hamburg: Rowohlt 1958

Julien Green: Bruder Franz, Freiburg: Herder 1984

Markus Hofer: Francesco. Der Mann des Jahrtausends. Die historische Gestalt des Franz von Asissi, Innsbruck-Wien: Verlagsanstalt Tyrolia 2000

Peter Kammerer, Ekkehard Krippendorf, Wolf-Dieter Narr: Franz von
Assisi. Zeitgenosse für eine andere Politik, Düsseldorf: Patmos 2008

Thomas von Celano: Leben und Wunder des Heiligen Franziskus von Assisi,
Kevelaer: Butzon und Bercker 2001

Lynn White jr.: Die historischen Wurzeln unserer ökologischen Krise, in:
Günter Bayerl/Ulrich Troitzsch, Quellentexte zur Geschichte der Um-
welt von der Antike bis heute (Quellensammlung zur Kulturgeschichte,
23) Göttingen: Muster-Schmidt 1998

Michael Ende – Edgar Ende

Peter Boccarius: Michael Ende. Der Anfang der Geschichte, Berlin: Ullstein
1995

Edgar Ende: Ein visionärer Künstler, der nicht in seine Zeit passte. Inter-
view mit Roman Hocke anlässlich der Ausstellung von Bildern Edgar
Endes auf Schloss Honhardt vom 12. Januar bis 28. Februar 2002
http://www.labyrinthe.com/veranstaltungen/veranstaltungen_1.html

Michael Ende, Jörg Krichbaum: Die Archäologie der Dunkelheit. Gespräche
über Kunst und das Werk des Malers Edgar Ende, Stuttgart: Weitbrecht
1985

Michael Ende: Der Spiegel im Spiegel. Ein Labyrinth, München: dtv 1993

Michael Ende in Italien, Publikation anlässlich der Ausstellung der Casa
Goethe und der AVA International GmbH vom 9.10.2009–24.1.2010

Roman Hocke, Thomas Kraft: Michael Ende und seine fantastische Welt.
Die Suche nach dem Zauberwort, Stuttgart: Weitbrecht 1997

Roman Hocke und Uwe Neumahr: Michael Ende. Magische Welten, München: Deutsches Theatermuseum und Henschel Verlag 2007

Julia Voss: Darwins Jim Knopf, Frankfurt am Main: Fischer 2009

Wolfgang Ketterer: Edgar Ende, München: Ketterer 1974

Jörg Krichbaum: Edgar Ende 1901–1965. Gemälde, Gouachen und Zeichnungen. Katalog für die Ausstellung im Lenbachhaus München, in der
Hamburger Kunsthalle, in der Städtischen Kunsthalle Mannheim und im
Von der Heydt-Museum der Stadt Wuppertal, Stuttgart: Weitbrecht 1987
(darin u. a.: Michael Ende, Mein Vater)

Jörg Krichbaum (Hrsg.): Edgar Ende. Der Maler geistiger Welten, Stuttgart:
Weitbrecht 1987

Axel Hinrich Murken: Edgar Ende: sein Leben und sein Werk (1901–1965);
seine kunsthistorische Stellung in der Malerei des 20. Jahrhunderts; mit
einem Werkverzeichnis der Gemälde, Herzogenrath: Murken-Altrogge
2001

Epilog

Hannah Arendt: Was ist Autorität? In: H. A., Zwischen Vergangenheit und
Zukunft. Übungen im politischen Denken I, hrsg. von Ursula Lutz,
München: Piper 1994, S. 159–200

darin: H. A.: Die Krise der Erziehung, S. 255–276

Albert Camus: Der erste Mensch, Reinbek bei Hamburg: Rowohlt 1995

Fotonachweis

Bernward Vesper: Jörg Schröder, März Verlag

Hermann Hesse: © Deutsches Literaturarchiv Marbach

Klaus Mann: Monacensia. Literaturarchiv und Bibliothek
München/KMF4

Franz Kafka: Ullstein Bild

Martin Luther: bpk/Lutz Braun

Franz von Assisi: aus Joachim Poeschke, Die Kirche San Francesco in Assisi
und ihre Wandmalereien, Hirmer, München 1985

Michael Ende: © AVA International GmbH

Rechtenachweis

[1] Heimkehr. Ein Zeitdrama (Textauszug) aus: Hermann Hesse, Sämtliche Werke, hrsg. von Volker Michels, Band 9: Märchen und Legenden. © Suhrkamp Verlag Frankfurt am Main 2002

[2] Kinderseele (Textauszug), aus: Hermann Hesse, Sämtliche Werke, Band 8: die Erzählungen. 1911–1954. © Suhrkamp Verlag Frankfurt am Main 2001

[3] Textauszug aus: Hermann Hesse, Kindheit vor Neunzehnhundert, Band I: 1877–1895. © Suhrkamp Verlag Frankfurt am Main 1966

[4] Textauszug aus: Hermann Hesse, Die Antwort bist Du selbst, hrsg. von Volker Michels. © Insel Verlag Frankfurt am Main und Leipzig 2000

[5] Textauszug aus: Klaus Mann, Wendepunkt, S.33 © 1993 by Rowohlt Verlag GmbH, Reinbek bei Hamburg

[6] Textauszug aus: Klaus Mann, Tagebücher, Bd. 3, 1936–1937, S. 110. München: Edition Spangenberg 1989–1991

[7] aus einem Brief an Elli Hermann vom Herbst 1921, in: Franz Kafka. Gesammelte Werke, Briefe 1902–1924, Frankfurt am Main: Fischer Verlag 2003, S. 342

[8] Michael Ende, Mein Vater (Auszug), in: Jörg Kirchbaum, Edgar Ende. Der Maler geistiger Welten 1901–1965. Gemälde, Gouachen und Zeichnungen, Ausstellungs-Katalog, a.a.O., Stuttgart: Weitbrecht 1987, S. 45 (Nachlass)

[9] Brief an Hans-Joachim Gelberg vom 27.08.1972, zitiert nach: Michael Ende in Italien. Publikation anlässlich der Ausstellung der Casa Goethe und der AVA International, a.a.O., S. 11/14 (Nachlass)

[10] Roman Hocke/Thomas Kraft, Michael Ende und seine fantastische Welt, Die Suche nach dem Zauberwort. Stuttgart: Edition Weitbrecht 1997. © Piper Verlag, München